다정한 세계를 위한 공부

Your Brain on Altruism
© 2025 Nicole Karlis
First published in 2025 by University of California Press
Korean edition copyright © 2025 by UKNOW CONTENTS GROUP Co., Ltd.
All rights reserved.
This Korean edition published by arrangement with University of
California Press through Shinwon Agency Co. Ltd.

이 책의 한국어판 저작권은 신원에이전시를 통해
University of California Press와 독점 계약한 유노콘텐츠그룹 주식회사에 있습니다.
저작권법에 의해 한국 내에서 보호를 받는 저작물이므로
무단 전재와 복제를 금합니다.

Your Brain on Altruism

이기적인 세상에서 행복한 이타주의자로 사는 법
다정한 세계를 위한 공부

— 니콜 칼리스 지음 | 유라영 옮김 —

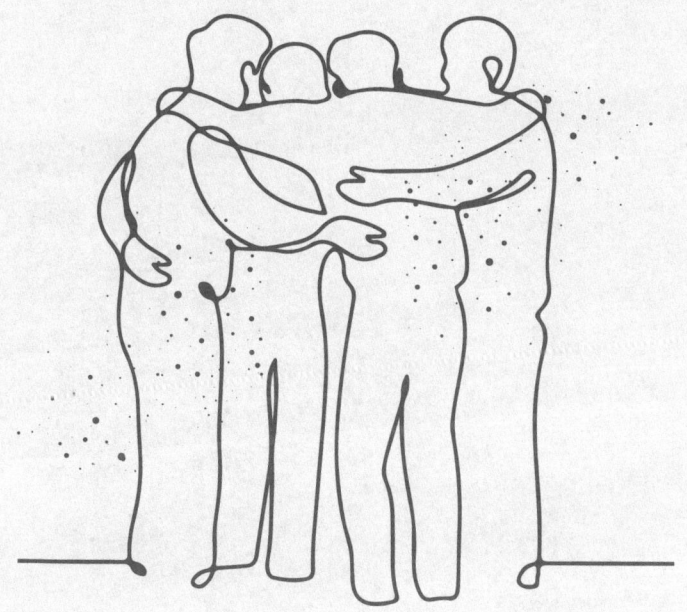

일러두기

- 외국 인명, 작품명 등은 국립국어원 외래어 표기법을 따르되, 몇몇 경우에서는 관용적으로 표현하였다.
- 본문에 언급한 단행본이 국내에 출간된 경우 국역본 제목으로 표기하였고, 출간되지 않은 경우 원서에 가깝게 번역하고 원제를 병기하였다.
- 단행본과 잡지명은 《 》로, 신문, 영화, 방송 프로그램 등은 〈 〉로 표기하였다.

캘리포니아대학교 출판부와 출판재단은
로렌스 그라우먼 주니어 기금의 아낌없는 후원에
깊이 감사드립니다.

• 차례

프롤로그 이타주의자가 만드는 다정함이 필요한 이유　　　　011

제1부
남에게 다정하면 뭐가 좋다는 말인가
이타심의 정체

1　친절하면 손해 본다는 착각　　　　　　　　　　023
2　생쥐가 사자를 살린 이유　　　　　　　　　　　040
3　스마트폰이 불러온 '외로움 팬데믹'의 시대　　　071
4　엄마는 왜 아기의 울음소리에 민감할까　　　　　100

제2부
다정한 것이 살아남는다
과학으로 본 이타심

---

5 이타심을 '처방'하면 무엇이 달라지는가	123
6 기부하면 기분이 좋아지는 이유	155
7 자원봉사를 하면 건강해진다는 증거	190
8 우리는 서로 협력하도록 진화했다	215
9 이기적인 유전자는 무엇이 다른가	233

제3부
뭉치면 서고 흩어지면 넘어진다
이타심을 지속하는 전략

---

10 우리가 잊었던 다정함의 힘	273
11 이타심은 경청과 공감으로부터 시작한다	289
12 베풀 수 없다면 목격하라	305

에필로그 우리 모두의 행복을 부르는 선한 행동의 힘	336
참고문헌	346

프롤로그

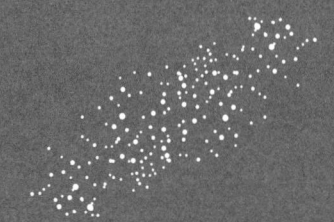

Your Brain
on
Altruism

이타주의자가 만드는
다정함이
필요한 이유

    타인을 돕는 행동이 건강에 이로울 수도 있다는 생각이 처음 떠오른 건 10여 년 전이었다. 내가 한창 인생의 오춘기를 겪을 무렵이었다. 외로움의 증상을 떨쳐 내기가 쉽지 않았다. 나를 괴롭히던 고기능성 불안은 보통 감당할 만했지만, 그렇지 않을 때도 많았다 다행히 치과 의사가 나를 도와주었다. 그는 내가 밤마다 공사장에서 쓰는 기계처럼 이를 갈아대지 않도록 마우스피스를 맞춰 주었다.

    그러던 중 나 자신보다 더 커다란 무언가와 연결되고 싶다는 마음에 인도의 요가원으로 떠났다. 그곳에서 의무적으로 따라야 했던 건강한 생활 방식은 확실히 도움이 되었다. 비건 음식으로 구성된 식단표와 매일 몇 시간씩 이어지는 요가와 명상 수업에, 새로운 친구들을 만나 우정을 쌓으며 위안도 얻었다. 하지만 여전히 미래에 대한 불안감에 휩싸이는 순간들이 찾아왔다. 더구나 이런 식으로 일상에서 도피하는 것이 과연 지속 가능할지 의문이 들기도 했다.

어느 날 요가 선생님 한 분이 친절하게도 나를 인도 전통 베다(Veda) 점성가에게 데려가 주겠다고 했다. 결혼 상대나 다음 직업을 정하는 일처럼 인생의 중대한 결정을 내릴 때마다 조언을 구하며 의지하는 사람이라고 했다.

점성가는 오래됐지만 문제없이 작동하는 컴퓨터 앞에 앉아 있었다. 나는 내 생일과 태어난 시간, 태어난 장소, 이렇게 단 세 가지 간단한 정보만 알려 주었다. 그것만으로도 그는 내가 '원숭이 마음(이 일에서 저 일로 한시도 쉬지 않고 건너 뛰어다니는 분주한 마음—옮긴이)' 때문에 삶에서 충만함을 느끼지 못하는 상태라고 진단했다. "당신은 생각이 너무 많아요." 그는 몇 번이나 반복해서 말했다.

나는 진지하게 물었다. "어떻게 하면 고칠 수 있을까요?" 그러자 점성가는 잠시 조용히 생각에 잠기더니, 곧 키보드를 두드려 처방전을 출력했다. 하지만 종이에 쓰여 있던 건 졸로푸트나 웰부트린 같은 불안 장애 치료제가 아니었다. 대신, 두 가지 선행을 실천하라는 처방이 적혀 있었다.

지금 돌이켜보면 내 여행이 전형적인 '영적 관광'의 사례로 보일 수도 있겠다. 미국의 백인 중산층 여성이 깨달음을 얻겠답시고 동양의 수행법을 좇아 떠나는 그런 여행 말이다. 그러나 그곳에서 나는 가장 커다란 인생 교훈 하나를 얻었다. 바로 때로는 자기 자신을 돌보는 것보다 타인을 돕는 게 건강과 행복에 이롭다는 깨달음이다. 물론 내가 이걸 배우려고 인도행을 택했던 건 아니지만, 여행에서 배운 그 교훈은 미국의 자기돌봄(self-care) 산업이 내게 끊임없이 설득해 온 메시지(기분이 좋아지려면 원하는 건 뭐든 하고, 뭐든 소비해야 한다는)와 정반대라는 게 갑자기 분명해졌다.

나는 이 책에서 한 가지 가능성을 알아보고 싶었다. 만약 재난 이후에도 공동돌봄이 사라지지 않는다면 어떨까? 위기 상황이 아닌 평소에도 자기 자신뿐만이 아니라 타인을 위해 더 베풀고자 하는 마음을 유지할 수 있다면? 그렇게 한다면 우리는 회복탄력성이 높아지고 신체적, 정신적으로 더 건강해지며 삶에서 더 충만함을 느끼고 외로움도 덜 느끼게 되지 않을까? 서로 돌봄을 우선시하는 문화야말로 우리 사회가 앞으로 다가올 위기에 더 잘 대비하는 데 필요한 것 아닐까? 어쩌면 그것이 개개인의 건강과 사회 전체의 건강을 위협하고 있는 보이지 않는 위기, 곧 '외로움 팬데믹'에서 벗어나는 길이 될 수도 있지 않을까?

과학과 건강을 다루는 저널리스트로서, 나는 이러한 질문의 답을 찾고자 새로운 과학적 연구를 바탕으로 이타심이 건강에 어떤 도움을 주는지, 또 선행이 도움을 받는 사람 못지않게—어쩌면 더 많이—베푸는 사람에게도 이로울 수 있는지 탐구하기 시작했다. 또한, 공동돌봄이 지속된다면 우리가 앞으로 직면할 수밖에 없는 수많은 재난에서 살아남는 데 어떤 도움을 줄 수 있을지도 알고 싶었다.

이를 위해 나는 신경과학자, 의사, 사회학자, 심리학자, 재난안전 연구가들을 인터뷰했다. 더 관대해짐으로써 인생이 바뀐 사람들, 더 친절해짐으로써 가장 암울한 시기를 헤쳐 나간 사람들의 이야기도 들었다. 이를 통해 이타심이 우리에게 더 만족스럽고 오래 지속되는 삶의 충만함을 선사하는 힘을 가졌으며, 이러한 충만함이 어쩌면 더 오래 살 기회를 선물할 수 있다는 사실을 배웠다.

게다가 꼭 거창하게 베풀어야만 이로움을 얻는 게 아니

라는 것도 깨달았다. 서로 돌보는 문화는 단순히 사고방식을 바꾸는 데서 시작할 수도 있다. 때로는 누군가를 돕는 시기가 찾아오고, 때로는 누군가에게 도움을 받는 시기가 찾아온다. 어느 시기에 있든 우리는 모두 도덕적 아름다움을 목격하며, 그로부터 긍정적인 영향을 얻는다.

연구는 몇 가지 근본적인 질문으로 계속 이어졌다. 혹시 더 오래 생존하려고 실천하는 현대적 자기돌봄이 오히려 우리를 해치는 또 다른 형태의 개인주의로 변한 건 아닐까? 왜 그렇게 많은 사람이 시간을 내어 자원봉사 하는 것을 어려워할까? 친절한 행동이 외로움 팬데믹을 해결할 방안이 될 수 있다면?

그리고 만약 이 질문들의 답이 내가 예상한 대로라면 왜 재난 속에서 경험한 이타심을 일상에서 이어가기가 그렇게 어려운 걸까? 타인을 돕는 게 유익하다는 것도 알고 개인과 사회 건강에 깊은 영향을 줄 수 있다는 것도 알고 있는데, 왜 우리는 친절을 베푸는 일을 이렇게나 어렵다고 느끼는 걸까? 왜 미국 돌봄 제공자들 사이에서 번아웃 현상이 나타날까? 왜 친절은 위기가 닥친 상황에서는 더 쉽게 받아들여지고 평범한 일상에서는 그렇지 않은 걸까? 취재하는 내내 내 머리를 떠나지 않는 질문들이었다.

연구자들은 우리가 두려움을 기반으로 한 문화 속에서 살아가고 있다고 거듭 말했다. 그래서 타인을 향한 돌봄을 우선시하려면, 결핍을 토대로 구축한 여러 사회 체계를 완전히 무너뜨려야 한다고 했다. 하지만 나는 이 책이 시작하기 전부터 너무 거창한 과제로 느껴질 만한 추상적인 해결책을 제시하며 끝나는 걸 원치 않았다. 또는 조금이라도 절망이 묻은 결론으로 마무리되는 것 또한 피하고 싶었다. 그래서 고민했다. 변화가 위기를 거치지 않고 조금 더 유기적으로 일어날 수 있을까?

더 많은 답을 찾고 싶었던 나는 기존 사회 체계를 바꾸기 위해 각자 할 수 있는 한 최선을 다하고 있는 사람들을 인터뷰했다. 그중 한 명은 전직 기업인으로, 미국에서 '사회적 처방(social prescribing)' 운동을 시작하려 노력하고 있었다. 의사가 환자에게 자원봉사를 처방으로 내리는 나라를 만들 수 있을까? 놀랍겠지만, 지금 미국에서는 이미 이러한 움직임이 나타나기 시작했다.

또한 하버드대학에서 운영하는 연구 프로그램의 책임자들도 인터뷰했다. 이들은 조기 교육의 성공 기준을 새롭게 정립하고, 어린 시절부터 공감 능력을 심어 주어 세상을 더 따뜻하고 정의로운 곳으로 만들겠다는 목표를 가진 사람들이다. 그뿐만 아니라 누구나 더 쉽게 자원봉사에 참여할 수 있도록 정부 주도로 캘리포니아주에서 시작한 사회계획의 관계자들과도 이야기를 나눴다.

◆◆◆

이 책의 1부 '남에게 다정하면 뭐가 좋다는 말인가'에서는 우선 루프레히트와 친구들이 경험한 현상에 주목한다. 왜 사람들은 위기가 닥친 뒤 자신 역시 위험에 처한 상황에서도 서로를 돕고자 하는 강한 열망을 느끼고, 놀라울 만큼 하나로 뭉치는 걸까? 그렇게 재난의 여파 속에서도 이타적으로 행동하면 어떤 이점이 있을까?

그다음으로는 우리 사회가 더 주목해야 하는 현대 사회의 위기를 파헤친다. 바로 위기가 없는 시기엔 돌봄의 문화가 조성되기 어려운 주된 이유 중 하나인 '외로움의 전염'이다. 나는 이러한 외로움의 위기를 극복하지 못한다면 외로움이 자아내는 미묘하고 복잡한 감정들이 결국 우리를 가로막고, 개인과 사회 건강을 해칠 미래의 위협 앞에서 함께 힘을 모으지 못하게 될 것이라고 주장한다.

1부의 끝에서는 사회적 교류 증진과 같은 흔한 해결책은 근본적인 답이 될 수 없는 이유를 살펴보고, 대신 이타심이 더 깊고 의미 있는 관계를 형성하는 촉매제가 되어 우리의 회복탄력성을 키울 수 있음을 설명한다.

2부 '다정한 것이 살아남는다'에서는 이타심의 과학에 초점을 맞추고, 무작위로 베푸는 친절부터 단체 자원봉사에 이르기까지 다양한 사례를 보며 이타심이 주는 이점을 밝힌다. 동시에 현대 사회 구조 속에서 돌봄을 우선순위로 삼고 살아가는 사람들의 일화와 교훈을 함께 엮어 냈다.

5장에서는 친절한 행동이 주는 이로운 효과를 분석하고, 어린 시절부터 자연스럽게 친절을 경험하도록 '가족 친절 페스티벌'을 일상적인 행사로 정착하려는 오하이오주의 한 소아청소년과 병원을 소개한다. 6장에서는 이타주의에 관한 신경과학의 최신 연구를 살펴본 다음, 하와이로 떠난다. 주 지도자들이 관광객들에게 하와이를 일방적으로 소비하는 여행 경험 대신, 그곳에서 받은 것에 보답하는 경험을 안겨 주기 위해 어떻게 노력하는지를 알아본다.

그다음 7장에서는 정기적인 단체 자원봉사 활동이 모든 건강상의 이점을 얻을 수 있는 최고의 방법임을 설명하고, 이는 8장의 '캘리포니아 봉사단(California Service Corps)'을 취재하는 내용으로 이어진다. 마지막으로, 친절과 자원봉사가 이를 실천하는 사람에게 그토록 강력한 영향을 미치는 이유를 다루는데, 결국 그 핵심은 소속감이다. 삶에서 목적의식을 가질 때 나타나는 신체적 건강 효과가 어떻게 면역체계와 질병 진행 과정에 영향을 미치는지도 탐구한다. 또한 사회가 어떻게 하면 '체계적 돌봄(systemic caring)' 문화를 형성할 수 있을지 함께 알아보고자 한다.

끝으로 3부 '뭉치면 서고 흩어지면 넘어진다'에서는 친절과 돌봄을 지지하는 사회 체계를 구축하는 방법을 살펴본다. 그러한 사회는 어린 시절부터 공감 능력을 키우는 교육에 중점을 두는 것으로 시작한다. 만약 학교 정규 교육과정에 '더 나은 청자가 되는 법' 같은 과목이 포함된다면 어떨까? 이어서, 옥시토신이 어떻게 우리가 안전함을 느끼고 타인을 돌보고자 하는 마음을 갖도록 하는지 밝힌다.

마지막 장에서는 돌봄 제공자들이 겪는 번아웃 문제를 들여다본 뒤, 서로 돌보는 문화를 만들어 간다면 사람들은 안전함을 느껴 각자 삶에서 어느 계절을 지나고 있든 상관없이—베풂을 실천할 때든, 받을 때든, 목격할 때든—서로를 있는 그대로 받아들일 수 있을 거라고 제안한다.

◆◆◆

타인에게 베푸는 일은 결국 스스로에게 베푸는 일이다. 타인을 위해 실천하는 선함은 결국 필연적으로 개인의 건강과 사회 전체의 건강을 증진하고, 우리 모두가 회복탄력성을 기를 수 있도록 돕는다. 희망이 곧 회복탄력성이기 때문이다.

제1부

남에게 다정하면
뭐가 좋다는 말인가

이타심의 정체

*Your Brain
on
Altruism*

1

친절하면
손해 본다는 착각

만약 지옥에서 낙원이 피어난다면, 그것은 무너진 기존 질서와 체제 속에서 우리가 새로운 방식으로 살아가고 행동할 자유를 얻었기 때문이다.[1]

_레베카 솔닛(Rebecca Solnit)

분홍색 셔벗 빛깔로 소용돌이치는 하늘 아래, 동쪽에서 따뜻한 바람이 불어왔다. 미국 캘리포니아 주 나파 밸리(Napa Valley)를 찾은 관광객들은 낙원에서 보낸 또 다른 하루를 기념하며 와인 잔을 부딪쳤다. 나파 밸리에 거센 바람이 부는 것은 그리 드문 일이 아니었다. 태평양 연안의 날씨와 계절에 따라 캘리포니아 와인 산지에는 종종 바람이 불곤 했다.

게다가 10월은 악마의 바람을 뜻하는 '디아블로 돌풍'이 부는 시기로 알려졌는데, 이는 로스앤젤레스에서 악명 높은 산타아나 바람(Santa Anas, 미국 고지대 사막에서 태평양 해안으로 부는 뜨겁고 건조한 바람 — 옮긴이)과 비슷한 샌프란시스코 베이 지역 특유의 강풍이다. 처음에는 이 바람을 반긴 사람들도 있었을 것이다. 대체로 덥고 건조한 그 시기에 잠시 더위를 식힐 휴식 같은 순간이었을 테니까 말이다. 하지만 불길한 바람은 곧 행복했던 안식처를 불타는 지옥으로 바꿔 놓았다.

2017년 10월 8일 오후 9시 43분, 바람은 점점 속도를 더해 휘몰아치며 전선을 끌어내렸다. 끊어진 전선은 캘리포니아의 황금빛 관목숲을 마치 바싹 마른 성냥 긋듯이 스치며 불꽃을 일으켰고, 이는 곧 칼리스토가에 있는 텁스 레인 근처에서 폭발적인 화염으로 번졌다.[2]

훗날 '텁스 화재(Tubbs Fire)'로 불리게 된 이 산불은 굶주린 화마처럼 나파 카운티 일대를 삽시간에 집어삼켰다. 소방관들이 급히 현장으로 달려갔지만, 연달아 끊어진 전선들과 터져 버린 변압기, 걷잡을 수 없는 강풍이 모두 뒤엉켜 진화 작업을 가로막았다. 심지어 불씨는 거센 바람을 타고 수 킬로미터나 떨어진 곳까지 날아가 주변 지역 곳곳에 새로운 불길을 일으키기도 했다.

다음 날, 당시 지역 고등학교 3학년이었던 마이클 루프레히트는 산불의 위험이 가까워지는 게 점차 확실해지자 조기 하교했다. 이때 집은 안전했다. 가족이 살던 곳은 대피 명령이 내려진 지역도 아니었기 때문이다. 그러나 신체적으로 안전하다고 해서 평소처럼 일상을 이어갈 수 있는 건 아니었다. 루프레히트는 PG&E(미국 서부 최대 전력 회사―옮긴이)가 순차적으로 가스 공급을 차단하면서 휴대전화 수신 상태마저 점점 더 나빠지는 등 평소와는 다른 혼란한 상황을 헤쳐 나가야 했다.

그는 5년 뒤 니퍼에서 나와 인터뷰하며 "세상에 종말이 온 것만 같았던 시기였다"라고 회상했다. 병원들에는 대피 명령이 내려졌고,[3] 산타로사에 있는 한 초등학교는 불타 사라졌다.[4] 주택과 건물들도 잿더미로 변했다. 루프레히트의 고향을 뒤덮은 연기는 엄청나게 피어오르며 평소 선명하게 펼쳐지던 파란 하늘을 완전히 가렸다. 결국 모든 것이 암흑 속에 잠겼다. 그는 이렇게 말했다. "저희는 그냥 '이제 어떡하지?'라는 생각밖에 못 했어요."

루프레히트와 친구들은 밖으로 나가면 자신들의 건강에 해로울 수 있다는 걸 알았다. 실내로 대피하는 게 가장 안전한 선택이었다. 하지만 만장일치로 가만히 앉아 상황이 해결되기만을 기다릴 수 없다고 생각했다. 아무것도 하지 않는다는 건 신체적으로도, 정신적으로도, 감정적으로도 견딜 수 없었다.

결국 그들은 루프레히트의 SUV에 올라타 대피소들을 돌아다니며 자신들이 가진 전부, 즉 손과 이동 수단을 동원해 도움이 필요한 곳을 찾았다. 처음에는 여러 곳에서 거절당했지만, 마침내 한 대피소에서 다른 대피소로 구호 물품을 운반할 사람이 필요하다고 했다. 기쁜 일이었다.

루프레히트는 진심 어린 눈빛으로 나를 바라보며 말했다. "뭔가 나쁜 일이 벌어지고 있는 건 분명했어요." 기쁘거나 즐거운 기분을 느낄 순간이 아니었던 것도 확실하다. 그들은 캘리포니아 역사상 가장 파괴적인 산불이 불러온 재난의 한복판에 서 있었으니까.[5]

하지만 그는 아주 오랜만에 무언가의 일부가 된 것 같았고, 소속감을 느꼈다. 일상에서는 좀처럼 경험할 수 없었던 목표 의식도 생겼다. 친구들과도 평소와는 다른 방식으로 유대감을 쌓았다. 다만, 그게 어쩌다 보니 평생 한 번 겪을까 말까 한 자연재해 속에서 이루어졌을 뿐이다. 그는 마치 비밀을 털어놓듯 말했다. "비록 암울한 상황이었지만, 한 부족의 일원이 된 것만 같은 기분이 들었던 게 기억에 남아요. 저와 친구들이 하나가 되어 우리 공동체를 위해 무언가를 하고 있다는 느낌이었어요."

며칠 동안 루프레히트는 친구들과 함께 여러 대피소 사이를 오가며 구호 물품을 나르는 봉사 활동을 계속했다. 이후 몇 주간 텁스 화재는 점점 더 커져 '북부 캘리포니아 화재 폭풍'으로 묶여 불리는 여러 초대형 산불 중 하나로 기록되었고, 완전히 진화되기까지는 23일이 더 걸렸다.

마침내 지명적인 불길이 잦아들었다. 그러나 그들의 이타적인 노력은 멈추지 않았다. "우리는 더 많은 모금 행사와 자원봉사 프로젝트를 진행했어요. 작은 일들이었지만, 함께하던 일을 이어갈 수 있게 해 주었죠. 그러면서 우리는 모두 훨씬 더 행복해졌어요." 루프레히트가 말했다.

◆◆◆

 캘리포니아는 원래 산불이 잦다.[1] 나 역시 샌프란시스코 베이 지역에 10년 넘게 살면서 몇 번이나 산불을 겪었다. 매캐한 연기, 온통 주황색으로 물든 하늘, 불에 타 버린 숲 사이를 차로 지나갈 때면 언제나 마음이 무거웠다. 녹아내린 쇠붙이처럼 휘어진 새까만 나뭇가지들과 잿빛으로 뒤덮인 풍경은 마주하기 힘든 광경이었다.

 하지만 캘리포니아 산불을 이야기할 때 종종 간과되는 사실이 있다. 바로 이 지역의 생태계가 불에 의존하거나 적응하며 진화해 왔다는 점이다. 산불이 일으키는 파괴는 오히려 새로운 성장을 촉진해 숲이 번성하게 한다. 산불은 생태계 내 식물들이 쌓아 올린 유기 퇴적물을 태워 없애고, 그 과정에서 토양에 새로운 영양소를 공급해 생물 다양성을 높인다. 불길이 숲을 집어삼킨 뒤 황폐해져 다시는 생명이 자랄 수 없을 것처럼 보이는 땅에서도 양치식물 같은 식물들은 새롭게 싹을 틔우며 생태계 복원의 불씨를 지핀다.[2]

 양치식물은 산불이 지나간 뒤 온몸에 가시를 둘러 다른

생물들이 가까이하기 어렵게 변하거나, 오직 자기만을 지키려고 숲 전체에는 그다지 이롭지 않은 방향으로 진화할 수 있었을지도 모른다. 하지만 이러한 방식은 자연이 의도한 바가 아니고, 자연에 필요하지도 않았다. 대신 양치식물은 뿌리를 땅속 깊숙이 숨겨 화재로부터 자기 자신을 보호한다.

살아남은 다음 양치식물이 가장 먼저 할 일은 생태계를 모든 생명체가 살아갈 수 있는 터전으로 만드는 것이다. 새롭게 돋아난 식물들은 토양을 안정시키며 자연의 순환을 이어간다. 새로 자라나는 숲은 다람쥐나 생쥐 같은 야생동물을 불러 모으는데, 이들은 산불로 인해 땅에 떨어진 씨앗을 찾아온다. 그렇게 숲의 생태계는 서서히 활기를 되찾는다.

원주민들이 토지를 관리하는 방법으로 '문화적 소각(cultural burns)'이라 불리는 전통 화입법을 활용한 데에는 이런 이유도 있다.[3] 사실, 오늘날 캘리포니아에서 산불이 더욱 위험해진 것도 처방화입(prescribed burns, 구체적인 시기와 조건을 정하여 계획적으로 산에 불을 놓는 방법 — 옮긴이) 작업이 부족한 까닭이다.

새로운 생명이 자라나는 자연의 회복력을 지나치게 인간적으로 해석하고 싶지는 않지만, 자연재해를 겪은 뒤 인간이 본능적으로 느끼는 이타심을 빗대어 말하기에 양치식물은 적절한 비유처럼 보인다. 프롤로그에서 루프레히트와 그의 친구들이 텁스 화재 이후 경험한 감정도 마찬가지다.

코로나19 팬데믹 동안 캐서린 메이(Katerhine May)의 책 《우리의 인생이 겨울을 지날 때》는 많은 이에게 위로가 되었다.[4] 현대 사회는 우리가 언제나 행복하고 생산적인 삶을 유지할 수 있으며 또 그래야 한다는 분위기를 조장하지만, 메이는 삶의 자연스러운 리듬이 끝없는 여름 축제처럼 즐거운 순간에만 머무를 수는 없다고 말한다. 삶의 흐름은 오히려 숲의 순환을 닮았다. 생명이 힘차게 피어나는 시기가 있는가 하면, 산불이 일어나 거의 모든 것이 초토화되는 시기도 있다. 우리 역시 외부 환경에 따라 강제로 겨울을 맞아야 할 때가 많다.

그러나 메이는 겨울이 본질적으로 춥고 세상과 단절된 계절처럼 느껴질지라도, 사실은 우리를 결속시키는 '사회적 접착제'라고 말한다. 인생에 닥친 엄혹한 추위 앞에서 사람들은 자연스럽게 함께 모여 서로 의지하게 된다.

예상치 못한 산불, 죽음, 우울 같은 갑작스러운 상황에서 우리 삶의 방향을 결정하는 건 겨울이 왔다는 사실이 아니라 우리가 그 겨울을 어떻게 견디고 또 어떻게 빠져나오는가이다. 메이는 "모든 것이 부서지고 나면, 무엇이든 붙잡을 수 있다"라고 썼다. 겨울을 잘 이겨 낸다면, 우리는 새로운 외투를 걸치고 달라진 모습으로 겨울에서 빠져나올 수 있다.

산불 같은 재난이 발생하면 피해를 본 지역 사회는 평소에 경험하지 못하는 특별한 연대감, 즉 서로를 돕고자 하는 강한 충동을 느끼게 된다. 비극 속에서 이루어진 이타적인 행위,[5] 다시 말해 타인의 안녕을 위해 베푼 행동들은 이를 목격하거나 직접 경험한 사람들의 마음에 깊이 새겨진다. 그 결과 재난은 상실과 비극으로만 기억되지 않고, 서로 도움과 마음을 주고받았던 과정에서 얻은 것들과 함께 기억에 남는다.

이러한 현상은 자연재해에만 국한되지 않는다. 예고 없이 닥쳐와 눈앞의 현실을 직시하게 만들고 그로 인해 삶에서 진정 중요한 것이 무엇인지 다시금 일깨우는 위기 상황이라면 모두 같은 일이 일어난다. 루프레히트가 언급했듯이, 살던 동네가 말 그대로 잿더미로 변하는 순간에도 그는 친구와 이웃들과 그 어느 때보다 더 가깝게 연결되어 있다고 느꼈다. 또한 생전 처음으로 낯선 사람들을 돕고 싶다는 강렬한 욕구가 들었다. 다만 그런 감정을 자신이 가장 취약한 순간에 경험할 거라고는 상상도 하지 못했다.

리베카 솔닛은 《이 폐허를 응시하라》에서 재난 이후 솟아나는 이례적인 이타심과 관용을 탐구하며 이렇게 말했다.[6] "재난은 그 자체로는 끔찍하지만 때로는 낙원으로 돌아가는 통로가 되기도 한다. 그곳은 적어도 우리가 바라는 모습 그대로 존재하고, 하고 싶은 일을 하며, 서로를 보살피는 곳이다."

텁스 화재 때 루프레히트의 친구들은 집을 잃었고 그들이 살던 동네 전체도 산불로 쑥대밭이 됐지만, 그가 마치 그 시기를 그리워하는 듯 회상하는 것은 결코 우연이 아니다. 이는 세바스찬 융거(Sebastian Junger)가 저서 《트라이브, 각자도생을 거부하라》에서 다룬 일부 참전용사들이 전쟁을 그리워하는 현상과 비슷하다.

우리는 공동체와 개인이 재난을 극복하려면 끊이지 않

는 도움의 손길이 필수라는 사실을 잘 알고 있다. 하지만 이타적인 행동은 단순히 누군가를 돕는 것을 넘어 우리 삶의 질과 생존에도 중요한 역할을 하고, 건강에도 결정적인 영향을 미친다. 그러나 대체로 위기가 지나고 일상이 회복되면, 서로를 돌보고 돕고자 했던 집단적 연대 의식은 점점 희미해진다.

◇◇◇

8월은 변화의 달이다. 탈바꿈하는 시간이다. 수확 시기가 다가온다. 여름의 마지막 나날들을 음미하고 싶은 마음과 다가올 일을 기대하는 설렘이 교차하며 긴장감이 고조된다. 그러나 나파의 상황은 더 복잡하다. 이곳은 여름에서 가을로 넘어가는 게 아니라, 다음 서 달 동안 사실상 두 번째 여름을 맞는다. 나파 카운티에는 전형적인 가을이 없다. 대신 이 시기에는 산불이 절정에 달한다.

포도밭 사이를 달리다 보면 이른 아침부터 태양빛이 피부를 부드럽게 스친다. 오늘 하루가 무더울 것이라는 경고 신호다. 2023년 8월, 이 글을 쓰는 지금까지는 산불 시즌

이 조용하게 지나가고 있지만, 오랫동안 베이 지역에서 살아온 나는 이곳의 아름다운 황금빛 언덕이 변화에 목말라 있음을 안다. 이 그림엽서 같은 풍경은 언제든 불길에 휩싸일 수 있다.

그림 같은 포도밭을 지나 저스틴 시에나 고등학교로 차를 몰며, 루프레히트와 그의 친구들이 연기 속에서 얼마나 혼란스러웠을지 떠올려 본다. 그 연기는 그들의 학창 시절에서 너무나 많은 것을 앗아갔다. 하지만 오늘은 과거가 아닌 미래를 위한 날이다.

루프레히트는 동료들과 함께 자신이 설립한 비영리 단체 '히어로 재단(Hero Foundation)' 활동의 일환으로 나파 밸리 교육 기금을 위한 기금 모금 행사를 열었다. 실제로, 그들의 이타적인 노력은 텁스 화재 이후에도 사라지지 않았다. 그들은 노력을 이어갔다.

행사 분위기는 날씨처럼 화창하다. 학교 축구 경기장에서는 스피커에서 음악이 흘러나오고, 아이들은 이리저리 뛰어놀고 있다. 유아차를 밀며 지나가는 여성도 보인다. 형광 녹색과 분홍색 유니폼을 입은 선수들이 팩맨(사방에서 나타나는 유령 캐릭터를 피해 아이템을 먹는 게임—옮긴이)에 **나오**

는 유령들처럼 정신없이 푸른 경기장을 가로질러 뛰어다닌다. 이곳 히어로즈 컵 대회에서 자원봉사 심판으로 나선 이는 21세의 카를로 바르탈로티다.

바르탈로티는 2017년 나파 산불로 살던 집이 전소된 지 한 달쯤 지난 어느 날, 지역 피마(FEMA, 미국 연방재난관리청) 센터가 주최한 행사에서 루프헤리트를 처음 만났다. 당시 마을이 불타 사라지는 와중에도 긴박한 마음으로 다른 사람들을 돕고자 했던 루프레히트는 바르탈로티에게 도움의 손길을 내밀었다. "그 덕분에 학년을 마치는 데 필요했던 교복과 교과서를 다시 살 수 있었어요." 바르탈로티가 말했다.

루프레히트가 보여 준 선의에 감동한 바르탈로티는 계속해서 히어로 재단이 주최하는 행사를 찾다가 결국 약 8개월 뒤 자원봉사자로 재단에 합류했다. 그때부터 꾸준히 활동하며 재단의 수석 마케팅 디렉터 자리까지 올랐다. 바르탈로티는 히어로 재단과 당시 다니던 학교에서 받은 도움을 자신의 회복 과정에서 아주 중요한 부분으로 꼽았다.

하지만 그 이유는 사람들이 흔히 생각하는 것과는 조금 다를지도 모른다. 물론 지원받은 물품도 큰 도움이 됐다.

그러나 바르탈로티가 진정한 의미에서 인생을 바꾼 경험으로 여기는 것은 직접 자원봉사를 시작한 일이었다.

"그 경험은 제 인생을 긍정적으로 바꿨어요. 그때부터 본격적으로 봉사 활동에 빠져들기 시작했죠." 바르탈로티가 말했다. 그는 이어서 히어로 재단 활동 덕분에 몇 년 뒤 코로나19 팬데믹과 함께 닥친 어려움에 대항할 '방법'과 '정서적 활력'을 얻을 수 있었다고 덧붙였다. 대학에 진학한 뒤에도 루프레히트는 타인을 돕겠다는 사명감을 잃지 않았다. 코로나19 팬데믹이 들이닥쳤을 때 히어로 재단은 이미 새로운 위기를 헤쳐 나갈 기반을 갖추고 있었다.

2020년, 재단은 팬데믹 최전선에서 싸우는 의료 종사자들을 위한 기금 모금 행사를 열었고, 나파 카운티의 코로나19 검사소에서 사원봉사를 하며 바이러스 확산을 막기 위해 힘썼다. 2021년에는 나파에서 90킬로그램의 쓰레기를 치워 나파 카운티의 수로로 흘러 들어가는 것을 막았다. 그들은 공원을 청소하고, 헌혈 캠페인과 기저귀 기부 행사를 진행했으며, 노숙자들에게 전달할 생필품 꾸러미를 만들었다. 심지어 우크라이나에서 싸우고 있는 군인들을 위해 1만 달러(약 1,300만 원—옮긴이) 이상을 모금하기도 했다.

"언젠가, 여유가 있을 때 '자원봉사 할 곳 좀 찾아줘'라고 말할 수 있는 앱이 생긴다면 어떨까요?" 루프레히트가 내게 물었다. 그의 포부는 원대하고 존경할 만하다. 히어로 재단의 매력은 자원봉사 기회를 제공한다는 것만이 아니다. 그 안에서 형성되는 공동체 역시 마음을 끄는 요소다.

히어로즈 컵 행사장에서 세 명의 자원봉사자가 탁자에 둘러앉아 재단에 합류하게 된 계기를 들려주었다. 그중 닉이라는 20대 청년은 몇 달 전 한 행사에 참석했다가 그곳에서 받은 친절에 깊이 감명받아 계속 참여하게 되었다고 말했다.

세 사람 모두 히어로 재단 활동에 참여하거나 지역 공립학교를 지원하는 교육재단을 돕기 위해 열린 그날의 축구대회 같은 행사에서 자원봉사를 하면서, 향후 지역 사회에 다가올 위기를 이겨 낼 수 있는 회복탄력성을 가지게 됐다고 입을 모았다.

"봉사 활동은 어려운 시기에 나를 걱정하고 살펴 줄 사람이 반드시 어딘가에 있다는 사실을 다시 떠올리게 해 줘요." 닉이 말했다. "우리가 서로를 챙겨 주게 되는 거죠. 하지만 이런 연결은 사람들이 함께 모여 관계를 이어 나갈 때만 가능한 거예요." 그렇다고 해서 그들이 가진 목표와 낙관적인 사고방식이 일상 속 현실과 충돌하지 않는 것은 아니다. 특히 대학생은 더욱 그렇다.

예를 들어, 닉은 학교 과제를 끝낼지 히어로 재단 행사에 참석할지 골라야 하는 상황이 온다면 자신에게 가장 좋은 선택이 무엇일지 깊이 고민해 볼 거라고 털어놓았다. 그러나 그는 대개 자원봉사를 선택한다. "저는 항상 '내 정신 건강에 더 도움이 되는 게 뭘까?'라고 스스로에게 묻고 나오는 답을 따라가요." 그리고 주로 그 답은 친구들과 함께하는 자원봉사다.

◇◇◇

축구장을 떠나는데 한 남자가 내 책에 관해 묻는다. 나는 그에게 이 책이 '이타주의와 회복탄력성을 길러 주는 힘에 관한 이야기'라고 대답했다. 우리가 하나의 사회로서, 이른바 재난이 부르는 이타성을 어떻게 지속할 수 있을지 묻는 책이라고 덧붙이면서 말이다. 그는 흥미로워하더니 곰곰이 생각에 잠긴다. "세상에 미움이 너무 많아요. 예전에는 이렇지 않았는데." 남자가 말한다. 그러고는 내가 조금 전까지 대화를 나눴던 10대들을 가리키며 덧붙인다. "어쩌면 저 아이들이 답을 알고 있을지도 모르겠어요."

2

생쥐가 사자를 살린 이유

카산드라 코타의 하루는 플랭크, 스쿼트, 레그 리프트 동작으로 가득 차 있었다.[1] 하루 5회씩 수업을 진행하다 보면 중간중간 오가는 잡담조차 운동만큼 피로하게 느껴질 때도 있었지만, 그는 활동 모드를 켜고 낯선 사람들과 끊임없이 소통하는 것을 마다하지 않았다. 2019년까지만 해도 전업 필라테스 강사로서 매일 수백 명의 사람들과 부대끼는 건 일상이었다. 게다가 모두 낯선 얼굴이 아니었다. 뉴저지에서 뉴욕으로 거처를 옮긴 그는 제2의 집처럼 느껴지는 스튜디오에서 돈독한 우정을 나눌 친구들을 만나게 된 것이 무척 기뻤다.

2020년 3월, 코로나19 팬데믹이 들이닥치자 31세였던 코타의 삶은 급격히 달라졌다. 운동 공간에서 수많은 사람과 함께하던 일상은 스튜디오 절반 크기의 집에 머물며 혼자 보내는 나날로 바뀌었다. 첫 번째 봉쇄 조치가 시작된 지 일주일 만에 일자리를 잃었다. 경제적으로 불안한 상황에 부닥쳤을 뿐만 아니라, 동료들과 한 공간을 공유할 수 없게 되면서 필라테스 커뮤니티와의 연결도 끊어졌다. 그는 감염을 막기 위해 보건 당국의 권고를 따르며 애썼지만, 외로움이라는 깊은 늪에 빠지는 것만큼은 어떤 노력으로도 피할 수 없었다. 고양이를 들였고, 달리기를 시작했다. 하지만 외로움은 여전했다.

코타의 집에서 북쪽으로 네 시간 떨어진 교외에 사는 다니엘 알드리치(Daniel Aldrich)는 아내와 두 아이와 함께 집에 머무르고 있었지만, 그 역시 외로움과 씨름하고 있었다. 하지만 노스이스턴대학에서 재난회복력을 연구하는 교수이자 허리케인 카트리나 생존자인 그는, 외로움을 견뎌 내고 극복하려면 무엇이 필요한지 알고 있었다. 온통 비극으로 가득한 시기였지만, 알드리치는 그 상황이 오히려 성장과 결속의 기회가 될 수 있다고 믿었다. 물론 그러기 위해서는 보스턴 봉쇄 조치 준수하기, 사람들과 약 2미터 거리 유지하기, 마스크 착용하기처럼 미국 질병통제예방센터(CDC)가 권고한 완화 전략을 따르는 것이 중요했다. 그러나 그는 이웃들에게 먼저 안부를 묻고, 그들이 필요할 때 언제든 도움을 줄 수 있는 태도를 갖추는 것 또한 그에 못지않게 중요하다고 확신했다.

사람들은 팬데믹이 초래한 스트레스와 갑작스러운 삶의 변화에 각기 다른 방식으로 대응했다. 철저한 고립과 치명적인 미지의 바이러스라는 외부 위협이 겹치자, 일부 사람들은 술을 더 마시고 약물을 과다복용하기도 했다.[2] 또 어떤 사람들은 마트로 달려가 사재기하거나 마지막 남은 두루마리 화장지를 두고 싸우며 불안감을 드러냈다.

혼란 속에서 알드리치는 이웃들의 안부를 살피고, 각 집에 어떤 물품이 필요한지 파악했다. 이웃들은 집에 두루마리 화장지가 떨어지면 알드리치가 기꺼이 나눠 줄 거라는 걸 알고 있었고, 반대의 경우에도 마찬가지였다. 그들은 상호부조 관계, 즉 서로의 안녕을 위해 도움과 자원을 서로 교환하는 관계를 구축해 나가고 있었다.

"이런 시기에는 개인의 대비에 초점을 맞추는 경우가 많습니다. '물은 충분한가요? 재난 대비 키트를 가지고 있나요?' 같은 식이죠. 또 다른 접근 방식은 정부가 이 문제를 해결해 줄 거라는 믿음입니다. 피마가 투입될 거라고 기대하는 거예요." 알드리치는 말했다.³ 하지만 그는 자신의 연구와 경험으로, 서로 아는 사람들이 신뢰를 쌓고 협력하는 공동체 기반의 대응 방식만큼 성공적인 방법은 없다는 사실을 알았다.

생존을 위해 서로 돕고 돕는 관계를 뜻하는 상호부조의 개념은 인류의 역사만큼이나 오래되었다고 알려졌다. 철학자 표트르 크로포트킨(Peter Kropotkin)은 수필집 《만물은 서로 돕는다: 크로포트킨의 상호부조론》을 통해 상호부조라는 용어를 널리 알렸으며, 경쟁이 아닌 협력을 주장했다. "경쟁을 피하고 협력하는 법을 가장 잘 아는 종일수록 생존할 확률이 높고 지속적으로 진화할 가능성도 높다. 이들은 번성하고, 비사교적인 종은 쇠퇴한다"⁴

알드리치는 자원을 나누는 행위가 생존의 열쇠라고 말했다. 위기 상황에서는 직관에 반하는 행동처럼 보일 수 있지만, 실제로는 생존에 결정적인 역할을 한다고 강조했다. 진정한 사회적 연결 역시 마찬가지다. 그는 1995년 시카고에서 발생한 폭염을 예로 들어 설명했다. 불과 닷새 만에 700명 넘는 사람이 목숨을 잃은 사건이다.[5] "당시 사망자들은 단순히 나이나 인종, 인구통계학적 특성만의 문제가 아니었습니다. 핵심은 사회적 연결의 유무였죠. 노인처럼 취약한 집단이라고 해서 모두가 사망한 건 아니었습니다. 문제는 그 취약성이 사회적 고립과 맞물렸을 때였습니다."

한때 인간은 위기에 직면하면 반드시 최악의 모습을 드러낸다는 것이 일반적인 통념이었다. 할리우드 영화는 위기 상황에서 사람들이 공황 상태에 빠지고 집단보다 개인의 이익을 우선시하는 모습을 반복적으로 그려왔다. 예컨대, 2011년 영화 〈컨테이젼〉에서 배우 기네스 펠트로가 맡았던 역인 베쓰 엠호프는 한 바이러스에 감염된다. 이 바이러스는 홍콩에서 시작되어 감염자의 20퍼센트 이상이 사망하는 치명적인 전염병으로 번진다. 영화는 바이러스가 전 세계로 퍼지며 사회 질서가 무너지는 과정을 보여준다. 현실에서 코로나19 팬데믹이 닥쳤을 때처럼, 영화 속 인물들 역시 백신이나 치료제가 없으므로 자신을 보호하려면 자가 격리하라는 지침을 받는다. 그 결과, 무정부

상태가 펼쳐진다.

그러나 코로나19가 전 세계로 퍼지기 직전 발표된 한 연구 논문에서 지적했듯, 스릴러 영화에 자주 등장하는 사회 질서의 붕괴와 공황 상태는 실제 현실과 일치하지 않는다. 연구자들은 이렇게 썼다. "영화는 현실이 아니다. 감염병을 다룬 극적인 서사 속에서 혼란을 유발하는 공포 요소가 반복적으로 등장하는 이유는 오로지 오락적 가치를 위한 것이다."[6]

〈컨테이젼〉만이 위기를 다루는 주류 미디어의 전형적인 서사 구조를 보여 주는 작품은 아니다. 최근의 종말 배경 TV 드라마들 또한 재난 속 인간을 본능적으로 이기적인 존재로 묘사한다. 〈더 라스트 오브 어스〉나 〈스테이션 일레븐〉이 그 예다. 이처럼 대중 매체가 반복해서 그리는 '각자도생'의 서사는 사람들에게 현실도 그럴 것이라는 인식을 심어 준다. 실제로 억만장자들이 미래의 재난에 대비해 비밀 벙커를 짓는다는 기사도 여러 차례 보도된 바 있다.

그러나 우리가 코로나19 사태에서 보았듯이, 팬데믹 초기에 사람들은 함께 뭉쳤고 때로는 자신의 건강을 위험에 빠뜨리면서까지 타인을 도왔다.[7] 일부는 푸드뱅크(먹거리를 기부받아 소외계층에 나누어 주는 단체―옮긴이)에서 자원봉사를 했고, 많은 사람이 긴급 구조요원들에게 제대로 된 방호장비를 마련해 주기 위해 힘을 모았다. 어떤 이는 직접 마스크를 만들어 의료 종사자들에게 기부하기도 했으며, 또 어떤 이는 바이러스에 취약한 이웃을 대신해 장을 보거나 대중교통을 소독하는 자원봉사에 나섰다.

재난에 대한 사회의 반응은 수십 년 동안 연구자들의 큰 관심사였다. 제2차 세계대전이 끝난 뒤 미국 정부는 전시 상황에서 실제로 핵 공격이 일어난다면 나라에 어떤 일이 벌어질지 알고 싶어 했다. 연구자들은 도시와 마을이 입을 피해나 명백히 나타날 건강상의 위험보다는 사람들이 그런 상황에서 어떻게 반응할지에 더 주목했다. 정부가 던진 질문을 구체적으로 말하자면 다음과 같다.

- 어떤 유형의 사람이 공황 상태에 빠지기 쉬운가?
- 어떤 사람이 비상 상황에서 리더십을 발휘할 수 있는가?
- 재난 피해자 사이에서 나타날 가능성이 높은 공격성이나 분노의 형태는 무엇인가?

- 그러한 반응이 재난 통제 업무를 방해하지 않도록 막으려면 어떻게 해야 하는가?[8]

답을 찾기 위해, 정부는 시카고대학 산하 전국여론조사센터(National Opinion Research Center, NORC)에 의뢰해 재난 현장에서 질적 연구를 진행했다. 물론 연구자들이 실제 전쟁 상황을 재현할 수는 없었기에 그에 상응하는 대체 상황을 찾아야 했는데, 그들은 지진이나 토네이도 같은 자연재해가 동일한 수준의 사회적 붕괴를 일으킬 수 있다고 판단했다. 이 연구는 재난 연구가 이전까지 예상하지 못했던 인간 행동의 복잡한 양상을 이론적으로 구체화하는 데 기여했으며, 그 영향은 허리케인 카트리나 당시 뚜렷하게 드러났다.

알드리지가 허리케인 카트리나에서 생존하며 가장 뚜렷하게 느낀 것은, 언론이 묘사한 것과는 달리 공황 상태가 아니었다. 오히려 이 경험을 계기로 재난회복력을 연구하기 시작했다. 그는 이타심이 생존의 핵심이라고 믿으며, 재난 대비 기관들 역시 사회의 회복탄력성을 기르기 위해 평상시부터 자원봉사나 연대 같은 친사회적 행동을 장려

해야 한다고 주장한다.

허리케인 카트리나 이후 재난 복구를 연구한 델라웨어대학 인류학과 조교수 제니퍼 트리베디(Jennifer Trivedi)도 같은 의견이다. 그는 전화 인터뷰에서 이렇게 말했다. "실제 재난 현장에서 보면, 결국 중요한 건 지역 주민과 지역 단체, 소규모 집단과 개개인이 서로 도우며 버텨냈다는 거예요. 실제로 가장 도움이 됐던 자원도 대부분 현장에 있던 지역 단체나 주민들을 통해 전달되었던 것들이고요. 그들은 같은 지역 사회 안에서 누구에게 어떤 도움이 필요한지 잘 알고 있었거든요."

최근 연구자들은 인류가 겪은 참혹한 비극 중 하나인 홀로코스트에서도 사회적 연결이 생존의 열쇠였다는 사실을 밝혀냈다. 《미국국립과학원회보(Proceedings of the National Academy of Sciences, PNAS)》에 실린 한 연구의 연구자들은 홀로코스트 생존자들의 증언을 분석해 사회적 유대감과 생존의 상관관계를 알아내고자 했다.[9] 그 결과 아우슈비츠에 수용되었을 당시 함께 유대감을 형성할 수 있는 동료가 많았던 사람일수록 생존 가능성이 유의미하게 높았던 것으로 나타났다. 이 연구에 포함되진 않았지만, 홀로코스트 생존자였던 내 할아버지도 비슷한 이야기를 자신의 증언에서 언급한 적 있다. 그는 수감자들 사이에 무언의 '소극적 저항'이 존재했다고 회상했다. 서로가 서로를 살폈다. 그런 연대가 그들을 살아남게 했다.

◈◈◈

나파 산불이 일어나기 거의 한 세기 전인 1917년 12월 6일, 캐나다 노바스코샤주 핼리팩스 해안 인근 해역에서 프랑스 화물선 SS 몽블랑호가 노르웨이 선박 SS 이모호와 충돌했다.[10] 당시 분주한 항구에서는 사고가 흔한 일이었지만, 이 사고는 전 세계에 대서특필되었다.

문제는 SS 몽블랑호가 물 위에 떠다니는 거대한 폭탄이 있다는 사실이다. 이 배는 TNT, 면화약, 고성능 폭약, 화약심지와 폭약 제조에 쓰이는 피크린산 3천 톤을 싣고 있었다. 충돌과 동시에 배에 불이 붙었고, 커다란 연기 구름이 피어올랐다. 해안가에 사는 사람들은 무슨 일이 벌어졌는지 궁금해 집 밖으로 뛰쳐나왔다. 승무원들은 구명보트에 올라타 곧 폭발이 일어날 테니 도망치라고 외쳤다. 그러나 그 외침은 사람들을 구하지 못했다.

몇 분 뒤, 배는 폭발했고 1,600명 이상이 즉사했다. 연기를 보려고 밖으로 나와 있던 수백 명은 실명했다. 창문은 산산이 부서졌고, 폭발에 뒤집힌 가스레인지에서 불이 옮겨붙어 도시 곳곳이 불길에 휩싸였다. 이 사건은 오늘날까지도 역사상 가장 큰 규모의 비핵(nonnuclear) 폭발 중 하나로 기록되고 있다.

핼리팩스 참사 이후, 사무엘 헨리 프린스(Samuel Henry Prince)는 컬럼비아대학에서 사회학 박사 과정을 시작했다. 그의 지도 교수는 핼리팩스 폭발을 근거로 재난 이후 일어나는 사회 변화를 다룬 '집합 행동(collective behavior)' 이론에 관한 논문을 써 보라고 제안했다. 프린스는 논문에 이렇게 썼다. "재앙은 단순한 참사를 넘어 유례없이 강한 내면의 관대함이 솟구치는 계기가 되기도 한다."

그의 논문 〈재앙과 사회 변화(Catastrophe and Social Change)〉는 재난을 체계적으로 연구한 최초의 학술 논문으로, 지금도 관련 분야의 전문가들 사이에서 자주 인용되며 높이 평가받고 있다.[11] 또한 위기가 대규모 사회 변화를 불러올 수 있다는 가능성을 처음으로 제시한 문헌이기도 하다.

프린스가 언급했던 현상은 오늘날 '제한적 연대(bounded solidarity)'라는 개념으로 정립되었다. 이 용어는 저명한 사회학자이자 프린스턴대학의 명예 교수인 알레한드로 포르테스(Alejandro Portes)가 1998년 《사회학 연례 검토서(Annual Review of Sociology)》에 기재한 논문에서 처음 발표한 것이다.[12] 포르테스는 전화 인터뷰에서 이렇게 설명했다. "이 개념은 특정 공동체 안에서 사람들 간에 공동체 의식이나 충성심이 느껴질 때 생겨나는 사회자본(social capital)의 원천이 됩니다. 다만, 전 세계 모든 사람과 연대하는 건 아니기 때문에 '제한적'이라고 합니다."

제한적 연대는 흔히 재난이나 위기, 또는 사람들을 하나로 묶어 주는 상황에서 나타난다. 새로운 연대 속에서 사람들은 자신을 개별적인 존재가 아닌 하나의 집단으로 인식하게 된다. 그 결과 평상시에는 존재하지 않던 형태의 연대감이 생기고, 이 새로운 연대감은 극도로 이타적인 행동으로 이어지기도 한다.

포르테스가 연구에서 말한 '가치 내면화(value introjection)'는 사람들이 특정한 종교적 가치에서 이타적 행동의 동기를 얻는 과정을 뜻한다. 반면에, 제한적 연대는 독특한 형태의 유대감을 만들어 낸다. 포르테스는 신앙이 아닌 바로 이 제한적 연대가 특정 종교나 인종 집단에 속한 기부자들이 같은 집단의 학생들에게 장학금을 기부하게 하는 동기라고 설명했다. 소외를 겪는 이민자들을 더 가깝게 연결해 주는 것도, 어느 저소득층 집단에서는 관대함이 사치가 아니라 생존 전략으로 여겨지는 것도 모두 제한적 연대에서 비롯된다.

그의 말처럼, 자연재해 이후 제한적 연대가 형성되는 사례는 흔히 볼 수 있다. 항상 그런 건 아니지만, 대부분 그렇다. 포르테스는 이와 관련해 《벼랑 끝에 선 도시(City on the Edge: The Transformation of Miami)》라는 책에서 1992년 허리케인 앤드루 이후 마이애미 시민들 사이에 제한적 연대가 어떻게 생겨났는지에 주목했다.

위험도 5등급이었던 허리케인 앤드루는 200억 달러(약 26조 원—옮긴이)에 달하는 재산 피해를 초래했고, 16만 명의 이재민을 발생시켰으며, 상점 8만 2천 곳을 파괴했다.[13] 포르테스는 이 사고가 마이애미에 사회적·인종적 갈등이 고조되던 시기에 발생했다는 점에 주목했다. 허리케인이 휩쓸고 지나간 뒤, 기존에 대립하던 사람들이 갈등에도 불구하고 의견 차이를 뒤로 한 채 하나로 뭉쳤기 때문이다. "몇 달 동안은 기존의 갈등이나 지역 사회 내의 법적 분쟁들도 가라앉았어요."

포르테스는 책 후기에서 마이애미 사회가 허리케인 앤드루 이후 형성된 제한적 연대를 지속할 수 있었을지도 모른다고 조심스럽게 추측했다. 비록 위기 상황 이전부터 의견 차이가 존재했지만, 더 진심 어린 화합이 가능했을지도 모른다는 것이다. 그는 마이애미의 정체성이 허리케인 앤드루를 함께 극복한 연대감 위에 세워질 수 있고, 이 연대가 생존자들과 미래의 주민들 사이를 이어 주는 연결점이 될 수 있다고 보았다. 그렇게 된다면, 마이애미 사회가 경험한 제한적 연대는—포르테스의 표현을 빌리자면—'오래가는 연대(durable solidarity)'로 발전할 수 있을 것이다.

향후 100년 동안 플로리다 인근 해수면의 상승이 예측되면서,[14] 마이애미 같은 도시는 침수 위험에 놓일 가능성이 크다. 이런 점에서 보았을 때 오래가는 연대는 이 도시가 앞으로 직면할 기후 관련 위기에 더 탄력적으로 대응할 수 있도록 해 줄 것이다. 하지만 포르테스는 안타깝게도 마이애미에는 더 이상 연대가—적어도 허리케인 앤드루를 계기로 형성됐던 연대는—유지되고 있지 않다고 말했다.

"그때 그 연대는 허리케인이 지나고 1년 정도만 이어졌습니다. 그 뒤로는 어디에 살고 어떤 일을 하는지에 따라 이전의 분열 양상으로 되돌아갔습니다. 그래서 현재 이 대도시권에서는 1992년에 무슨 일이 있었는지 기억하는 사람이 많지 않아요."

위기의 흐름을 들여다보면, 제한적 연대는 결핍을 기반으로 한 사회에서 사람들이 일상적인 개인 이익 추구를 잠시 멈춰야 할 만큼 강한 충격이 가해졌을 때 나타난다. 저널리스트 나오미 클라인(Naomi Klein)은 저서 《자본주의는 어떻게 재난을 먹고 괴물이 되는가》에서 이처럼 사회가 충격으로 흔들리는 상황이 때때로 민간 기업에는 이익을 챙길 기회로 작용할 수 있다고 분석했다.

작가 리베카 솔닛은 그보다 더 희망적인 시각을 제시했다. 솔닛은 프린스의 주장에 공감하며, 위기 상황이 특별한 이타적 행동이나 일종의 사회적 유토피아로 이어지는 통로가 될 수 있다고 말했다. 하지만 위기의 순간에 드러나는 이 강력한 힘과 가능성에도 불구하고, 제한적 연대는 안타깝게도 그리 오래 지속되지 못하는 듯하다.

물론 나파에서 루프레히트가 겪었던 것처럼 제한적 연대가 어느 정도 유지되는 특별한 사례도 있다. 그러나 우리가 코로나19 팬데믹 기간에 목격했듯, 또 포르테스가 내게 말했듯이, 대부분의 사람은 결국 다시 개인적 이익부터 추구하게 된다. 제한적 연대는 너무 자주, 너무 쉽게 풀려 버리곤 한다. "사람들 대부분은 비상 상황이 끝나면 다시 경력이나 경제적 이익을 좇는 일상으로 되돌아갑니다."

왜 그런지 묻자, 그는 대개 개인주의적 동기가 우선되기 때문이라고 답하며 이렇게 덧붙였다. "기억하세요. 우리는 자본주의 사회에 살고 있잖아요? 자본주의에서 가장 기본이 되는 동기는 돈을 벌겠다는 욕구입니다." 이런 맥락에서 포르테스 같은 사회학자들이 제한적 연대의 기원을 카를 마르크스(Karl Marx)가 제시한 사회주의적 비전, 그리고 자본 중심 사회가 계급 분리를 가속한다는 사상에서 찾는 것은 결코 우연이 아니다.

수십 년 동안 대다수의 재난 연구자는 위기의 대응과 회복 단계에 주로 중점을 두고 연구해 왔다. 그러나 오클라호마주립대학에서 사회학 박사 과정을 밟고 있는 애덤 스트라우브(Adam Straub)는 재난이 닥치기 전 미리 대비한다는 관점에서 제한적 연대가 어떻게 작동하는지를 알아보고자 했다. 예컨대, 재난이 발생하기 이전에는 어떤 일이 일어나는가? 이미 공동체에 제한적 연대와 유사한 형태가 존재했고 그것이 사라지지 않았다면, 그 공동체는 더 회복탄력적인가?

  답을 찾기 위해 스트라우브와 그의 동료들은 5년에 걸쳐 오클라호마의 농촌 지역 주민들을 인터뷰했다. 오클라호마는 기후 변화로 인한 심한 뇌우, 토네이도, 얼음 폭풍, 홍수 등 각종 극단적인 자연재해에 취약한 지역이지만, 주 전역의 긴급 대응 기관은 막대한 예산 삭감을 겪고 있었다. 스트라우브와 동료들은 이러한 위기 속에서 오클라호마 농촌 지역이 '오클라호마 정신(Oklahoma spirit)'이라 불리는 마음가짐에 의존해 생존하고 있다는 사실을 밝혀냈다.

  스트라우브의 연구팀은 공공기관이 제 역할을 하지 못했을 때, 주민들이 자발적으로 자원을 모아 서로를 도왔다는 이야기를 여럿 들었다. 재난 대비 프로그램을 위한 예산이 주정부가 아닌 지방세에서 조달되어야 하는 탓에 농촌 지역 사회는 종종 자금 부족으로 방치된 상태에 놓이곤 한다. 그 결과 오클라호마 농촌 지역 주민들은 재정 지원

대신 이타주의와 호혜성에 기반해 생존해 왔다.[15]

자원이 더 풍부한 지역에 비해 더 자주 함께 모이고 자원봉사에 참여하면서, 이들 공동체는 회복탄력적인 시스템을 구축했다. "이곳 사람들은 모두 서로를 돕기 위해 주저하지 않고 나서곤 했습니다. 자신들이 같은 일을 겪더라도 공동체가 똑같이 도와줄 거라는 걸 알고 있으니까요." 스트라우브가 말했다.

그는 재정적으로 열악한 상황에서도 자원봉사자들이 공동체가 감내해야 했던 여러 부족함을 상당 부분 해소해 나가는 모습이 개인적으로 매우 인상 깊었다고 말했다. 예를 들어, 많은 소도시에는 긴급 구조 부서에 인력을 배치할 예산이 없어 소방대원이나 수색 구조팀의 역할도 자원봉사자들에게 맡겨졌다.

스트라우브는 이 자원봉사자들이 대부분 한 분야에만 머물지 않고 여러 영역에서 겹쳐 활동하며 골고루 힘을 보탰다고 설명했다. 이는 단지 예산 부족의 문제만이 아니었다. 인력 자체도 턱없이 부족했다. 그들은 서로의 곁에서 힘이 되어 주고 싶은 마음이 너무 강했던 나머지, 구조에 필요한 훈련 교육을 자비로 이수하기도 했다.

스트라우브는 이처럼 같은 사람이 여러 분야를 넘나들며 쌓은 경험이 공동체의 '인적자본(human capital)', 즉 비상사태에 어떤 행동을 취해야 할지 아는 지식을 키웠다고 말했다. 이타심과 인적자본이 맞물린 결과, 농촌 지역 사회들은 향후 위기 상황에 맞설 수 있는 뛰어난 회복탄력성과 대응력을 갖추게 되었다.

그는 이렇게 덧붙였다. "재난 상황에 관해서라면 이 지역 사람들의 위기 대응 지식과 감각은 대도시 사람들보다 훨씬 뛰어날 겁니다. 도시 사람들은 그런 일을 직접 해 본 경험이 없잖아요. 어떻게 보면 이 지역의 평범한 주민들이 재난 대응을 전담하는 인력과 체계가 따로 마련된 도시보다도 더 유능하고 잘 준비되어 있다고 생각해요."

오클라호마의 여러 지역 공동체는 평소에 서로 정기적으로 교류하거나 직접적으로 도움을 주고받는 사이는 아니었지만, 어느 정도는 상호부조 네트워크를 형성하고 있는 것으로 보였다. 일례로 다른 지역의 보안관을 언급할 때 보안관이라는 말 대신 이름으로 부르곤 했는데, 스트라우브는 이를 통해 그들이 겉보기보다 '더 친밀하고, 편안하며, 단단한 관계라는 걸 알 수 있다'라고 말했다. "더 많은 예산을 지원받고 재난 관련 일을 도맡아 처리하도록 고용된 기관이 상주하는 도시 지역과 비교해 보면, 오히려 오클라호마 주민들이 위기에 더 잘 대비되어 있다고 볼 수 있습니다." 오클라호마의 공동체들은 서로 협력하고 신뢰하는 역량이 다른 곳보다 더 높은 것으로 나타났다.

하지만 그렇다고 이러한 형태의 제한적 연대에 장점만 있는 건 아니다. 스트라우브는 "우리는 연구 과정에서 이들이 국가나 도시를 향해 상당한 반감과 적대감을 품고 있다는 걸 알게 됐습니다. 그래서 외부로부터 도움을 받는 일에 매우 배타적이고 폐쇄적인 태도를 보인다는 사실도요."라고 말했다. 그는 이러한 점에서 제한적 연대가 오히려 공동체를 고립시키기도 하며, 재난 속에서 낙원이 생긴다는 일부 사람들의 주장과는 거리가 멀 수 있다고 지적했다.

또는 오클라호마 사례를 이상적인 모델로 삼거나 재난 회복력의 청사진처럼 내세우는 게 쉽지 않았다고 고백했다. 그곳에서 나타난 사회적 유토피아는 사실 사회적 박탈과 배제의 결과물이었기 때문이다. "그런 친사회적 행동들이 꼭 박탈감을 전제로 해야만 가능한 건 아닙니다. 루소가 말한 사회계약론처럼, 사람들은 전반적으로 마음 깊은 곳에서는 타인이 고통받는 모습을 보고 싶어 하지 않습니다. 도움을 줄 수 있고 실제로 도울 수 있는 여건이 된다면 기꺼이 손을 내밀죠."

하지만 위기가 지나면 그런 마음은 곧 사라진다. 사람들은 재난 이전의 일상으로 돌아가거나 재난 이후 생겨난 새로운 일상으로 넘어간다. "그러면서 이어졌던 사회적 관계도 사라지겠죠. 그렇지 않겠습니까?" 스트라우브는 확신에 찬 어조로 반문했다.

◈◈◈

언뜻 보기에 개미는 아주 작고 연약한 곤충처럼 보인다. 사람이 만든 길을 가로지르는 개미 한 마리는 인간의 발에 밟혀 순식간에 사라질 수도 있다. 개미는 수 세기 동안 과학자들, 특히 생물학자들에게 큰 관심의 대상이었지만 동시에 성가신 존재이기도 하다. 비 온 다음 날 주방 조리대 위를 기어가는 개미 떼를 보니 그 사실이 새삼 떠올랐다. 하지만 우리는 지상에서 마주치는 개미가 사실 자신의 안전 영역을 벗어난 상태라는 점도 기억해야 한다.

지구상의 모든 개미는 군체에 속해 있으며, 땅속의 작고 복잡한 터널로 연결된 일련의 방들에서 살아간다.[16] 개미 사회는 계급 체계로 이루어져 있고, 계급은 개미가 유충이었을 때 어떤 영양분을 섭취했는지에 따라 결정된다. 여왕개미는 군체의 설립자다. 단 한 번의 교미만으로 수년간 하루 최대 1,000개씩 총 수백만 개까지 알을 낳을 수 있으며, 수명은 1년에서 30년에 이른다.

종에 따라 차이는 있지만 일개미는 일반적으로 여왕개미보다 수명이 짧다. 군체 내 대부분의 일을 도맡고 있기 때문이다. 번식 능력이 없는 암컷 개체는 먹이를 찾아 나서는 역할을 맡는다. 그들에게 주어진 임무는 열심히 일하며 군체를 보호하고 보살피는 것이다. 우리가 보는 홀로 움직이는 개미는 마치 혼자 날아다니는 꿀벌처럼 종족을 위해 목숨을 걸고 임무를 수행 중인 셈이다. 어떤 개미들은 심지어 최후의 방어 수단으로 자기 몸을 폭발시키며 죽기도 한다.[17]

찰스 다윈(Charles Darwin)의 '자연선택 이론(natural selection theory)'에 따르면, 한 종이 생존할 수 있을지 없을지는 유기체가 환경에 얼마나 잘 적응하느냐에 달려 있다. 생존에 유리한 유전적 돌연변이가 번식을 통해 후손에게 전달되면서 적응이 생존으로 이어지는 것이다. 일례로 기린의 기다란 목은 다른 동물이 닿지 못하는 나뭇잎을 뜯어 먹을 수 있게 해 생존에 유리한 이점이 되었다. 그러나 개미는 다르다. 개미는 놀라울 정도로 이타적이고, 일부 일개미는 생식 능력을 완전히 잃도록 진화했어도 종 전체는 번식에 성공했다. 이 사실은 다윈을 잠시 멈칫하게 했고, 실제로 그의 진화론을 위협하는 역설을 낳았다.

다윈은 《인간의 유래와 성 선택》에서 이렇게 썼다. "많은 야만인이 그랬듯이, 동료를 배신하느니 차라리 자기 목숨을 바치겠다는 각오를 하는 사람은 그 고귀한 천성을 물려줄 자손을 남기지 못하는 경우가 많다."[18] '적자생존'이라는 말은 흔히 다윈이 한 말로 잘못 알려져 있다. 실제로는 철학자 허버트 스펜서(Herbert Spencer)가 만든 용어로, 사회적 불평등, 우생학, 인종차별주의를 정당화하는 데 사용됐다. 하지만 《인간의 유래와 성 선택》과 같은 다윈의 연구를 더 정확히 해석해 보면, 생존의 핵심은 경쟁이 아니라 협력이라는 사실이 분명히 드러난다.

다윈 이후 거의 한 세기가 지났을 무렵, 영국의 생물학자 윌리엄 해밀턴(William D. Hamilton)은 사회적 유대의 진화적 기반을 탐구했다.[19] 연구 결과, 해밀턴은 자기 목숨을 희생하면서까지 다른 개체를 돕는 유전자 역시 후손에게 유전될 수 있다는 이론을 발표했다. 이 이론은 처음에는 '포괄 적응도'로 불렸고, 이후 '혈연선택(kin selection)'이라는 개념으로 발전했다.[20] 진화생물학자 조지 윌리엄스(George Williams)는 1966년에 출간한 저서 《적응과 자연선택》에서 해밀턴의 이론을 다음과 같이 요약했다.[21] "간단히 말해 우호적 관계를 최대화하고 적대적 관계를 최소화하는 개인이 진화에서 유리하며, 자연선택은 인간관계를 강화하는 특성을 선호한다."

이타적 유전자가 존재하며, 그것이 종의 생존에 기여한다는 생각은 흥미롭기 그지없다. 하지만 나보다 이전에 많은 이가 지적했듯, 진사회성 곤충을 인간의 비유로 삼는 것은 부정확하다. 인간은 훨씬 더 복잡한 존재이기 때문이다. 캐서린 메이는 《우리의 인생이 겨울을 지날 때》에서 이렇게 썼다. "개미와 벌처럼 되기를 열망하지 말자. 우리는 그들의 복잡한 생존 체제를 있는 그대로 본받지 않고도 경이로운 것들을 충분히 배울 수 있다."

어쩌면 개미에게서 얻을 교훈은 개미처럼 살아야 한다는 것이 아니라, 왜 우리는 '친절한 것이 살아남는다'라는 관념보다 '적자생존'의 개념이 우선시되는 문화 속에서 살고 있는지를 되물어야 한다는 것 아닐까? 왜 우리는 제한적 연대가 사라지면 곧장 약육강식이 기본값인 문화로 되돌아가는 걸까?

딸을 임신했을 때 나는 아기방에 홀로 앉아 아기가 태어나면 삶이 어떻게 달라질지 상상하며 시간을 보내곤 했다. 방 안은 아기를 기다리는 마음이 깃든 물건들로 가득했는데, 그중에는 시아버지가 남편에게 어릴 적 읽어 주었다는 오래된 이솝 우화 책도 있었다. 고대 그리스 이야기꾼 이솝이 지었다고 알려진 이야기들은 도덕적 교훈을 전하는 내용이다. 그러던 어느 날, 이야기 하나가 내 눈길을 끌었다. 〈사자와 생쥐〉였다.

이야기 속에서 작은 생쥐 한 마리가 잠든 사자의 코를 가로질러 달려간다. 잠에서 깬 사자는 화가 나 생쥐를 붙잡고 죽이겠다고 위협한다. 그러나 생쥐는 목숨만은 살려 달라고 간청한다. "살려 주세요!" 생쥐가 애원한다. "제발요. 살려 주시면 언젠가 꼭 은혜를 갚을게요." 사자는 다른 동물도 아닌 아주 작은 생쥐 따위가 자신에게 도움이 될 수 있을 리 없다고 생각한다. 그는 최상위 포식자였고, 생쥐를 놓아 준다고 해서 얻을 것도 없어 보였다. 그렇지만 사자는 생쥐를 풀어 준다.

얼마 뒤, 사자는 숲에서 사냥을 하다가 사냥꾼이 설치해 놓은 덫에 걸리고 만다. 그는 꼼짝도 하지 못한 채 누군가 구해 주기를 바라며 마지막 힘을 다해 울부짖는다. 멀리서 그 울음소리를 들은 생쥐가 달려와 밧줄을 갉아 끊어 사자를 구한다. "내가 언젠가 은혜를 갚겠다고 했을 때 당신은 비웃었죠. 하지만 이제 아시겠죠? 생쥐도 사자를 도울 수 있다는 걸."

이 우화에서 얻을 수 있는 보편적인 교훈은, '친절한 행동은 절대 헛되지 않다'라는 것이다. 하지만 다시 들여다 보면 또 다른 메시지가 보인다. 이 이야기는 단순히 친절을 강조하는 데에서 그치지 않고 생존의 복잡한 본질을 함께 보여 준다. 사자는 딱히 관대함으로 알려진 동물이 아니다. 힘과 권력을 상징하고 전형적인 남성성을 대표한다. 현대 사회에서 사자는 공포의 대상이다. 우리는 사자에게서 멀리 떨어지라고 배운다. 육식을 위해 날카롭게 진화한 이빨로 인간도 죽일 수 있기 때문이다. 우리는 두려움에 그들을 피한다.

고대에는 사자가 파괴를 둘러싼 복합적인 상징으로 자주 등장했다. 악의 세력이 세상을 장악하는 모습을 그린 〈요한계시록〉에서 예수는 유다의 사자로 부활한다. 고대 이집트인들에게 사자가 태양의 힘을 상징했던 것처럼, 유다의 사자는 어둠을 파괴하고 세상에 다시 빛을 불러오는 존재로 묘사된다. 그렇다면 이솝이 전하고자 했던 건 단지 친절은 반드시 보답받는다는 교훈만이 아니라, 진정한 힘은 친절함에 있다는 메시지가 아니었을까? 달리 말해, 우화 속 사자의 생존은 얼마나 자기 이익을 챙겼는가가 아니라 생쥐의 마음을 얼마나 돌보았는가에 달려 있었던 건 아닐까?

약 100년간 과학자들은 인간 진화에서 이타심, 협력, 친절이 얼마나 중요한 역할을 했는지 입증하려 노력해 왔다. 막스 플랑크 진화 인류학 연구소(Max Planck Institute for Evolutionary Anthropology)의 연구자 펠릭스 바르네켄(Felix Warneken)과 마이클 토마셀로(Michael Tomasello)는 사례 연구를 통해 아직 말을 못 하는 유아들에게도 타인을 돕는 능력이 있는지 알아보고자 했다.²² 다르게 표현해 보자면 '이타심은 인간이 아주 어린 시절부터 본능적으로 끌리는 마음일까?'이다.

2006년 학술지 《사이언스(Science)》에 발표한 그들의 유명한 실험을 보자. 연구진은 유아들 앞에서 일부러 빨래집게를 떨어뜨리고 도움이 필요하다는 신호를 은근히 보냈다. 그러자 거의 모든 유아가 도와주려고 반응했다. 연구진은 성인의 손에서 자란 침팬지들 앞에서도 같은 실험을 진행했는데, 침팬지들 역시 본능적으로 도움을 주려는 행동을 보였다.

이전까지만 해도 인간의 협력 성향은 다른 동물에게는 존재하지 않는다고 여겨졌지만, 이 실험은 다른 결과를 보여 주었다. 연구진은 이렇게 결론지었다. "이번 결과는 아주 어린 아이들조차도 타인의 문제 해결을 돕고자 하는 본능적인 성향을 지니고 있음을 보여 준다."

유아에게도, 재난을 겪은 성인에게도 자연스럽게 나타나는 이타적 행동을 '허니문기'라고 부른다는 건 다소 이상하게 느껴진다(honeymoon은 일반적으로 신혼을 뜻하지만, 어떤 일이 시작된 직후 잠시 나타나는 긍정적인 초기 단계를 의미하기도 한다—옮간이). 전문가들에 따르면, 사람들은 재난이 닥치면 일련의 심리적 변화를 거친다. 이는 '영웅기-허니문기-환멸기-재구성기'의 네 단계로 나뉜다.[23]

'영웅기'는 재난이 발생한 시점과 그 직후에 나타난다. 이 시기에는 사람들이 대피하기 시작하고, 대피소가 문을 열며, 재난의 전체적인 상황이 아직 제대로 파악되지 않은 상태다. '허니문기'는 재난 발생 며칠 후부터 시작되어 수개월간 이어질 수 있다. 이때가 바로 이타심이 최고조에 달하는 시기다. 지역 주민들과 공동체는 서로 돕기 위해 함께 뭉치는 것을 최우선 과제로 삼는다.

'환멸기'는 생존자들이 재난으로 무너진 일상을 다시 꾸려야 한다는 현실에 압도되기 시작하는 단계다. 이 시기는 수개월에서 수년에 걸쳐 지속될 수 있으며, 억울함, 좌절, 분노 같은 감정이 두드러진다. 또한 이 시기는 미국 적십자 같은 주요 구호단체들이 재난 지역을 떠나는 때다. 생존자들은 자신들만 남은 상황에 버림당했다는 감정을 느끼기도 한다. '재구성기'는 생존자들이 외부 도움 없이 스스로 삶을 재건하고 앞으로 나아가는 단계다. 이때 새로운 형태의 활동주의(activism)가 나타날 수도 있다. 다만 재구성기가 끝난 이후에 이타심, 자원봉사, 무작위 선행이 어떻게, 얼마나 지속될 수 있는지, 또 그것들이 지속된다면 어떤 일이 생길 수 있을지는 여전히 불확실하다.

회복탄력성(resilience)과 재난 후 회복(recovery)의 차이를 알려 달라는 질문에 알드리치는 "(회복탄력성이란)개인, 기관, 공동체가 충격을 견디고, 이상적으로는 변화까지 이뤄 내는 능력"이라고 말했다. 회복탄력성의 기준치, 곧 회복탄력성이라 부를 수 있는 최소한의 수준은 재난 이후 어느 정도의 일상을 회복하는 것을 뜻한다.

알드리치는 2011년 동일본 대지진과 그 여파로 발생한 쓰나미를 예로 들었다. 쓰나미 피해 지역 해안가에 다시 집을 짓는 일은 회복탄력성을 높이는 사례로 보긴 어렵다. 오히려 더 높은 지대로 이주하고 방파제를 더 높이 세우며 '체계 자체를 바꾸는' 방식으로 향후 재난이 불러올 피해를 줄이는 노력이 회복탄력성을 키우고 진정한 변화를 끌어낸다.

코로나19 팬데믹 이후 미국 전체도 떠올려 보자. 알드리치는 회복과 회복탄력성의 차이를 측정하려면 사업체에 얼마나 많은 고객이 돌아왔는지를 살펴보면 된다고 설명했다. 도시는 도로 위 차량 수나 학교 버스를 타는 학생 수 같은 '이동성 데이터(mobility data)'를 활용해 측정할 수 있다고 덧붙였다. 만약 이러한 수치들이 재난 이전 수준과 비슷하게 회복되었다면 그 사회가 회복탄력성을 보인다는 신호다. 알드리치는 회복탄력성을 실질적으로 가늠할 수 있는 또 다른 지표로 인구수를 꼽았다. 하지만 회복탄력성의 관점에서 보면 미국 도시들의 성적은 그리 만족스럽지 않다. 미국 인구조사국에 따르면, 2019년까지 가장 빠르게 성장하던 도시들조차 팬데믹 동안 성장세가 둔화했다.[24]

하나의 사회로서 미국은 끊임없이 회복 단계에 갇혀 있다. 알드리치와 대화를 마치고 나니, 회복은 침체를 동반한다는 사실이 분명해졌다. 반면에, 회복탄력성은 변화로 나타난다. 총기 난사부터 산불에 이르기까지, 우리는 위기가 닥칠 때마다 때때로 회복을 하기는 하지만 좀처럼 변화하지는 않는다. 왜일까?

3

스마트폰이 불러온 '외로움 팬데믹'의 시대

미국 방송국 HBO에서 방영한 TV 드라마 〈소프라노스〉는 소프라노 가족의 가장 토니가 정신과 의사 멜피 박사에게 자신의 공황 발작 경험을 설명하는 장면으로 시작한다(뉴저지주 이탈리아 마피아인 토니 소프라노가 이유를 알 수 없는 공황 장애 증상으로 정신과 의사를 만나면서 벌어지는 사건들을 다룬 범죄 심리·블랙 코미디. 미국 드라마 역사상 가장 훌륭하고 영향력 있는 작품으로 평가받는다—옮긴이).

처음으로 공황 발작을 겪은 날 토니는 생각에 잠겨 있었다. '무언가를 바닥부터 시작한다는 건 좋은 거야.' 토니 자신은 마피아 세계에 좀 늦게 합류한 감이 있었지만, 그건 괜찮았다. 그러나 멜피에게 요즘 들어선 그냥 늦은 게 아니라 아예 '끝물'에 올라탄 게 아닌가 하는 생각이 자꾸 든다고 말한다. "좋은 시절은 다 갔다"라는 느낌도 들었다고 털어놓는다. 이에 멜피는 많은 미국인이 비슷한 감정을 느낀다고 말한다. 토니는 아버지를 떠올리며, 아버지는 자신처럼 '성공'을 이루지는 못했지만 많은 면에서 오히려 더 나은 삶을 살았다고 말한다. 아버지에게는 믿을 수 있는 동료들, 그들만의 기준, 자존심이 있었기 때문이다. "그런데 지금 우리는 뭡니까?" 토니는 묻는다.

 이 장면은 아마 〈소프라노스〉에서 가장 많이 분석된 장면일 것이다. 토니는 마피아의 쇠퇴를 이야기하지만, 드라마는 사실 미국의 몰락을 비유한다. 이 작품은 자본주의와 개인주의의 무자비함, 그리고 그것이 1990년대에 이르러 얼마나 극단으로 치달았는지를 조명하는 현대 미국 사회 문화에 관한 논평이다. 드라마의 제작자인 데이비드 체이스(David Chase)는 〈소프라노스〉의 기획 의도를 이렇게 설명했다. "미국 사회가 너무 야만적이고 이기적으로 변한 나머지 이제는 마피아조차 더 이상 견딜 수 없는 지경에 이르렀다는 걸 보여 주는 작품을 만들고 싶었다."

사회 제도를 기만하고 편법을 쓰고 살인으로 이익을 챙기는 일을 직업으로 삼은 토니 소프라노도 '나 먼저'라는 정신으로 조직을 운영해 왔지만, 그조차 점점 후기 자본주의의 굴레 속에서 고립감을 느꼈다. 마피아인 토니마저도 경쟁보다는 협력을 선택할 수 있는 일종의 사치를 갈망했다. 하지만 그는 가장 가까운 친구들조차 믿지 못하는 삶을 살고 있었다.

〈소프라노스〉가 처음 방송된 1999년 다음 해, 로버트 퍼트넘의 저서 《나 홀로 볼링》이 대중의 큰 공감을 얻은 것은 어쩌면 우연이 아닐지도 모른다. 이 책은 퍼트넘이 1995년 《민주주의 저널》에 발표한 논문 〈나 홀로 볼링: 미국 사회적 자본의 쇠퇴〉에 기반한 내용으로,[1] 《뉴욕 타임스(New York Times)》와 미국 국립공영라디오(National Public Radio, NPR) 등 주요 언론의 주목을 받았다. 많은 미국인이 시민 참여의 감소를 체감하고 있었고, 그로 인한 사회적 여파도 분명했기 때문이다. 퍼트넘에 따르면, 1960년대부터 1990년 사이 미국의 투표율은 큰 폭으로 감소했다. 사는 동네나 학교 문제와 관련된 공청회에 참석하는 시민 수도 줄었으며, 1975년에서 1985년 사이에는 노동조합 가입

률도 급격히 떨어졌다. 이웃과 일 년에 한 번 이상 교류하는 미국인의 비율 역시 급락했다.

하지만 퍼트넘이 특히 주목한 것은 미국인의 볼링 문화 현상이었다. 그는 논문에서 1995년 당시 볼링을 즐기는 미국인의 수가 그 어느 때보다 많았고, 볼링이라는 스포츠도 상승세를 보였다고 설명했다. 그러나 같은 시기, 팀을 이루어 리그에 참가하는 사람의 수는 거의 40퍼센트 가까이 감소했다. 볼링 인구는 늘었지만, 사람들은 혼자서 볼링을 치고 있었다.

퍼트넘은 이 현상에 단지 볼링장 사업의 존폐를 위협하는 수준이 아니라 더 큰 사회적 함의가 있다고 지적했다. "그러나 홀로 볼링을 치는 사람들이 예전처럼 다른 이들과 어울려 맥주와 피자를 먹으며 주고받던 상호작용이나 대화를 포기했다는 점에서, 이 현상은 더 넓은 사회적 의미를 지닌다." 퍼트넘은 '사회 자본'이 풍부한 사회일수록 삶이 더 쉽고 즐거워지며, 그러한 사회 자본은 혼자가 아니라 함께 볼링을 칠 때 형성된다고 주장했다.

연구자들은 사회 자본이 사회의 건강과 민주주의를 가늠할 중요한 지표라고 주장한다.[2] 사회 자본이 높다는 것은 사회가 건강하다는 뜻이며, 낮다는 것은 사회가 병들어 있다는 신호다. 사회 자본이 존재하고 성장하려면 사람들 사이에 높은 수준의 신뢰와 협력이 필수적이다.

하지만 신뢰와 협력은 재난이 닥쳐야만 생겨나고 그때만 유지되는 게 아니다. 평소에도 식물처럼 잘 자라도록 보살피고 관리해 주어야 한다. 퍼트넘은 자신의 논문에서 사람들이 시민 활동에 적극적으로 참여할 때 호혜와 신뢰의 문화가 생겨나고, 그러한 문화가 곧 사회 자본을 지속시키는 핵심 요소라고 말했다. 사람들이 더 이상 함께 볼링을 치지 않는다는 사실 하나만으로도 미국 민주주의는 위협받고 있었다.

퍼트넘은 시민 단체 활동에 참여하는 인구가 줄어든 이유를 설명했다. 그는 논문에서 시민 참여 감소 원인을 설명하는 네 가지 사회적 흐름을 제시했다. 첫째, 더 많은 여성이 노동시장에 진입하게 되었다. 이는 그간 시민 활동 참여자 중 여성의 비중이 컸다는 점을 시사한다. 둘째, 미국 내 인구 이동이 잦아지면서 생긴 역효과다. 이사하면서 기존의 인간관계가 끊기고 새로운 지역에서는 다시 사회적 관계를 형성하기가 어려워졌다. 셋째, 이혼 증가, 자녀 수 감소, 임금 하락 등 전반적인 인구통계학적 변화도 원인일 수 있다. 퍼트넘은 이렇게 말했다. "일반적으로 기혼의 중산층 부모들이 다른 사람들보다 사회 참여도가 높으므로, 이 집단의 변화가 시민 관여가 줄어든 이유를 어느 정도 설명한다." 그러나 오늘날 우리가 가장 공감할 만한 원인은 아마 네 번째일 것이다. 바로 '여가 활동의 기술적 변화'다.

퍼트넘은 1990년대, 기술의 영향으로 여가 시간이 사유화되거나 개인화되고 있다고 볼만한 충분한 근거가 있다고 말했다. 그는 텔레비전의 확산을 예로 들었다. 1960년대에 들어서면서 텔레비전은 미국인들이 매일 보내는 여가 시간을 사실상 좌우하기 시작했다. 퍼트넘은 "그렇다면 기술이 개인의 관심사와 공동체의 관심사 사이를 갈라놓고 있는 건 아닌가?"라고 묻는다.

1990년대는 통바지, 스파이스 걸스, 다마고치, 빌 클린턴만이 전부가 아니었다. 이 시기는 닷컴 붐(dot-com boom, 1990년대 초반 웹 사이트의 등장과 함께 1990년대 말부터 2000년대 초반까지 인터넷 관련 회사들의 주가가 비정상적으로 상승했던 거품 경제 현상―옮긴이)이 일어난 시대이기도 하다. 1990년대 이후에도 퍼트넘이 지적한 사회 자본의 약화 조짐은 계속되고 있다. 학부모·교사연합회(PTA, 미국 사회에서 학교·가정·지역 사회를 잇는 중요한 조직이다—옮긴이)는 간신히 명맥을 유지하고 있으며, 팬데믹 후에는 대면 모임조차 열지 않는 지부도 많다.[3]

2014년, 미국은 72년 만에 가장 낮은 중간선거 투표율을 기록했다.[4] 노동조합 가입률 역시 지속적으로 감소하는 추세다. 1983년에는 미국 노동자의 20.1퍼센트가 조합원이었지만, 2023년에는 절반인 10퍼센트로 떨어졌다.

2017년 출간된 《트럼프 이후 하나 된 국가(One Nation after Trump)》에서 저자들은 퍼트넘이 꼬집은 사회 및 시민 단체의 쇠퇴가 도널드 트럼프 당선에 기여한 요인 중 하나였다고 분석했다. "많은 이가 잃어버린 공동체성과 연대를 되찾고자 하는 갈망으로 그를 지지했다."[5] 이러한 흐름은 미국 민주주의에 해를 끼쳤을 뿐만 아니라 또 다른 위기가 일어나는 데에도 일조했다. 바로 외로움 팬데믹이다.

코로나19 팬데믹 이전부터 미국 성인 2명 가운데 1명은 외로움을 겪는다고 보고된 바 있다.[6] 외로움의 위기는 2023년, 미국 제21대 공중보건국장 비벡 머시(Vivek Murthy) 박사가 외로움을 전염병과 같은 공중보건 위기로 선언하며 85쪽 분량의 권고문을 발표했을 때 정점에 이르렀다. 권고문은 지난 수십 년간 미국인들의 사회적 연결이 점점 더 약화했다고 언급했다. 사람들은 혼자 보내는 시간이 많아졌고, 특히 청년층이 친구들과 보내는 시간이 줄어들었다는 연구 결과가 있다. 성명문은 "이 현상은 특히 15세에서 24세 사이의 청년층에서 가장 두드러진다"라고 밝혔다.

◇◇◇

2007년 1월 9일, 스티브 잡스(Steve Jobs)는 맥월드(맥월드 엑스포, 매년 애플의 신제품과 신기술을 공개하는 행사—옮긴이) 무대 위, 대형 스크린 앞에 서서 애플의 열렬한 팬들에게 그해 선보일 제품들을 발표했다.[7] 첫째, 터치 조작이 가능한 와이드 스크린 아이팟, 둘째, 혁신적인 휴대폰, 셋째, 획기적인 인터넷 통신 기기였다. 잡스는 그의 상징이 된 검은색 터틀넥 차림으로 슬라이드를 몇 차례 되풀이해서 넘기며 청중에게 물었다. "이제 감이 오시나요?" 잡스는 힘주어 말했다. 새 제품은 서로 다른 세 가지 기기가 아니었다. 하나였다. 그는 그것을 '아이폰'이라 불렀다.

그전까지 볼 수 있던 스마트폰은 블랙베리의 형태밖에 없었다. 플라스틱 물리 버튼이 달려 있고, 직접 적용 가능한 '앱'의 수도 극히 적었으며, 개인 맞춤형 업데이트로 기능을 자주 개선할 수 있는 것도 아니었다. 잡스와 그의 팀은 해결책으로 아이폰을 만들었다. 잡스는 아이폰을 "손안의 마법"이라고 일컬었다. "우린 쓸데없는 버튼을 전부 없애고 커다란 스크린을 만들 겁니다." 그가 말했다. 스타일러스 펜도 당연히 필요 없었다. 우리는 이미 열 개를 달고 태어났으니까 말이다.

그로부터 15년이 훌쩍 지난 지금, 우리의 '인간 스타일러스 펜'은 늘 쉴 틈도 없이 바쁘다. 평균적으로 미국인들은 하루 최소 6시간을 디지털 미디어에 소비한다. 성인 3명 가운데 1명은 "거의 항상" 온라인 상태라고 답했다.[8] 잡스가 슬라이드를 넘기며 청중들을 들뜨게 했던 그 순간이 지나고 아이폰의 마법이 일상이 된 지금, 아이폰의 제작자들은 사람들이 화면을 보는 시간이 지나치게 많아졌다고 우려를 표했다. 그들조차 예상하지 못한 부작용이었다.

애플 전 직원 바스 오딩(Bas Ording)은 저널리스트 브라이언 머천트(Brian Merchant)와의 인터뷰에서 아이폰 인터페이스의 단점 하나는 "이제 지나치게 많은 사람이 휴대폰만 들여다보고 있다는 것"이라고 말했다. 애플 휴먼 인터페이스 부문의 전(前) 부사장 그렉 크리스티(Greg Christie)도 인터뷰에서 이렇게 털어놓았다. "좋은 영향이 더 큰지, 나쁜 영향이 더 큰지는 아직 알 수 없다고 생각합니다. 하지만 사람들의 주의가 산만해지는 게 그리 좋지는 않네요."[9]

미국인들이 화면 앞에서 보내는 시간은 하루 평균 7시간 4분이다.[10] 2019년, 한 연구에 따르면 미국인은 하루 평균 5시간 이상을 여가 시간으로 보낸다.[11] 이 연구는 미국인들이 운동할 시간이 부족하다는 통념에 반박하기 위해 진행됐다. 연구진은 남성이 여성보다 대체로 더 많은 여가 시간을 가지지만, 그 시간에 신체 활동을 하는 대신 스마트폰을 들여다본다고 밝혔다. 퍼트넘이 1995년에 추측했던 대로, 우리의 여가 시간은 여전히 기술이 지배하고 있다.

잡스가 아이폰의 등장을 예고한 지 6개월 뒤, 드디어 아이폰이 정식 출시되었고 대중은 각자의 아이폰을 손에 쥘 수 있게 되었다. 미디어 심리학자이자 뉴포트 헬스케어의 건강 기기 관리 부문 국가 고문 위원으로 활동하고 있는 돈 그랜트(Don Grant) 박사는 그날을 이렇게 회상했다. "모든 게 바뀌었습니다. 2007년 6월 29일은 세상의 판도를 바꾼 날이었어요. 그날 우리는 돌이킬 수 없는 사건의 지평선을 넘었고, 역사의 전환점에 도달한 겁니다."

그랜트는 지난 17년 동안 스마트폰 사용 습관이 아동, 트윈(tween, 8~12세 사이의 아동—옮긴이), 10대에게 미칠 수 있는 영향을 연구해 왔다. 그의 이론 중 하나는 청소년들이 스마트폰을 과도하게 사용할 때 나타나는 신경학적·심리학적 영향에 취약하며, 이들이 다시 통제력을 회복하도록 사회가 나서서 도와야 한다는 것이다.

그랜트는 요즘 청소년들이 서로 직접 만나 소통하지 않는 현상에도 이 문제가 일정 부분 영향을 미친다고 주장한다. "애들은 이제 타인에게 자연적으로 손을 내밀고 관계를 맺는 방법조차 모릅니다." 그는 내게 말했다. "제 이론은 이렇습니다. 2007년 6월 29일, 그날 세상이 바뀌었어요. 아이폰이 나오면서 인터넷은 휴대할 수 있는 것이 되었고, 갑자기 그 순간부터 우리는 아이폰만 원하게 되었으니까요. 그리고 그들은 그렇게 될 걸 알고 있었죠."

◇◇◇

스티브 콜(Steve Cole) 박사는 캘리포니아대학 로스앤젤레스의 유전체학 연구자로, 분자 수준에서 외로움이 건강에 미치는 영향을 연구한다(그는 이 책의 뒷부분에서 다시 만날 수 있다). 콜은 일상을 더 편리하게 만들려 개발된 앱과 기술 들이 오히려 외로움이라는 전염병을 악화시키고 있다고 말했다. 사람들이 일상 활동을 앱에게 넘기는 '편리함의 유혹'에 굴복하면서 일상에서 지인이나 다른 사람과 교감을 나누고 보살핌을 받는다는 느낌을 경험할 기회를 포기하게 된 셈이다.

콜은 "기술은 인간을 상품화하고 서서히 인간의 존재 가치를 폄하하며 멸시하는 문화를 만듭니다."라고 말했다. 일례로 정육점에 고기를 사러 가는 상황을 들었다. 정육점에서 고기를 사는 손님은 정육점 주인과 대화를 나눌 수밖에 없다. 서로 정치적 견해가 달라도 상관없다. 둘은 서로에게 필요한 존재다. 손님은 고기가 필요하고, 정육점 주인은 손님이 필요하다. 이렇게 각자의 필요를 채우는 과정에서 두 사람은 시간이 지날수록 자연스럽게 서로를 알아가고 신뢰를 쌓게 된다.

만약 주인의 아이가 아프다는 얘기를 들으면 손님은 귀

기울이고 위로를 건넬 것이다. 그 순간, 손님은 공감과 연민을 표현할 자연스러운 기회를 얻는다. 정육점 주인은 그 잠깐 사이 누군가로부터 관심과 연결감을 느낀다. 하지만 이제 기술은 이러한 교류마저 상품화했다. 그뿐만이 아니다. 기술은 가짜 현실을 만들어 내며 외로움을 퍼뜨리기도 한다. 그는 이를 '인스타그램 재앙'이라 부른다.

콜은 이렇게 말했다. "사람들은 자기 모습을 왜곡시켜 보이려는 욕망이 강하고, 그런 방식으로는 절대로 자신이 이해받고, 건강하고, 공동체에 속한 존재라는 감각을 느낄 수 있는 진정한 소통이 이루어질 수 없습니다." 그로 인해 인간은 결국 "정서적, 사회적으로 굶주리게 될 것"이라고 덧붙였다.

콜이 이 문제에 얼마나 열정을 가졌는지는 분명하다. 그의 목소리에는 답답함과 염려가 고스란히 묻어났다 그가 인간은 "지금까지 스스로 만든 함정 중 가장 복잡한 함정"에 빠져 있다고 말할 때의 불안은 내게도 전해졌다. 건강·과학 전문 저널리스트로서, 나는 오늘날의 정신 건강 문제를 소셜미디어와 기술 탓으로만 돌리는 일부 연구에 결함이 있다는 사실을 익히 알고 있다. 나는 스탠퍼드대학의 신경외과 임상교수이자 연민과 이타주의 연구 및 교육 센터(Center for Compassion and Altruism Research and Education, CCARE)의 설립 책임자인 제임스 도티(James Doty)에게 연락해 직접 확인했다.

도티에게 외로움의 위기가 퍼트넘의 이론처럼, 사람들의 여가 시간이 기술로 인해 사유화·개인화된 결과인지 물었다. 그는 망설임 없이 그렇다고 했다. 그러고는 페이스북, 구글, 그 외 다른 기술 기업들은 모두 소비자의 상태엔 관심이 없다고도 덧붙였다. "상장기업의 유일한 관심사는 결국 돈뿐이잖아요. 그들은 심리학자, 신경과학자들로 된 전담팀까지 있습니다. 어떻게 하면 우리가 휴대폰에서 손을 못 떼도록 할 수 있는지 연구하는 사람들이에요." 이렇게 말하며 갈등을 조장하는 전략도 우리가 계속 앱을 사용하게 만드는 과정의 일부라고 했다. "아주 교묘하게 조작된, 사람들을 불행에 빠뜨리는 방식입니다. 굉장히 불쾌하죠."

2018년, 심리학자 50명은 미국 심리학회에 서명한 공개 서한을 보냈다. 이들은 기술 기업에서 일하는 심리학자들이 '숨겨진 조작 기법'을 이용하고 있다고 고발하며, 학회가 이에 대한 윤리적 입장을 분명히 밝혀야 한다고 촉구했다.[12] 많은 미국 성인과 아동이 스크린 앞에서 보내는 시간이 늘어나고 있는 가운데, 이 문제를 책임져야 할 사람이 누군지 논의하는 방식에도 변화가 일고 있다.

보통 부모들이 자녀의 스크린 타임(스마트폰, 컴퓨터, 텔레비전 등 화면이 있는 기기를 사용하는 시간―옮긴이)을 통제하지 못한다는 이유로 비난의 화살을 맞는 경우가 많지만, 이러한 논의에서 번번이 간과되는 점은 아이들이 사용하는 앱과 기기들은 애초에 멈추지 못하고 계속 사용하도록 설계되었다는 사실이다.

실제로 바로 그 목적을 위해 발전한 연구 분야도 존재한다. '행위 설계(behavior design)', 또는 '설득 기술(persuasive technology)'이라 불린다. 신경과학자이자 인공지능 및 기계학습 회사 바운드리스 마인드의 공동설립자인 램지 브라운(Ramsay Brown)은 잡지 《타임(Time)》과의 인터뷰에서 이렇게 말했다. "당신의 자녀가 휴대폰을 손에서 놓지 못하는 이유는 의지가 약해서가 아닙니다. 아이들의 뇌 자체가 계속 휴대폰을 보게끔 설계되고 있는 거예요."[13] 설계의 효과는 확실하다. 2022년, 비영리 연구 단체 커먼 센스 미디어(Common Sense Media)는 2019년부터 2021년 사이 10대와 트원의 전체적인 스크린 타임이 17퍼센트 증가했다고 발표했다.[14] 조사에 따르면 8세에서 12세 아동은 하루 평균 약 5시간 반, 13세에서 18세 청소년은 하루 평균 약 8시간 반을 화면 앞에서 보낸다.

콜과 같은 과학자들은 이를 매우 심각한 문제라고 본다. 그는 다음과 같이 강조했다. "인간은 지금까지 존재했던 생명체 중 가장 극단적으로 사회적인 종입니다. 사회적 관계는 인간의 존재 이유예요. 우리가 지금처럼 하나의 종으로서 잘 살아남을 수 있었던 이유이기도 합니다. 그런데 우리는 지금 말 그대로 기술 때문에 부패하고 있습니다." 콜은 현재 벌어지고 있는 상황을 지나치게 과장하려는 건 아니지만, 인류는 지금 "몹시 위태로운 순간"에 놓여 있다고 경고했다. "인간다움의 상실은 실제로 일어날 수 있는, 아주 현실적인 가능성입니다."

◇◇◇

스크롤을 내리고, '좋아요'를 누르고, 댓글을 달고, 추천·비추천을 누르고. 정확히 언제부터 이렇게 됐는지는 모르겠다. 하지만 2010년대 후반쯤, 샌프란시스코의 대중교통 시설 뮤니(Muni)를 타는 사람들은 서로 눈을 마주치지 않으려고 안간힘을 쓰는 듯 보였다.

여러 정거장을 지나는 동안에도 사람들은 흔들리는 지하철에 몸을 맡긴 채 고개를 푹 숙이고 휴대폰만 쳐다봤다. 전깃줄에 앉아 먹다 남은 음식을 낚아채려는 까마귀 같았다. 우리는 모두 지하를 가르며 같은 방향을 향해 가고 있었지만, 서로의 존재를 좀처럼 인식하지도 못했다. 모든 게 연결된 시대에 생겨난 이 단절은 시간이 갈수록 나를 더 불안하게 만들었다.

◇◇◇

외로움의 본질은 복잡하고 미묘하다. 시카고대학 인지 및 사회신경과학 센터(Center for Cognitive and Social Neuroscience)의 소속 연구자였던 고(故) 존 카치오포(John Cacioppo)는 외로움 연구의 선구자로, 오늘날 우리가 알고 있는 외로움에 관한 주요 이론들을 개척한 인물이다. 카치오포에 따르면 외로움은 실제 사회적 관계와 자신이 바라는 사회적 관계가 일치하지 않을 때, 그 차이에서 기인하는 '주관적인 경험'이다. 관계의 양과 질 사이의 인식 차이에서 생기는 감정이다. 즉 외로움은 타인과 더 깊이 연결되고 싶은데 그러한 연결을 얻지 못할 때 느끼는 고통이다.

카치오포는 저서 《인간은 왜 외로움을 느끼는가》에서 인간은 누구나 살아가며 '외로움의 고통'을 느낀다고 설명했다.[15] 외로움의 고통은 친구들과 놀며 각자 편을 가를 때 마지막까지 뽑히지 않고 남아 있는 일처럼 짧게 느껴질 수도 있고, 배우자를 잃는 일처럼 가혹할 만큼 길게 느껴질 수도 있다. "특정한 순간 외로움을 느낀다는 건, 인간이라는 뜻이다"

나아가, 어떤 사람들은 유전적으로 다른 사람들보다 더 많은 사회적 연결이 필요하며 그로 인해 평생 외로움을 더 쉽게 느끼도록 타고났을 수도 있다고 주장했다. 또한 외로움은 개인을 고립된 상태에서 벗어날 수 있도록 도와주는 '사회적 고통'이라고 말했다. 그는 외로움이 인간 경험의 자연스러운 부분이지만, 그 감정에 지나치게 오래 머물며 부정적인 사고, 감정, 행동을 되풀이하는 악순환을 만들기 시작하면 문제가 된다고 보았다.

주목할 점은, 외로움이 전염병처럼 퍼지고 있는 지금의 사태를 비교적 최근에 생겨난 현상이라고 생각하는 이들이 많다는 것이다. 영국 역사학자 페이 바운드 알베르티(Fay Bound Alberti)는 2019년 출간한 저서 《우리가 외로움이라고 부르는 것에 대하여》에서 현대 사회가 말하는 외로움은 19세기 이전에는 존재하지 않았다고 주장한다.[16] 그는 오늘날 우리가 겪는 외로움을 '현대적 감정'이라고 부른다.

책의 서문에서 알베르티는 외로움이 과거에도 부정적으로 여겨졌을 수 있다고 인정한다. 하지만 전체적으로 보면, 당시에는 종교와 철학의 틀이 지금과 달랐기 때문에 홀로 있기를 선택하고 의도적으로 사회와 단절된 삶을 살았던 사람들도 외로움을 느끼지는 않았다고 설명한다.

외로움과 고독은 다르다. 존 카치오포도 말했듯, 신체적으로 혼자 있다고 해서 반드시 외롭다는 의미는 아니다. 인간의 역사 속에서 고독은 높이 평가받아 왔다. 고대인들은 고독을 창조성의 원천이자 자아 발견이 이루어지는 신화적인 공간으로 여기며 오히려 추구했다. 종교적 은둔자들도 자연 속에서 고독을 선택한 사람들이었고, 예수 또한 밤마다 혼자 기도하며 시간을 보냈다고 전해진다.

하지만 역사학자들은 헨리 데이비드 소로(Henry David Thoreau)처럼 현대적 고독을 즐기는 듯 보였던 인물조차 실제로는 외로움을 겪었을 수 있다고 추측한다. 그는 《월든》에서 고독을 찬미했지만, 《소로의 일기》에서는 친구들과의 관계 변화에 실망감을 드러내는 듯한 모습을 보이기도 한다.[17]

카치오포에 따르면, 어떤 사람이 현대적 외로움에 더 취약한지는 세 가지 요소에 따라 결정된다. 첫째는 사회적 단절에 대한 개인의 취약성 정도이고, 둘째는 자기조절 능력, 셋째는 사회를 어떻게 사고하고, 사회에 어떤 기대를 품고 있는가 하는 것이다. 마지막 요소는 다소 까다로운데, 외로움은 한번 자리 잡으면 벗어나기 힘든 부정적인 피드백 고리를 형성하기 때문이다. 그는 "외로움에 사로잡히면 자기 자신과 타인을 바라보는 방식은 물론이고 타인에게 기대하는 반응조차도 불행감과 위협감, 저하된 자기조절 능력 때문에 크게 달라진다"라고 썼다.

이렇듯 외로움의 요소는 복잡하지만, 연구자들은 개인의 외로움 정도를 효과적으로 측정할 수 있는 방법을 찾아냈다. 1978년, 심리 평가 도구인 'UCLA 외로움 척도

(UCLA Loneliness Scale)'가 발표되었다.[18] 외로움과 사회 고립에 대한 개인의 인식을 측정하는 질문 20개로 구성된 이 척도는 이후 여러 차례 수정을 거치며 오늘날에도 여전히 널리 사용되고 있다. 2004년 개정판 발표 이후, 연구자들은 더 신속한 측정이 필요할 때 사용할 수 있도록 질문을 세 문항으로 축약하기도 했다. 질문은 다음과 같다.

- 얼마나 자주 가까이할 사람이 없다고 느낍니까?
- 얼마나 자주 소외감을 느낍니까?
- 얼마나 자주 다른 사람들에게서 고립되어 있다고 느낍니까?

응답 항목은 '거의 없다(1점)', '가끔 있다(2점)', '자주 있다(3점)'로 나뉜다. 세 문항에서 모두 3점을 받아 총점 9점을 기록한 사람은 '가장 외로운' 수준에 속하며, 반대로 총점 3점을 받은 사람은 '가장 외롭지 않은' 수준에 해당한다.

2018년, 건강보험 회사 시그나는 20개 문항으로 구성된 UCLA 외로움 척도를 사용해 미국 전역의 성인 2만 명을 대상으로 온라인 설문 조사를 실시했다.[19] 축약형이 아닌 전체 척도의 점수는 20점에서 80점 사이이며, 43점 이상이면 외로운 상태로 간주한다. 조사 결과, 미국인의 평균 점수는 44점으로 나타났다. 이는 미국인 대부분이 외로운 상태에 놓여 있다는 뜻이다. 또한 젊은 세대가 노년층보다 외로움을 더 많이 느끼는 것으로 나타났다. 팬데믹 이전에 나온 결과다.

2020년 10월, 하버드대학 심리학자 리처드 웨이스보드(Richard Weissbourd)가 이끄는 연구진은 예비조사에서 청년층의 43퍼센트가 코로나19 발생 이후 외로움이 더 심해졌다고 응답한 사실을 확인했다. 외롭다고 느낀 청년 가운데 절반가량은 지난 몇 주 동안 자신에게 몇 분 이상 시간을 들여 안부를 물어봐 주거나, 진심으로 관심을 기울였다고 느끼게 해 준 사람이 단 한 명도 없었다고 답했다.[20] 외로움은 단지 팬데믹 때문에 생긴 문제가 아니다. 2022년, 잡지 《바이스(Vice)》 역시 〈젊은 세대, 그 어느 때보다 외롭다〉라는 기사에서 이 점을 지적한 바 있다.[21]

"우리는 흔히 젊은 사람이 활동적이고 인생을 미친 듯이 재미있게 즐기고 있다고 생각하죠. 하지만 실제로는 연애도 거의 안 하고 외로운 사람이 많습니다." 웨이스보드가

줌 인터뷰에서 말했다. 그는 풍성한 은발을 쓸어 넘기며, 특히 소셜미디어가 젊은 세대 사이에 새로운 형태의 외로움을 만들어 내고 있다고 설명했다. 이는 관계의 양과 질 사이의 간극에서 비롯된 새로운 형태의 외로움이다. "항상 친구들과 어울리고, 행복해 보이고, 모두와 잘 지내는 듯 보이는 타인과 자신을 끊임없이 비교하게 되죠. 그런 상대적 비교가 외로움을 훨씬 더 심화시키는 겁니다."

물론 외로움은 청년층만의 문제가 아니다. 외로움 연구자들은 청년층과 노년층이 가장 큰 영향을 받는다고 말한다. 중장년층은 UCLA 외로움 척도에서 낮은 점수를 받더라도 시간이 지나면 더 높은 점수를 기록할 가능성이 있다. 미국의 노년층은 혼자 사는 생활, 만성질환, 청력 손실, 가족과 지인의 사망 등으로 외로움과 사회적 고립에 더 쉽게 노출된다.[22] 그러나 콜은 소셜미디어와 기술이 만들어 낸 외로움이라는 측면에서는 오히려 노년층이 변화하는 세상에 더 잘 적응하고 있다고 말한다.

반면에, 청년층은 삶의 영양가 있는 경험을 쌓는 데 필요한 기반을 제대로 다질 기회조차 얻지 못하고 있다. 불과 5~10년 전만 해도 가능했던 삶의 방식마저 이제는 어려운 상황이다. 많은 전문가가 이러한 현실이 결국 청년층의 노후를 더욱 외롭게 만들 것이라고 우려한다.

외로움으로 인한 사회적 건강의 악화는 개인의 신체적 건강의 악화와 궤를 같이한다. 외로움은 흡연만큼 치명적이다. 연구자들은 만성적인 외로움으로 사망할 위험이 하루에 담배를 15개비까지 피우는 위험과 비슷하다고 추정한다. 이는 신체 활동 부족이나 비만으로 인한 사망 위험보다도 더 크다.

2022년에 미국심장협회(American Heart Association)는 만성적으로 외로운 사람은 심장마비를 겪을 확률이 29퍼센트, 뇌졸중을 겪을 확률이 32퍼센트 더 높다는 연구 결과를 발표했다.[23] 사회적 연결과 신체 건강 사이에는 밀접한 상관관계가 있으며, 특히 사회적 연결의 결핍은 미국인 사망 원인 1위인 심장 질환으로 이어질 수 있다는 강력한 근거도 존재한다. 유년기의 외로움(사회적 고립의 정도로 측정한다)은 이후 더 높은 비만율과 혈당 수치, 고혈압과도 연관되어 있다. 공중보건의 관점에서 볼 때 외로움은 건강에 심각한 위협이 된다.

약 85쪽 분량의 권고문을 발표했던 머시는 "외로움과 고립이 건강에 미치는 깊은 영향을 고려할 때, 우리는 사회적 연결 문제에 흡연, 비만, 중독 문제만큼의 관심과 투자를 기울일 기회이자 의무를 지니고 있다"라고 밝히며 상황의 심각성을 강조했다. 외로움은 우울증, 알코올 남용, 수면 장애 등 여러 정신 질환과도 관련이 있다.

외로움이 건강에 미치는 영향을 연구하는 과학자들은 사회적 연결이 인간 신체의 작동 체계에 있어 음식만큼이나 중요하다고 말한다. 생물학적으로 신체적 통증은 몸 어딘가에 이상이 생겼다는 경고 신호다. 몇 시간 동안 아무것도 먹지 않으면 위와 췌장, 소장, 뇌에서 '그렐린(ghrelin)'이라는 호르몬이 분비된다. 그렐린은 뇌의 특정 수용체를 자극해 영양분이 필요하다는 신호를 보낸다. 그렇게 우리는 식사할 때가 됐다는 것을 알아차린다. 이때 음식을 제때 섭취하지 않으면 몸이 떨리거나 짜증이 나는 등 추가적인 신체 반응이 나타난다.

카치오포가 자신의 책에서 설명했듯, 외로움은 인간이 안전함을 느낄 수 있을 만큼 주변 사람들과 연결되어 있지 않다는 경고 신호다. 사람들은 허기를 느낄 때 상황에 따라 대개 배고픔을 스스로 해결할 수 있다. 그럴 수 없을 때는 다른 사람과 함께 모여 서로 먹을 것을 나눈다. 자연재해 이후 사람들이 함께 모여 서로를 돕는 것과 마찬가지다. 그렇다면 외로움 역시 우리가 지금 겪고 있는 위기인데, 왜 우리는 이를 극복하기 위해 제한적 연대를 이루려 하지 않는 걸까?

카치오포는 외로움이 지닌 서서히 퍼지는 교묘한 속성 때문이라고 말한다. 외로움은 본질적으로 사람을 진퇴양난에 빠뜨린다. 그는 "외로움에서 진정으로 벗어나려면 최소한 한 사람의 협력이 필요하지만, 외로움이 만성화될수록 우리는 그 협력을 끌어낼 능력을 점점 더 잃게 된다"라고 썼다. 사람들이 원하는 연결은 타인의 따뜻하고 협조적인 반응을 전제로 한다. 그러나 그런 반응을 얻지 못하면 카치오포가 발견한 부정적인 피드백 고리가 시작될 수 있다. 사회적 연결의 욕구가 원하는 만큼 충족되지 않으면 우울감, 적대감, 절망, 사회적 인지 능력 저하를 유발할 수 있다고 주장했다.

이러한 감정들은 결국 손쉽게 취할 수 있는 물건이나 사람에게서 쾌락을 찾으며 고통을 감추려는 건강하지 못한 시도로 이어질 수 있다. 게다가 외로운 사람에게는 타인을 돕는 일 자체가 어려워 관계를 맺는 것도 쉽지 않다. "엎친 데 덮친 격으로, 외로움이 불러오는 혼란은 겉으로 드러나는 증상에만 그치지 않는다. 동시에 우리 몸속 깊은 곳의 주요 세포 과정을 교란하기도 한다. 이게 바로 만성적인 외로움이 더 큰 고립을 불러오고, 결국 조기 노화를 유발하는 방식이다" 그는 외로움이 우리를 불행하게 만들 뿐 아니라 신체마저 병들게 하고 조기 사망까지 초래할 수 있다는 점에서 비극이라고 말했다.

외로움의 교묘한 특성은 뇌에서도 관찰할 수 있다. 최근 서던캘리포니아대학 심리학 조교수 엘리사 백(Elisa Baek)은 대학 생활을 시작하는 신입생들을 대상으로 연구를 진행했다. 백과 동료 연구진은 스포츠 경기, 사교 모임, 영화의 한 장면처럼 일상에서 접할 수 있는 상황을 담은 다양한 영상을 신입생들에게 보여 주고, 시청 중인 학생들의 뇌를 자기공명영상(MRI)으로 촬영해 각 장면을 어떻게 처리하는지 분석했다. 이후 참가자 전원에게 UCLA 외로움 척도 설문지를 작성하게 했다. 연구 결과, 외로운 사람들의 뇌는 일상 속 장면들을 각기 다르게 처리하며 저마다 다른 방식으로 해석하는 경향을 보였다. 외로움 척도 점수가 낮은 사람들의 뇌는 영상을 처리하는 방식이 비슷했다.

백은 인터뷰에서 이렇게 말했다. "외로운 사람들은 세상을 인식하고 해석하고 반응하는 방식이 제각각이에요. 그래서 주변 사람들에게 이해받지 못한다고 느끼는 걸지도 모르죠. 그들은 말 그대로 세상을 자신만의 독특한 방법으로 받아들이고 있는 셈이에요." 이어서 다른 사람과 '공유된 현실(shared reality)'을 구축하는 것이 사회적 연결감을 느끼는 데 있어 매우 중요하다고 말했다.

하지만 외로운 사람들이 주변과 현실을 다르게 인식한다면, 외로운 사람들끼리 함께 있는 것은 오히려 외로움을 더 키우는 위험 요소가 될 수 있다. "자신과 세상을 다르게 바라보는 사람들 사이에 있으면 외로움의 위험이 더 커질 수 있어요. 소속된 집단과 뇌의 반응 방식이 다를 때, 사람은 외롭다고 느끼게 됩니다."

백의 연구 결과는 다음과 같은 시사점을 던진다. 외로운 사람들을 한자리에 모아 각자 얼마나 외로운지 이야기하게 하는 방식(환자들이 함께 모여 서로 경험을 공유하고 정서적 지지를 주고받는 집단치료를 의미한다—옮긴이)은 외로움에서 벗어나는 해답이 아닐 수도 있다는 것이다. 또한 외로운 사람이 밖으로 나가서 새로운 친구를 사귀는 것 역시 해결책이 되지 않는다.

"별로 친밀감을 느끼지 못하는 친구가 많으면 그런 친구가 적은 것보다 오히려 더 나쁠 수 있어요." 그는 대신 사람들이 어떻게 하면 '공유된 의미(shared meaning)'나 '공유된 이해(shared understanding)'를 함께 만들 수 있는지에 초점을 맞춰야 한다고 강조했다. "요즘 저희가 고민하는 건 이런 겁니다. 서로 다른 관점을 가진 사람들이 공유된 이해를 형성하는 방법이 뭘까? 예를 들면, 함께 새로운 길을 걷거나 새로운 경험을 해 보는 식이죠."

4

엄마는 왜 아기의 울음소리에 민감할까

  두 시간 남짓 깊이 잠들어 있었는데 멀리서 들려오는 울음소리에 눈이 떠진다. 어둠 속, 칠흑 같은 바닷가에 선 등대처럼 아기 모니터가 희미하게 빛난다. 아직 자정밖에 안 됐는데 딸아이가 아기 침대에 서서 나를 찾아 옹알거리며 울고 있다. 악몽을 꾼 걸까, 배가 고픈 걸까, 무서운 걸까. 내 품에 안겨 잠들었다가 눈을 떠 보니 내가 곁에 없어 속상한 걸지도 모른다. 아니면 외로운 건지도 모른다.

  엄마가 된 지 열 달, 내가 진 수면 빚만으로도 미국 재정 적자에 맞설 수 있을 정도다. 다시 눈을 감고 자고 싶지만, 몸이 말을 듣지 않는다. 온몸에 아드레날린이 솟구친다.

심장이 빨라지고 모든 게 급해진다. 더 생각할 틈도 없이 벌떡 일어나 딸아이 방으로 향한다. 작디작은 몸을 침대 위로 번쩍 안아 올려 가까이 끌어안는다.

우리 몸에는 뇌의 아랫부분에서 나뭇가지처럼 뻗어 나와 척추를 따라 여러 기관으로 연결되는 12쌍의 뇌신경이 있다.[1] 이 가운데 몸의 자율신경계를 조절하는 아주 긴 신경이 하나 있다.[2] '미주신경'이라 불리는 이 신경의 가지는 심장, 폐, 소화 기관까지 닿는다. 뇌와 장을 연결하는, 중간중간 샛길과 우회로가 난 고속도로다.

세상에는 우리 귀에 너무 익숙해진 나머지 쉽게 흘려 넘길 수 있는 소리가 많다. 하지만 엄마에게 아기 울음소리는 예외다. 자연이 설계한 본능이다. 신경과학자들은 아기 울음소리가 불안과 투쟁-도피 반응(fight-or-flight response)을 담당하는 뇌의 원시적인 영역을 활성화한다는 사실을 알아냈다. 내가 한밤중에 딸의 울음소리를 들으면 잠이 깰 수밖에 없는 것도 바로 이 반응 때문이다.[3] 이러한 과정에서 미주신경의 활동은 본능적으로 잦아든다. 이때 우리가 타인과 서로 의지하며 투쟁-도피 반응에 제동을 걸면 미주신경은 다시 활성화되고 몸에 진정 효과를 불러온다.

1975년, 심리학자 에드워드 트로닉(Edward Tronick)은 '무표정 실험'을 발표했다. 무표정한 얼굴의 엄마와 약 3분간 마주한 아기가 불안해지는 현상을 관찰하는 실험이다.[4] 아기는 계속해서 엄마와 소통하려고 여러 차례 시도하지만, 아무런 반응을 얻지 못하자 결국 포기하고 멈춘다.

"하지만 아기의 반응은 엄마 목소리의 억양에 따라 달라집니다." 트라우마 스트레스 연구 컨소시엄(Traumatic Stress Research Consortium)의 설립자 스티븐 포지스(Stephen Porges)는 나와 줌으로 인터뷰하며 이렇게 말했다. 엄마의 목소리가 차분하면 아기의 심박수는 낮아지고 불안한 행동도 가라앉는다. 포지스는 이것이 인간이 '포유류의 사회성'에 뿌리를 두고 있다는 사실을 보여 주는 사례라고 설명했다. "우리 마음을 끌어당기는 것은 사람들이 무슨 말을 하느냐가 아니라 그 말을 어떻게 하느냐입니다."

포지스가 이 주제에 관심을 두는 건 주요 연구 분야가 자율신경계이기 때문이다. 1994년, 그는 '다미주신경 이론(polyvagal theory)'을 발표했다. 인류 진화 과정에서 자율신경계가 맡은 역할, 인간의 스트레스 반응, 안전과 위협 신호를 더 깊이 이해하기 위한 이론적 틀이다.[5] 다미주신경

이론에 따르면, 인간의 자율신경계는 세 가지 위계 단계로 작동한다. 첫째, 극도의 위협을 느꼈을 때 발생하는 동결 상태다. 이 상태에서는 몸이 마비되어 전혀 움직일 수 없고, 그 증상이 우울증으로 나타나기도 한다. 둘째, 위협을 감지하면 나타나는 투쟁-도피 상태다. 마지막이자 가장 이상적인 단계는 안정 상태로, 이때 사람들은 마음을 열고 안전함을 느껴 자연스럽게 타인과 연결될 수 있다.

포지스는 미주신경이 늘 위협 상태에 머무는 대신, 뇌가 휴식을 취할 때도 기본적으로 작동하는 상태를 유지할 수 있다면 긍정적인 피드백 고리가 형성되고, 그로 인해 사회에 희망적인 변화가 일어날 수 있다고 믿는다. "자율신경계가 항상성 상태에 있으면 우리는 세상을 더 낙관적으로 바라볼 수 있고, 자연스럽게 사회성을 발휘할 수 있게 됩니다." 그는 이렇게 말하며, 이때 사회적 상호작용은 '진정제' 역할을 한다고 덧붙였다. "우리가 충분히 안전하다고 느낄 때 사회성이 발현됩니다. 우리는 다른 사람을 진정시킬 수 있고, 그 영향이 다시 우리에게 돌아와 우리를 더욱 안정된 상태에 머물게 합니다."

이처럼 서로 심리적 안정을 주고받는 과정은 '공동 조절

(coregulation)'을 통해 이루어진다. 내가 딸을 달래는 순간 일어나는 일이다. 그제야 나도 비로소 안도감과 평온함을 느낀다. 심박수는 느려지고, 딸을 안고 다시 재우며 나 역시 눈이 감기기 시작한다. 나와 딸은 함께 우리만의 안전한 공간을 찾아낸 것이다. 이것이 바로 공동 조절의 순환, 혹은 내가 '공동 조절의 힘'이라고 부르는 현상이다.

◈◈◈

의사 집안에서 자란 조나단 리어리에게 의사가 되겠다는 선택은 자연스러운 것이었다. 하지만 의대 진학 시험을 준비하던 그는 문득 자신이 진짜 원하는 건 의사가 아니라는 사실을 깨달았다. 사람들을 돕는 일을 하고 싶지 않아서가 아니라, 의사라는 직업에 따라오는 생활 방식이 두려웠기 때문이었다. 의대 진학을 준비하는 동안 그는 많은 의사가 얼마나 고생하면서 살고 있는지 볼 수 있었다. 항상 수면 부족에 시달렸고, 가족과 시간을 보낼 기회는 드물었다. 그렇게 많은 시간을 일에 쏟으면서도 정작 환자 사람 한 사람과 마주하는 시간은 거의 없어 보였다. 그는 결국 의사의 길을 접고 척추 지압사의 길을 걷기로 결심했다. 캘리포니아주에서는 척추 지압사가 의약품 처방 같은 몇 가지 제한을 제외하면 1차 진료 의사의 역할을 할 수 있다.

리어리는 일요일마다 사업 계획서를 작성했다. 총 158쪽에 걸쳐 자신의 비전을 담은 계획서를 완성한 뒤 은행을 찾아가 대출을 요청했다. 그는 이 이야기를 들려주며 지금 생각하면 세상 물정을 참 몰랐었다고 웃었다. 은행은 당연히 대출을 거절했고, 대신 그는 수술을 예방하는 치료와 만성 통증 재활을 전문으로 하는 스포츠 의학 클리닉을 열었다. 약 3개월 만에 매우 유명한 고객 두 명을 담당하게 되었고, 클리닉의 인기는 빠르게 치솟았다. 이를 시작으로 리어리는 전 세계를 누비며 톱 아티스트, 왕족, 유명 배우들의 전담 척추 지압사로 활동하게 되었다.

몇 년 동안 유명 인사들의 개인 척추 시입시로 지내던 중, 어느 날 고객 한 명이 그에게 처음 일을 시작했을 때 가졌던, 의료 서비스를 바꾸겠다는 목표를 위해 최선을 다하고 있냐고 물었다. 그 말에 리어리는 오래전 썼던 계획서를 다시 꺼내 들었고, 그 계획은 결국 '레메디 플레이스(Remedy Place)'라는 공간으로 결실을 보았다. 뉴욕과 로스앤젤레스에 자리 잡은 세계 최초의 소셜 웰니스 클럽은 킴 카다시안을 비롯한 유명인 고객들 덕분에 이름을 알렸다. 하지만 이곳은 단순한 피트니스 클럽이 아니다. 사회적 연결을 치료의 일부로 여기는 공간이다. 리어리는 친구들과 술 한잔하는 것보다 레메디 플레이스에서 얼음 목욕하는 쪽을 권한다고 말했다.

내가 처음 레메디 플레이스에 흥미를 갖게 된 건, 이곳이 세계 최초의 소셜 웰니스 클럽이라고 불렸기 때문이다. 레메디 플레이스를 둘러싼 열기는 내가 오래전부터 느꼈던 예감이 틀리지 않았다는 걸 증명해 주었다. 바로 일회성 요가 수련 여행, 크리스털 힐링(마노, 자수정, 오팔 등 준보석과 수정의 에너지를 이용한 치유 요법—옮긴이), **값비싼 명상 수업**처럼 중산층 밀레니얼 여성을 겨냥해 자기돌봄으로 포장되어 판매되던 것들이 더는 효과적이지 않거나, 최소한 지속 가능한 방식은 아니라는 사실을 사람들이 깨닫기 시작한 것이다. 새로운 형태의 자기돌봄 문화는 코로나19 팬데믹 직전 정점을 찍었다.

디지털 미디어 리파이너리29가 2019년 시작한 블로그 '필 굿 다이어리'는 그 당시의 열기를 잘 포착했다. 필 굿 다이어리는 여성들이 정신적·신체적 웰빙을 위해 실천한 활동과 그에 든 비용, 그리고 그러한 자기돌봄 활동이 정말 기분을 좋게 해 주었는지를 기록한 블로그다.[6]

그중 한 게시글에서는 로스앤젤레스에 사는 28세 홍보 담당자의 이야기를 소개한다. 연봉 7만 5천 달러(약 9천8백만 원—옮긴이)를 버는 그는 단 일주일 동안 웰니스 활동에만 2천 3달러(약 260만 원—옮긴이)를 썼다. 이는 배리스 부트 캠프(유명인들이 다니는 곳으로 잘 알려진 프리미엄 피트니스 클럽—옮긴이) 수업 50회권, 개인 서핑 수업, 샐러드 전문점 스위트그린(신선한 지역 유기농 식재료만 사용하는 것이 특징이다—옮긴이)에서의 점심, 고가의 에센셜 오일 디퓨저를 켜 놓고 잠드는 데까지 들어간 비용이다.

오드리 로드(Audrey Lorde)는 1988년 출간한 수필집 《빛의 폭발(A Burst of Light)》에 이렇게 적었다. "나 자신을 돌보는 것은 자기 탐닉이 아니라 자기 보존이며, 이는 정치적 전쟁 행위이다." 이 문장은 페이스북과 운동 센터에서 퍼져 나갔다. 지금은 이른바 자기돌봄이 여유 있는 사람들만 누릴 수 있는 소비 중심의 사교적 활동으로 변질되었지만, 그 역사는 흑인 페미니즘에 뿌리를 두고 있다. 자기돌봄이라는 말은 애초에 정체성을 부정하는 적대적인 세상에서 자기 자신을 돌보는 행위가 곧 급진적인 정치적 저항임을 보여 주기 위해 사용된 것이다.

아슈와간다 젤리, 의식 축제, 사운드 힐링, 호흡 요법, 타로, 심장 차크라 열기, 매일 하는 걸음 챌린지 등, 2015년까지 밀레니얼 세대는 베이비붐 세대보다 웰니스에 두 배 가까운 돈을 쓰고 있었다.[7] 나 역시 오랫동안 기분이 좋아지기를 바라며 이런 소비 중심 활동에 꽤 큰 비용을 썼다. 그러나 그것들은 사실 방향이 잘못된 시도였고, 자기돌봄의 진정한 가치에서 멀어지게 했으며, 무엇보다 주변 공동체에 관여하거나 공동체 개선을 위해 노력하고자 하는 마음을 흐트러뜨렸다.

지난 수십 년 동안 미국의 자기돌봄 산업이 외로움 팬데믹이나 기술 발전과 함께 성장한 건 우연이 아니라고 생각하는 사람은 나 혼자가 아니다. 글로벌 웰니스 연구소의 연구 책임자 베스 맥그로티(Beth McGroarty)는 "우리가 지금 알고 있는 웰니스는 2008년, 2009년쯤 나타났어요. 그때가 바로 스마트폰이 등장하며 거대한 티핑 포인트(작은 변화들이 일정 기간 쌓여 변화가 하나만 더 일어나도 폭발적인 영향을 초래할 수 있는 상태에 이른 단계—옮긴이)에 도달한 시기였죠."라고 말했다.[8] "아이폰은 일과 삶의 경계를 없애며 사람들의 삶을 완전히 바꿨어요. 우리는 갑자기 소셜 미디어, 끊임없이 울리는 알림에서 오는 스트레스, 소셜 미디어로 인한 타인과의 비교와 외로움에 시달리게 되었습니다."

1971년, 긍정 심리학의 저명한 심리학자 필립 브릭먼(Philip Brickman)과 도널드 T. 캠벨(Donald T. Campbell)은 소비가 항상 행복으로 이어지지 않는 이유를 설명하기 위해 '쾌락의 쳇바퀴(hedonic treadmill)'라는 용어를 만들었다.[9] 웰니스 산업이 계속 성장하는데도 외로움 팬데믹이 사그라들지 않는 이유가 여기에 있을지 모른다. 브릭먼과 캠벨의 이론은 '적응 수준 이론(adaptation-level theory)'이라고 불리는 또 다른 심리학 개념에 기반을 두고 있다. 적응 수준 이론에 따르면, 어떤 자극에 대한 개인의 판단은 과거 그 자극을 어떻게 경험했는지에 따라 달라진다. 쾌락의 쳇바퀴 이론은 사람들에게는 행복의 기준선이 있기 때문에 소비를 통해 일시적인 만족을 느끼더라도 그로 인해 기대치가 높아져 결국 원래의 상태로 돌아가게 된다고 설명한다.

확실히 다소 비관적인 시각을 담고 있는 이론이다. 하지만 두 심리학자는 이론을 처음 발표한 1971년 논문 〈쾌락 상대주의와 좋은 사회 설계(Hedonic Relativism and Planning the Good Society)〉에서 행복의 추구를 이런 시각으로 바라보더라도 낙관적인 해석과 비관적인 해석 모두 가능하다고 보았다. "비관적인 관점에서 보자면, 적응 수준(adaptation level, AL) 현상의 본질은 인간을 쾌락의 쳇바퀴에 올려놓고, 예전과 같은 수준의 쾌락이라도 겨우 유지하기 위해 끊임없이 새로운 자극을 찾게 만들며, 결국 영속적인 행복이나 진정한 충족에는 이르지 못하게 만드는 겁니다."

그로부터 몇 년 뒤, 브릭먼은 쾌락의 쳇바퀴 이론을 더 자세히 연구했다. 그는 1978년 발표한 논문 〈복권 당첨자와 사고 피해자: 행복은 상대적인가?(Lottery Winners and Accident Victims: Is Happiness Relative?)〉에서 동료 연구자들과 함께 복권 당첨자와 하반신 마비 환자들을 대상으로 행복 수준을 비교 측정했다.[10] 연구진은 두 집단에게 일상적인 활동에서 얼마나 큰 즐거움을 느끼는지 평가해 달라고 요청했다. 그 결과, 최근 사고를 당한 피해자들은 친구들과의 대화, 텔레비전 시청, 아침 식사 같은 활동에서 복권 당첨자들보다 더 큰 즐거움을 느낀다고 응답했다.

연구진의 예상대로, 복권에 당첨된 흥분은 시간이 지나면서 점차 사라졌다. 당첨자들의 기대치는 높아졌지만 만족의 기준선은 이전과 다르지 않았기에 일상 속 소박한 즐거움은 그들의 행복에 더 이상 큰 영향을 주지 못했다. 연구진은 논문에서 "복권 당첨자들이 새로운 부로 얻은 부가적인 즐거움에 익숙해지면, 그 즐거움은 점점 덜 강하게 느껴지고 당첨자들의 전반적인 행복 수준에 더 이상 별다른 영향을 미치지 않게 된다"라고 밝혔다.

2021년 맥킨지(McKinsey) 보고서에 따르면, 전 세계 웰니스 시장의 규모는 1조 5천억 달러(약 2천조 원—옮긴이)를 넘는다.[11] 그러나 시장은 포화 상태에 접어들고 있고, 따라서 웰니스 기업들은 리어리의 사업처럼 눈에 띄기 위한 창의력을 발휘해야 하는 상황이다. 리어리는 어떤 종류의 맞춤 건강 관리든 돈으로 살 수 있는 유명 고객들과 함께 일하면서 그들조차 외로움이 가져오는 신체적·정신적 영향에 여전히 면역이 없다는 사실을 발견했다. "사람들은 아주 크게 성공하면 어느 시점부터는 정신 건강이 흔들리기 시작합니다. 사람들과의 유대가 점점 더 약해지기 때문이죠."

또는, 어쩌면 브릭먼과 캠벨의 예측대로 새로운 건강 경험에서 얻을 수 있는 신선함이 점차 사라지고 있는 것일지도 모른다. 최근에는 일부 연구자들이 쾌락의 쳇바퀴 이론을 비판하기도 했다. 하지만 그 이론에 어느 정도 일리가 있다는 건 직감적으로도 알 수 있다. 웰니스 열풍과 기술의 발전 속에서, 많은 사람이 외로움을 달래기 위해 웰니스에 열중해 왔다. 그러나 쾌락의 쳇바퀴 이론에서 알 수 있듯이 사람은 결국 원래의 기준선으로 되돌아가고, 이는 더 많은 소비로 이어진다.

레메디 플레이스를 찾는 고객들에게 더 효과적인 것이 치료 그 자체인지, 아니면 사회적 연결에 초점을 둔 환경인지 묻자 리어리는 두 가지 모두 중요하다고 대답했다. 얼음 목욕이나 사우나를 포함해 그가 제공하는 모든 치료는 직접 사람들을 대상으로 실험한 결과, 실제로 건강에 이로운 효과가 확인된 방법이라고 했다. 하지만 사람들이 연결될 수 있도록 조성된 환경 역시 긍정적인 건강 효과를 얻는 데 중요한 역할을 한다고 덧붙였다. 그는 레메디 플레이스의 치료를 함께 경험할 때 사람들 사이의 유대감이 더 강해질 수 있다고 추측했다.

그러나 쾌락의 쳇바퀴 문제를 해결할 수 있는 본질적인

방법에 관해 이야기해 보자면, 브릭먼과 캠벨은 논문을 통해 쳇바퀴를 멈추는 유일한 방법은 사실 아예 그 바퀴에서 빠져나오는 것뿐이며 "사회든 개인이든, 행복을 추구하는 방법에는 여전히 지혜로운 방식과 어리석은 방식이 존재한다"라고 말했다.

◆◆◆

리어리의 주장, 즉 다른 사람과 함께 웰니스 활동에 참여하면 건강을 개선할 수 있다는 이론은 점점 더 많은 연구로 힘을 얻고 있다. 심리학자 캐서린 해슬럼(Catherine Haslam)의 '사회적 치유(social cure)' 이론에 따르면,[12] 집단 속에서 느끼는 소속감과 연대감은 질병, 부상, 트라우마, 스트레스를 겪는 사람들의 적응력과 대처 능력을 키우고 전반적인 웰빙을 향상하는 데 도움이 된다.

이런 이유로 로버트 퍼트넘은 《나 홀로 볼링》의 마지막에서 이렇게 결론짓는다. "어떤 집단에도 소속되어 있지 않다가 새로운 집단에 들어가면, 대체로 다음 해 사망 위험을 절반으로 줄일 수 있다" 이처럼 볼링 연합회에 가입하는 것은 외로움을 해소하고 개인과 사회의 건강을 증진하는 출발점이 될 수 있다. 또한 해슬럼은 한 집단에 소속되기만 해도 건강에 긍정적인 효과가 있지만, 여러 집단에 소속될 때 그 효과가 더 오래 지속된다는 사실이 많은 연구에서 입증되었다고 말했다. 다만, 단순히 여러 사회적 집단에 무작정 합류한다고 해서 외로움을 해소하고 건강한 개인과 사회, 오래 지속되는 연대를 만들어 낼 수는 없다.

해슬럼은 이어서 "아무 집단이나 들어간다고 다 되는 건 아닙니다."라고 말하며, 그 집단은 개인에게 "소속감과 연결감에서 솟아나는 강한 정체성과 삶의 의미, 목적, 가치"를 제공할 수 있어야 한다고 강조했다. "여러 집단의 일원이라고 해도 그 집단들이 삶에 피상적인 영향만 준다면 그게 꼭 건강에 도움이 된다고 볼 수는 없습니다. 그러니까 중요한 건 숫자가 아니라 철저히 질의 문제입니다. 삶을 더 깊이 이해하게 해 주고, 살아가는 의미와 목적을 심어 주는 집단이어야 하죠."

그러나 한 가지 큰 문제가 있다고 말했다. 인간은 본래 고도로 사회적인 존재인데 현대 사회의 구조는 사회적 연결을 뒷받침하도록 설계되어 있지 않다는 문제다. 또한 자신의 연구 결과, 사회적 집단에서 도움을 받을 수 있을지를 예측하는 기준은 개인의 성격이 아니라 그 사람이 처한 사회적 불평등이나 불리한 환경이라고 설명했다. "그게 질병이든, 장애든, 복합 질환이든, 경제적 제약이든 상관없어요. 핵심은 그런 요인들이 모두 사람에게서 기회를 빼앗아 간다는 겁니다. 타인과 관계를 구축할 시간과 자유가 주어지는 기회를 말하는 거예요. 하루에 서너 가지 일을 병행해야 하는 상황에서는 불가능한 일이죠."

해슬럼은 이에 더해, 오늘날 사회가 지나치게 폐쇄적으로 변하면서 사람들이 서로 연결되기 어려워졌다는 또 다른 관점도 있다고 말했다. "사람들이 서로 연결될 수 있는 환경과 공간을 조성하는 데 투자해야 합니다." 그가 강조했다. "많은 공동체, 특히 소외된 공동체에는 구성원들이 안전하다고 느낄 수 있는 공간조차 없는 경우도 많거든요."

포지스는 학술지 《영유아의 발달》에 실린 논문에서 인간 유아의 인상적인 특징을 논했다.[13] 태어난 지 몇 시간 만에 바로 기어가고 걷고 헤엄칠 수 있는 파충류와 달리, 포유류에게 출생은 '독립적인 존재로 전환되는 순간'이 아니다. 오히려 의존 상태가 연장되는 순간이다. 또한 인간 유아는 성장하더라도 타인에게서 완전히 독립하지 않는다. 그는 논문에 "게다가 인간은 양육자에게서 점점 독립할수록 친구나 배우자처럼 한 쌍이 되어 공생 조절(symbiotic regulation)을 주고받을 수 있는 적절한 상대를 찾게 된다"라고 썼다.

실제로 우리는 평생 타인과 함께하고 연결되기를 추구하며 살아간다. 같은 논문에서 포지스는 신경계의 목적이 위협 상황에서 우리의 생존을 위해 투쟁-도피 반응을 일으키는 것이 아니라, 안전한 환경 속에서 사회적 상호작용과 유대를 촉진하는 데 있다고 주장했다. 다시 말해 신경계는 평온한 상태를 유지하도록 설계되었으며, 우리가 타인과 함께 있을 때 느끼는 안심 속에서 가장 잘 작동한다.

하지만 포지스는 현대 사회에서 신경계가 항상 위협에 노출되어 있다고 말했다. 이유를 묻자, 그는 우리가 끊임없이 "평가받고" 있기 때문이며, 이는 곧 "우리 몸이 위협을 느끼고 있다는 뜻"이라고 덧붙였다. 또한 그는 교육, 정치, 종교 등 구조화된 환경 대부분에서 두려움이 강력한 동기부여 요소로 작동한다고 설명했다.

인간의 신경계는 피드백 고리에 따라 작동하는데, 외로

움을 느끼는 상태에서 위협까지 감지되면 피드백 고리는 제대로 돌아가지 않는다. 포지스는 "일종의 기능이상이 생긴 자율신경계는 방어 태세에 갇히게 됩니다"라고 말했다. 이를 회복할 수 있는 유일한 방법은 개인이 안전하다고 느끼는 것, 나아가 사회 전체가 안전하다고 느끼는 것이다.

포지스의 설명이 이어졌다. "인간은 위협받는다고 느끼면 자율신경계를 계속 방어 상태로 재조정하려 듭니다. 그러면 부정성 편향, 자기 보존만을 우선시하는 생존 본능, 일련의 신체 기능 문제가 나타나죠." 방어 상태에서 미주신경의 활동이 잦아들면 오히려 '공격적인 기계'처럼 반응할 수 있다. 그는 신경계의 관점에서 보면 인간은 나이에 상관없이 언제나 위로를 바라는 존재라고 했다.

"하지만 우리 문화는 그 욕구를 부정하고, 극복하라고 말합니다. 그렇지만 그건 극복할 수 있는 게 아닙니다. 나이가 몇이든 상관없습니다. 누구나 위로를 받고 싶어 해요. 사실 많은 게 필요하지도 않아요. 위로를 건네는 목소리, 표정, 대사 모두 아주 간단하죠. 문제는, 우리가 그걸 실제로 해낼 수 있냐는 거예요." 이 외로움의 악순환을 제대로 뒤집기 위해 지금 우리에게 필요한 건 그런 위로, 그리고 내가 '체계적 돌봄(systemic caring)'이라고 부르는 것이다.

◇◇◇

봉오리는

모든 만물에 있다

꽃을 피우지 않는 것에게도

골웨이 키넬(Galway Kinnell)의 유명한 시 〈봉오리〉에 적힌 구절이다.[14] 문학 평론가들은 봉오리가 모든 창조의 근원을 상징한다고 해석한다. 어떤 이는 봉오리가 꽃을 피우고, 어떤 이는 그렇지 않다. 꽃이 피느냐 마느냐는 그 사람이 지나는 계절에 달렸다. 그러나 언제 꽃으로 만개하든 봉오리는 늘 우리 안에 존재한다. 봉오리의 의인화는 모든 인간의 고유한 희망을 나타내는 것이라고 볼 수 있다. 우리가 타인이 품고 있는 희망과 선함을 알아볼 때, 그제야 우리 안의 봉오리가 꽃을 피운다는 암시를 담고 있다.

이타심이 재난 이후 회복탄력성을 키우는 촉매제 역할을 하듯이, 외로움에서 벗어나는 길 또한 이타심을 실천하고 이를 기존 사회 구조 안에서 우선시하는 데 있다. 카치오포 역시 이 점을 잘 알고 있었다. 그는 자신의 저서에 이타심이 외로움에서 빠져나오는 하나의 길이 될 수 있다고 썼다. "이타심은 사회적 연결을 강화하고, 사회적 연결은 그 이면에 있는 외로움에 대한 본능적인 두려움과 더불어 우리 조상의 생존에 중요한 역할을 했다" 그는 자신의 고통을 뒤로하고 타인을 도우라는 말이 당장은 무리한 요구처럼 들릴 수 있지만, 외로움을 성공적으로 극복하는 여정은 작은 실천과 현실적인 기대에서 시작한다고 말했다.

미국 사회는 앞으로 코로나19 같은 팬데믹부터 산불, 폭염 등 기후 변화로 인한 자연재해까지 수많은 위기를 직면할 상황에 놓여 있다. 이러한 재난은 그때그때 대응하며 극복해 나가야겠지만, 만약 우리가 외로움 팬데믹을 이겨내지 못한다면 개인도 사회도 앞으로 인간의 건강을 위협할 미래의 위기 앞에서 함께 힘을 모으지 못할 것이다. 우리가 전염병처럼 번진 외로움을 어떻게 넘어서는지에 따라 앞으로 다가올 위기를 얼마나 잘 극복할 수 있을지가 결정된다. 외로움에서 벗어나는 첫걸음은 타인을 향한 친절과 돌봄을 삶의 최우선으로 삼는 데서 시작한다.

제2부

다정한 것이 살아남는다

과학으로 본 이타심

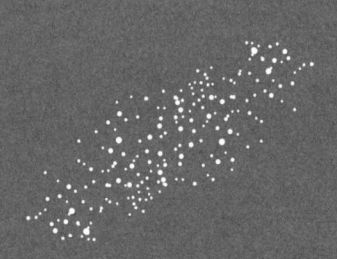

*Your Brain
on
Altruism*

5

이타심을 '처방'하면 무엇이 달라지는가

리사 러켓과 아이들은 뉴저지주 교외에 있는 집에서 아침을 맞았다.[1] 공기가 상쾌했다. 눈부신 햇살은 푸른 하늘을 더욱 선명하게 비추었고, 누가 봐도 "날씨 정말 좋네"라는 말이 절로 나올 만한 날이었다. 여느 평범한 화요일과 다를 바 없었지만, 날아이의 몸이 좋지 않았다. 러켓은 아이를 학교에 보낼지 고민하다가 평소보다 조금 늦게 등교시켰다. 딸을 데려다 준 뒤 두 동생과 함께 집으로 돌아왔을 때 전화벨이 울렸다. 전화를 건 친구는 잠시 머뭇거리다 리사의 남편 테디가 세계무역센터 어느 건물에서 일하는지 물었다. 러켓은 "안테나 있는 건물"이라고 대답했다.

"왜?" 친구는 뉴스를 틀어 보라며, 방금 비행기 한 대가 건물을 들이받아 위쪽 15개 층이 무너졌다고 했다. 남편의 사무실은 맨 위에서 두 층 아래, 105층에 있었다.

너무 놀라 입이 다물어지지 않았다. 가슴이 쿵 하고 내려앉았다. 러켓은 아이들을 꼭 껴안은 채 실시간으로 펼쳐지는 비극을 지켜볼 수밖에 없었다. 건물에 뚫린 커다란 구멍, 피어오르는 연기, 치솟는 불길…. 남편 테디는 그날 희생된 2,996명 가운데 한 명이었다. 그의 사망 소식은 러켓을 충격에 빠뜨렸다. 1993년 있었던 세계무역센터 폭탄 테러 이후 줄곧 남편이 일터에서 죽을지도 모른다는 불안감을 안고 살아왔지만, 막상 현실이 되니 믿을 수 없었다.

몇 시간 뒤, 더 자세한 소식이 전해지는 가운데 친구들이 그를 위로해 주려고 집으로 모였다. 러켓은 인터뷰하며 그때를 회상했다. "거실에 들어섰을 때 거기 있던 사람 모두가 절망과 고통, 두려움에 빠져 있었어요. 그들은 그저 저를 도와주고 싶어 했죠. 그런데 저는 도무지 그 상황을 받아들일 수 없었어요. 충격이 정말 말도 안 될 만큼 컸거든요."[2] 그는 그렇게 슬픔에 짓눌려 아무것도 하지 못했을 수도 있었지만, 두 건물이 모두 무너진 그날 오전 11시쯤이 되자 자신이 어느새 사랑의 공간 속에 있다는 걸 느꼈다.

러켓은 자신을 덮쳤던 감정을 "믿을 수 없을 만큼의 평온함"이라고 표현했다. 파도처럼 밀려들었던 침착함이 어디에서 비롯된 것인지는 확실하지 않았다. 충격이 다른 형태로 나타난 걸 수도 있고, 아이들을 생각해 굳건히 중심을 잡아야 했기 때문일 수도 있었다. 하지만 그는 순간 주위 사람을 돕고 싶다고 느꼈고, 그렇게 할 수 있는 유일한 방법은 마음을 열고 약해진 자신을 그대로 드러내는 것, 그들이 다가와 돕도록 내버려 두는 것임을 깨달았다.

실제로 그렇게 하자 그는 은혜와 감사, 겸손함에 휩싸였다. "사랑과 긍정의 물결이었어요." 러켓이 덧붙였다. 바로 그 '사랑의 공간' 덕분에 그는 앞으로 몇 년 동안 이어질 새로운 일상을 마주하고 견뎌 낼 회복탄력성을 갖게 되었다. 러켓은 돌이켜보면 9·11 테러가 자신을 치유로 이끈 계기였다고 말한다. 그날 이후 자신이 받은 수많은 친절이 아니었다면, 그가 경험한 치유는 가능하지 않았을 것이다.

"저는 '잊지 말라('Never Forget'은 9·11 테러의 희생자들을 기리기 위해 널리 쓰이는 표현이다—옮긴이)'는 말을 들을 때마다 사고 이후에 쏟아졌던 아름다움과 은혜, 연민, 회복력, 인간 정신의 놀라운 힘을 떠올려요." 러켓의 바람 가운데 하나는 사람들이 9·11 유가족을 대하듯 모든 이를 대하는 것이다. 그런 마음은 테러 이후 그에게 삶을 바꾸는 깨달음을 안겨 주었다. "각자 자신이 대접받고 싶은 방식 그대로 서로를 대하기만 해도 세상의 모든 문제를 해결할 수 있어요. 우리가 무작위로 친절을 베풀 때, 그건 사실 우리 자신의 영혼을 채우는 일이거든요." 'kind(친절한)'라는 단어는 '가족'을 뜻하는 어근 'kin'에서 유래했다. 따라서 관대한 태도를 뜻하는 단어 'kindness(친절)'는 부분적으로 인간은 모두 가족처럼 연결된 존재이며 서로를 필요로 한다는 사실을 상기시켜 주는 의미를 담고 있다고 여겨진다.

◇◇◇

오랫동안 심리학계의 주요 연구 관심사는 슬픔, 분노, 질투, 수치심 같은 부정적인 감정이었다. 그러나 1998년, 심리학자 바버라 프레드릭슨(Barbara Fredrickson)이 획기적인 '긍정 정서의 확장 및 구축 이론(broaden-and-build theory of positive emotions)'을 제시했다.[3] 그는 긍정적인 감정이 인간의 심리적 건강과 정신적 안녕에 기여할 수 있다고 주장하며 연구자들이 연구 초점을 부정적 감정에서 긍정적 감정으로 전환해야 한다고 강조했다. 그로부터 몇 년 뒤, 심리학계가 여전히 프레드릭슨이 일으킨 패러다임 전환으로 들썩이던 와중에 심리학자 소냐 류보머스키(Sonja Lyubomirsky)는 프레드릭슨의 이론이 정신 건강 개입에 있어 새로운 가능성의 문을 열었다고 평가했다.[4]

왜 긍정적인 감정을 건강과 회복탄력성, 전반적인 정신적 웰빙을 증진하는 데 활용하지 못하는 걸까? 왜 심리학은 그동안 부정적 감정에만 반응하고 치료하는 데 집중해 왔을까? 그 이후로 류보머스키는 친절 행위를 포함한 '행복 개입(happiness intervention)'이라는 심리학적 접근을 집중적으로 연구해 왔다. 그는 친절이 정신적·정서적·신체적 건강에 이롭고 삶의 고통을 견디는 데 필요한 회복탄력성을 키워 준다는 방대한 연구 결과에서 영감을 받아 이 연구를 이어 갔다.

류보머스키의 대표적인 연구의 참여자들에게는 두 가지 선택지가 주어졌다. 하나는 하루 동안 다섯 번의 친절한 행동을 실천하는 것이고, 다른 하나는 일주일에 걸쳐 다섯 번 나누어 실천하는 것이었다.[5] 연구 결과, 다섯 번의 친절을 하루 안에 모두 실천한 집단이 일주일에 나누어 실천한 집단보다 단기적으로 행복감이 더 많이 증가했다.

류보머스키는 이 결과가 친절을 실천하는 타이밍이 그 효과에 있어 결정적인 요소가 될 수 있음을 보여 주며, 향후 친절 행위를 의료적 개념으로 활용할 때 중요한 시사점을 제공한다고 보았다. 그는 행위를 나누어 실천하면 친절의 참신함이 줄어들 수 있다는 가설을 세우고, 행위의 다양성이 효과적인 친절 개입의 핵심일 수 있다고 주장했다.

류보머스키의 연구는 친절한 행동과 행복감 증진 사이의 연관성을 점점 더 확실하게 뒷받침해 주었다. 그는 "친절은 긍정적인 사회적 결과를 연쇄적으로 불러오는 기폭제가 될 수 있어요. 다른 사람을 도우면, 사람들은 당신을 좋아하게 되고 고마워하며 감사를 표현하죠."라고 말했다.

캐나다의 연구자들은 류보머스키의 연구에 기반해 사회 불안으로 어려움을 겪는 사람들의 사회적 관계가 친절 행위 실천을 통해 개선될 수 있는지 알아보고자 했다.[6] 이들은 사회 불안 증상이 높은 학부생들을 모집해 무작위로 세 집단에 배정했다. 첫 번째 집단은 일상에서 있었던 일들을 기록했고, 두 번째 집단은 사회적 상황에서 시선을 피하는 것처럼 자신의 '안전 행동'을 파악하는 실험에 참여했다. 세 번째 집단은 일주일에 두 번, 친절한 행동 세 가지를 실천하라는 과제를 받았다. 이번 연구에서도 친절 행위를 실천한 집단이 대조군에 비해 행복감이 가장 크게 향상되었고, 사회 불안 역시 더 잘 극복했다는 사실이 확인되었다.

임상심리학자 데이비드 크레그(David Cregg)는 대학원 시절, 충만한 삶을 지속하게 하는 요소가 무엇인지 고민하며 많은 시간을 보냈다. 그는 그 답을 찾고자 내가 앞서 언급한 연구들을 포함한 긍정심리학 분야의 기존 연구를 깊이 파고들었다. "제가 거듭 확인하게 된 건, 인간이 얼마나 잘 살아갈 수 있을지를 예측하는 가장 강력한 요소는 타인과의 사회적 연결이라는 사실이었습니다."

동시에 또 다른 질문을 품게 되었다. 우리는 외로움과 급증하는 정신 건강 문제에 어떻게 대처하고 있는가? 물론 최근 등장해 널리 사용되고 있는 인지행동치료(cognitive behavioral therapy, CBT)는 부정적인 사고 패턴을 효과적으로 바꿔준다고 알려졌으며, 실제로도 우울증과 불안 증상을 완화하는 데 좋은 성과를 보여 주고 있다. 이러한 성과는 어느 정도 CBT 기법의 특성과도 관련이 있다. 치료는 일반적으로 환자와 심리치료사가 일대일로 만나 진행되고, 치료사가 행동 일지 작성 같은 숙제를 내주면 다음 상담 시간에 그 내용을 함께 검토하는 방식이다. 심리학자들은 CBT가 부정적인 사고 패턴을 인식하도록 돕는다는 점에서 효과적이라고 본다.

이 치료는 사람들이 극복해야 할 상황을 더욱 명확히 인지할 수 있게 하고, 부정적인 사고의 순환을 바꿀 수 있다는 희망과 주도권을 제공한다. 아무런 치료도 받지 않은 상태와 비교했을 때 CBT는 사회적 연결을 개선해 주는 것으로 나타났지만, 불안과 우울 증상 완화에는 상대적으로 큰 효과를 보이지 않았다. 크레그는 이 사실을 쉽게 떨쳐 낼 수 없었다. 그의 직감대로, 이후 다양한 연구가 건강, 만족스러운 삶, 사회적 연결 사이에 밀접한 연결 고리가 존재한다는 사실을 보여 주었다.

류보머스키를 비롯한 여러 연구자의 친절 관련 연구는 크레그에게 친절, CBT, 사회 활동이 각각 어떤 효과를 내는지 직접 비교해 보고자 하는 연구 동기를 심어 주었다. 크레그와 동료 연구자들은 우울, 불안, 스트레스 증상이

중등도에서 중증에 해당하는 사람 122명을 모집해 세 집단으로 나눴다.[7]

첫 번째 집단에는 '인지적 재해석'이라는 CBT 기법을 실천하도록 했다. 이 기법은 부정적인 사고의 순환을 끊어 보는 시도의 하나로, 일주일에 최소 이틀 이상 자기 생각을 인지하고 기록하는 방법이다. 두 번째 집단에는 일주일에 이틀씩 친구와의 저녁 약속이나 외출 같은 사회적 활동을 계획하도록 지시했다. 세 번째 집단은 한 달 동안 일주일에 이틀씩 친절한 행동 세 가지를 실천하도록 했다. 친절 행위는 크든 작든 상관없으며, 참여자들이 원하는 방식으로 실천할 수 있다고 안내했다. 단, 그 행동은 "타인에게 이롭거나 기쁨을 줄 수 있고, 시간이나 자원 면에서 어느 정도의 대가를 수반해야 한다"라고 정해 두었다.

그레노는 실험을 시작하기에 앞서, 친절 행위 실천 과제를 배정받은 집단에 과제를 최대한 효과적으로 수행할 방법을 알려 주었다. 그는 류보머스키의 연구를 포함한 선행 연구를 예로 들며 친절 행위의 다양성이 중요하다고 설명했다. 다시 말해, 실험 기간 내내 같은 친절만 반복하면 과제가 단순한 의무처럼 느껴질 수 있으니 주의하라는 말이었다. 그는 친절 행위의 빈도에 관해서도 기존 연구를 토대로 일주일에 이틀, 한 번에 세 가지씩 총 4주 동안 실천하는 것이 '스위트 스폿(가장 효과적인 성과를 얻을 수 있는 지점을 가리키는 용어—옮긴이)'이라고 판단했다. 이는 위에서 소개된 캐나다 실험이 진행된 기간이기도 하다. 크레그는 이렇게 말했다. "그런 주기로 실천하면 한 주 동안 일정한 간격으로 강화(심리학에서 행동의 빈도를 증가시키는 자극을 말한다—옮긴이)를 받을 수 있습니다. 그렇지만 그 이상이 되면 오히려 사람들이 부담을 느낄 수 있어요."

크레그는 자신과 동료 연구자들이 세 가지 개입 방식 모두 참여자의 정신 건강에 긍정적인 영향을 줄 것으로 기대하며 연구를 시작했다고 말했다. 그들의 예상은 맞았다. CBT 개입, 사회적 활동 처방, 친절한 행동 모두가 우울, 불안, 스트레스 증상과 삶의 만족도를 유의미하게 개선한 것으로 나타났다. 특히, 친절 행위 개입이 다른 두 방식보다 우울, 불안, 스트레스 증상과 삶의 만족도를 더 크게 향상시켰다. 다른 두 방식이 효과가 없었던 건 아니다. 다만 친절 행위만큼 효과적이지 않았을 뿐이다. 게다가 뜻밖의 보상도 있었다. 친절한 행동을 실천한 참여자들의 사회적 유대감 역시 뚜렷하게 개선되었다.

그렇다면 친절한 행동은 왜 CBT나 친구와 어울리는 활동보다 더 월등한 효과를 내는 걸까? 이 질문에 크레그는 심리학의 '자기 결정 이론(self-determination theory)'을 지목했다. 이 이론에 따르면 인간은 세 가지 기본적인 심리적 욕구가 있다.[8] 첫 번째는 자율성으로, 자기 행동을 자율적으로 선택하고 있다고 느끼는 감정이다. 두 번째는 유능감이다. 사람은 자신이 하는 일에 만족하거나 자신의 행동이 어떤 의미 있는 변화를 만들어 낸다고 느끼고 싶어 한다. 세 번째는 관계성, 즉 본질적으로 사회적 유대감을 뜻한다. 크레그는 친절한 행동이 이 세 가지 욕구를 모두 채워 준다고 믿는다. 이러한 욕구들이 충족되지 않으면 인간의 행복에 악영향을 미칠 수 있다.

누군가에게 무언가를 베푸는 일은 자발적으로 선택한 행위이며, 직장에서처럼 보수를 받고 해야 하는 일이 아니다. 친절한 행동을 실천할 때, 사람은 자신의 행동이 불러오는 영향을 직접 확인하고 스스로 유능하다고 느낄 수 있다. 또한 이런 행동은 사람들을 서로 특별한 방식으로 이어 주는 역할도 한다. 크레그는 이렇게 말했다. "아무런 대가도 바라지 않고 누군가를 위해 일부러 신경 써서 무언가를 하는 데에는 더 깊은 친밀감이 깃들어 있다고 생각해요." 그는 이 결과가 특히 반가웠다고 했다. 친절한 행동은 누구나 쉽게 할 수 있기 때문이다. 돈이나 시간이 많이 드는 일이 아니어서 실천을 가로막는 장벽도 없다. 그는 친절 행위가 CBT처럼 사고 기록지를 꾸준히 작성해야 하는 방식보다 더 접근하기 쉬운 개입 방법일 수 있다고 덧붙였다.

"친절한 행동을 하면 자연스럽게 자기 자신에게서 시선을 떼고 타인에게 관심을 옮기게 됩니다. 뭐랄까, 다른 사람을 돕는 데 몰두하다 보면 내 문제에만 매달리지 않게 되는 거죠." 이는 9·11 테러로 남편을 잃은 뒤 러켓이 경험한 인식의 전환과 같은 변화다. 그 변화가 바로 러켓이 삶을 건디고 앞으로 나아가게 해 준 회복탄력성의 토대였다.

크레그는 연구가 끝나고 5주 뒤, 실험 참여자들에게 다시 연락을 취해 스트레스, 불안, 우울 증상을 완화하는 방법으로 여전히 친절한 행동을 실천하고 있는지 물었다. 비록 증상이 크게 개선되지 않았더라도 회복탄력성을 기르는 방법, 또는 자기돌봄의 한 방식으로 친절을 이어가고 있지는 않을까? 응답자의 75퍼센트가 그렇다고 답했다.

다만 그들이 여전히 일주일의 두 번, 한 번에 세 가지씩 실천하고 있는지는 알 수 없었다. "하지만 확실히 확인된 건, 연구가 활발히 진행되던 기간 동안 나타났던 효과가 그 이후에도 유지됐다는 점이에요. 친절을 집중적으로 실천한 시기가 지나고 나서도 습관처럼 가볍게 이어가기만 한다면 정신 건강에 여전히 도움이 될 수 있다는 걸 시사하는 결과죠."

아미트 쿠마르(Amit Kumar)는 심리학자로서 경력 전반에 걸쳐 개인의 행복과 돈 사이의 상관관계를 탐구해 왔다. 그는 한 연구에서 참여자들을 두 집단으로 나눈 다음 한 집단에는 휴가나 콘서트처럼 최근에 구매한 '경험'을 떠올리게 하고,⁹ 다른 집단에는 옷이나 자동차처럼 최근에 산 '물질적 소유물'을 떠올리게 했다. 이후 모든 참여자에게 소액의 돈을 주고, 그 돈을 어떻게 사용할지 각자 자유롭게 결정할 수 있다고 안내했다. 참여자들은 돈을 서로 나누거나, 혼자서 다 갖거나, 출처를 모르는 익명의 누군가에게 줄 수도 있었다. 그 결과, 경험을 떠올린 집단이 물질적 소유를 떠올린 집단보다 익명의 낯선 사람에게 돈을 건넬 가능성이 더 높았다.

이 실험에서 드러난 것은, 사람을 진정으로 행복하게 하는 건 물질을 소유하는 게 아니라 경험이라는 사실이다. 게다가 경험에서 생겨나는 것은 단지 행복감이나 성취감만이 아니다. 이타적인 행동도 경험에서 비롯된다. 이 연구 결과는 일부 소비 형태가 '타인지향행동(other-oriented behavior)'을 촉진한다는 점을 시사한다.

쿠마르는 수차례에 걸친 연구를 통해, 사람을 "확실히 더 행복하게" 만드는 건 물질적 소유가 아니라 친절과 너그러움을 실천하는 행동이라는 사실을 재차 확인했다. 그는 이렇게 설명했다. "이는 저희가 모든 연구에서 측정하는 부분이고, 매번 변함없이 확고한 결과로 나타납니다."

그가 진행한 또 다른 실험은 시카고의 메기 데일리 공원에서 참여자 84명을 모집해 진행됐다. 참여자들은 핫초코 한 잔을 낯선 사람에게 건넬지, 아니면 자신이 마실지를 선택할 수 있었다. 시카고의 혹독한 겨울바람을 생각해 보면, 솔직히 나에게는 꽤 어려웠을 선택이다. 그런데도 참여자 84명 중 75명이 낯선 이에게 핫초코를 주겠다고 했다. 특히 눈에 띄는 점은, 주는 사람과 받는 사람 모두의 기분이 좋아졌다는 실험 결과다.

쿠마르의 연구에서 독특한 점은 선행을 베푸는 사람이나 받는 사람 중 한쪽만이 아니라 두 사람 모두의 만족도를 함께 측정한다는 것이다. 흥미롭게도 핫초코를 나눠 준 사람들은 자신이 건넨 음료가 낯선 이에게 얼마나 큰 기쁨을 주었는지 과소평가했다. 그들은 핫초코를 받은 사람의 기분이 1에서 5까지의 척도에서 평균 2.7 정도일 거라고 예상했지만, 실제로 받은 사람들의 응답은 평균 3.5였다.

쿠마르는 이렇게 말했다. "우리 연구 결과는 사람들이 흔히 자신의 친사회적 행동을 그다지 대단치 않다고 생각하지만, 실제로는 중요하다는 사실을 보여 줍니다." 그는 이 결과가 사람들이 일상에서 친절을 행동으로 옮기지 못하게 가로막는 심리적 장벽이 존재한다는 걸 의미한다고 말했다. 친절하게 행동하고 싶지 않아서가 아니라는 것이다. 그는 자신이 수행한 일련의 실험에서 많은 이가 종종 간과하는 한 가지 정보를 내게 짚어 보여 주었다. "저희 연구진은 사람들이 사실 앞으로 살면서 더 많은 무작위 친절 행위를 실천하고 싶다고 말한 사실을 확인했습니다."

정신분석학자인 애덤 필립스(Adam Phillips)와 역사학자인 바버라 테일러(Barbara Taylor)는 공저 《친절에 관하여(On

Kindness)》에서 오늘날 우리가 친절의 기쁨을 온전히 누리지 못하게 만드는 문화 속에 살고 있다고 말한다.[10] 두 저자는 이렇게 썼다. "우리는 늘 친절이 그 무엇보다 결핍되었다고 느끼며 살아간다. 타인의 불친절함은 현대 사회의 대표적인 불만이 되었다" 오늘날 친절한 삶은 어딘가 은밀하고 조심스러운 것이 되었다. 친절은 곧 취약함을 의미하고, 우리 사회는 취약함을 약점으로 보기 때문이다. 하지만 그렇게 살아가는 방식은 결국 우리 자신을 해치는 일이다. 필립스와 테일러는 이렇게 강조한다. "우리가 친절을, 특히 스스로 행하는 친절을 포기할 때 우리는 행복의 근간이 되는 즐거움을 우리 손으로 빼앗고 있는 셈이다" 친절한 삶은 어쩌면 우리가 진정으로 바라는 삶일지도 모른다. 다만 우리가 스스로 그 길을 막고 있을 뿐이다.

◇◇◇

조안 모르겐스턴은 교육자로서 탄탄한 경력을 쌓았다. 그는 보육시설 원장으로 일하며 부모들의 요청에 따라 다양한 육아 조언을 해 주다가 한 가지 눈에 띄는 경향을 알아차렸다. 조언을 들은 부모들이 감사 인사를 전하면서도 소아과 의사에게 다시 물어보겠다고 말하는 경우가 자주 있었던 것이다. "그런 일들을 보면서 의료종사자의 말이 교육자의 말과는 다르게 받아들여진다는 사실을 알게 됐어요." 그러던 어느 날, 운명처럼 지역 소아청소년과 병원에 모르겐스턴에게 딱 맞는 일자리가 생겼다. '부모 교육 및 지역 사회 참여 프로그램 책임자'라는 직책으로 부모들과 개별적으로 만나 개인 코칭을 하고 그들의 육아 여정을 돕는 역할이었다.

한편, 그는 행복과 웰빙에 관한 심리학, 사회학, 신경과학적 연구를 수행하는 기관인 UC 버클리 산하 '공익 과학 연구 센터(Greater Good Science Center)'도 알고 있었다. 때마침 이 센터에서 부모와 자녀에게 친사회적인 행동을 장려하는 기관을 대상으로 보조금을 지급한다는 소식이 전해졌을 때, 그는 친절을 '처방'하여 정신적 안녕을 높이겠다는 취지와 함께 보조금을 신청해 보기로 결심했다.

모르겐스턴은 이렇게 말했다. "우리는 아이들이 책을 읽기를 원하고, 책 읽기를 돕는 방법을 잘 알고 있어요. 그런데 아이들이 친절한 사람이 되도록 돕기 위해 무엇을 하고 있나요? 어떻게 하면 의도적으로 개입해 아이들의 '공감 근육'을 키울 수 있을까요?"

그는 샌더스 소아청소년과 병원에서 일하기 시작하며 앞서 언급한 보조금을 신청했고 지원도 받게 되었다. 병원의 설립자이자 소아과전문의인 셸리 센더스(Shelly Senders) 박사는 모르겐스턴의 계획에 별다른 설명 없이도 흔쾌히 동의했다. 그 역시 20여 년 전 웰빙 증진을 위한 색다른 프로그램을 운영했던 경험이 있었기 때문일지도 모른다. 당시 센더스는 지역 아이들의 문해력 향상을 목표로 '하루 한 번 책 읽기(A Daily Dose of Reading)'라는 프로그램을 시작했고, 동료들과 함께 아이들에게 읽을 책 제목이 적힌 '처방전'을 나눠 주었다. 그렇다면 이번에는 친절도 처방해 볼 수 있지 않을까?

모르겐스턴이 보조금을 받고 시작한 프로그램 가운데 하나는 'Be KIND(친절하라)'였다. Be KIND는 'kin-initiated nice deeds(공동체에서 시작된 친절한 행동)'의 머리글자를 딴 이름으로, 아이들이 스스로 어떻게 친절을 실천할 수 있을지 고민하고 아이디어를 제안하면 병원이 100달러(약 13만 원—옮긴이)의 소액 지원금을 지급하는 방식으로 운영되었다(단어 'kin'은 '친족'을 뜻하지만, 여기서는 '같은 공동체의 일원'이라는 개념과 'kindness(친절)'의 어원을 함께 강조해 사용했다—옮긴이).

모르겐스턴은 이 프로그램의 목적이 거창한 아이디어를 끌어내는 것이 아니라, 아이들이 작은 행동으로도 세상에 긍정적인 변화를 만들 수 있다는 점을 깨닫고 스스로에게 자율권이 있다는 감각을 갖게 하는 것이라고 설명했다. 그는 아이들이 자율성과 영향력을 갈망한다고 말했다. 유아기에 흔히 나타나는 떼쓰기도 이런 욕구에서 비롯된 행동이다. 물론 아이들에게 현실에서 그런 힘을 느끼게 해 주기는 쉽지 않지만, 친절한 행동을 실천할 기회를 줌으로써 그 욕구를 충족시킬 수 있다.

Be KIND의 소액 지원 프로그램 외에도, 모르겐스턴은 '가족 친절 페스티벌(Family Kindness Festival)'을 시작했다. 이 축제의 취지는 아이들이 지역 사회에서 다양한 봉사 활동에 참여하도록 장려하는 연례행사를 만드는 데 있다. 축제는 아이들이 친절과 연결될 수 있는 두 가지 기회를 제공한다. 첫 번째는 Be KIND에 참여하는 학생 활동가들이 자신의 활동 목표에 공감하고 지지해 줄 또래를 만나는 자리이고, 두 번째는 아이들이 타인을 돕는 다양한 아이디어를 자유롭게 나누는 시간이다.

센더스는 친절 페스티벌에서 있었던 가슴 따뜻한 일화를 하나 들려주었다. 페스티벌에 참가한 데릭 스미스라는 아이는 친구들 대부분이 책을 읽지 않는 이유가 책이 없어서라는 사실을 알게 되었다. 이를 계기로 데릭은 거리 한쪽에 책 나눔 공간을 설치해 친구들과 함께 무료로 책을 나눠 주고 독서의 중요성을 이야기하는 활동을 시작했다. 그의 활동은 이제 '책 읽는 소년들(Boys Do Read)'이라는 이름의 운동으로 발전했다.[11]

페스티벌에 참가한 또 다른 아이는 병원에 크레용이 부족하다는 사실을 알게 된 뒤, '무지개를 그려줘(Color Me a Rainbow)'라는 비영리 단체를 만들어 전국의 소아청소년과 병원에 지금까지 크레용 5만 4천 상자를 기부했다. 모르겐스턴은 친절 페스티벌을 아이들이 어릴 때부터 아이디어를 떠올리고 실천을 이어갈 수 있는 공간으로 만들고, 이를 일상적인 문화로 정착시키는 것이 목표라고 말했다. 그러고는 이렇게 물었다. "영화제나 책 축제는 전 세계에서 흔히 열리잖아요. 그런데 왜 친절 축제는 없을까요?"

모르겐스턴은 친절이 '부수적인 행위'로 여겨지는 인식

을 바꾸고 싶다고 말했다. 바로 이 목표를 실현하고자 최근 센더스 소아청소년과 병원에 오는 아이들이 친절을 습관처럼 실천하게 북돋아 주는 '친절 상자' 프로젝트를 시작했다. "저는 아이들에게 친절한 행동을 습관으로 길러 준다는 이 개념이 좋은 의미에서 전염될 수 있다고 생각해요. '친절'을 아주 구체적으로 정의하면, 친절은 반복해서 할 수 있는 익숙한 행동으로 자리 잡게 됩니다. 그렇게 반복하다 보면 결국 하나의 생활양식이 될 수 있습니다."

친절 상자는 아직 시제품 개발 단계에 있지만, 지금까지는 매우 짧고 쉽게 실천할 수 있는 활동들로 구성됐다. 예를 들어 '웃음을 색칠해요(Color Me A Smile)'라는 비영리 단체와 함께 진행하는 활동이 있다. 어린이가 미소 그림을 색칠한 다음 부모가 그 그림을 단체에 보내면 단체 측에서 미소가 필요한 사람들에게 전달한다. 미소 그림을 받은 사람들이 '웃음을 색칠해요' 웹사이트에 남긴 편지들은 냉정한 사람도 눈시울을 붉히게 할 정도다. 한 사람은 이렇게 썼다. "혼자 사는 저에게 누군가 보낸 그림 한 장이 늘 미소를 안겨 줍니다."[12]

◇◇◇

뉴저지 교외에서 자란 열 살 소년 댄 모스에게 뉴욕에서 벌어진 9·11 사고는 결코 남의 일이 아니었다. 특히 다음 날 아버지가 일을 멈추고 2주 동안 그라운드 제로(본래 핵무기가 폭발한 지점을 뜻하나 9·11 사고 이후에는 보통 무너진 세계 무역센터가 있던 자리를 말한다—옮긴이)에 가서 사람들을 돕겠다고 했을 때, 사고는 더욱 개인적인 일이 되었다. 그는 인터뷰에서 이렇게 회상했다.

"아버지는 말 그대로 연기가 아직 피어오르던 현장에 들어가 경찰과 소방관에게 심리 상담을 제공하겠다고 했어요. 아직도 기억납니다. 뉴욕 경찰이 줬다는, 그을음 가득한 모자를 쓰고 지하철로 집에 돌아온 아버지의 모습이요. 그때 저는 우리 아버지가 영웅이라는 생각이 들었죠." 하지만 몇 년이 지나서야 그는 깨달았다. 그라운드 제로에서 사람들을 돕기 위해 기꺼이 자신의 일상을 멈춘 사람이 아버지만은 아니었다는 사실을.

"정말 많은 사람이 자발적으로 나서서 시간과 힘을 보탰어요. 위기가 닥쳤을 때 인류가 서로를 돕기 위해 일어서는 모습은 경이로웠습니다. 하지만 수백만 명이 우울과 외로움, 불안을 겪는 이런 조용한 위기의 시기에 우리는 그 잠재된 이타심을 좀처럼 끌어내지 못하고 있어요. 그 이타심에는 사실 우리 문화를 변화시킬 힘이 있는데도요."

모스는 사회 건강을 목표로 일한 자신의 경력 내내 어떻게 하면 사람들 안에 있는 이타심을 끌어낼 수 있을지 고민해 왔다. 과거에는 청소년들이 직접 텃밭을 일구는 도시 농업 프로젝트를 이끌었고, 열 끼를 사면 지역에서 열리는 요가나 댄스 수업을 무료로 들을 수 있는 수강권을 주는 식당을 운영하기도 했다. 이처럼 다양한 일을 하며 전국적인 사회적 연결을 구축할 방법을 고민하던 중, 영국의 사회적 처방 운동을 접하게 되었다.

그는 이어서 설명했다. "영국은 이 운동을 전국적으로 확장해 수백만 명에게 자원봉사 활동을 비롯한 여러 처방을 하고 있었어요. 저는 그걸 보고 큰 영감을 받아 미국에서도 꼭 무언가를 시작하고 싶어졌죠." 현재 모스는 '사회적 처방 USA(Social Prescribing USA)'라는 단체를 설립해 2035년까지 모든 미국인이 사회적 처방을 받을 수 있게 만드는 것을 사명으로 삼고 활동하고 있다.

영국 국립보건의료서비스(NHS)에 따르면 사회적 처방이란 '건강과 웰빙에 영향을 미치는 실질적·사회적·정서적 욕구를 충족할 수 있도록 개인을 지역 사회 내 활동, 모임, 봉사에 연결하는 접근법'이다.[13] 이는 본질적으로 치료를 약물이나 의료기기를 통해 이루어지는 행위로만 보던 기존의 관점에서 벗어나, 의사가 자원봉사, 친절, 예술 활동, 사회적 연결을 처방하는 새로운 개념으로 확장하는 것이다.

영국에서는 보건 의료기관이 환자를 '링크 워커(link worker)'라고 불리는 전문가와 연계할 것을 권장하고 있다. 링크 워커는 환자를 만나 건강 문제는 물론 환자의 삶에서 무엇이 중요한지도 함께 논의한다. 이후 환자의 전반적인 상태를 종합적으로 평가하고 그에 맞는 사회적 처방을 제안하는데, 처방의 내용은 매우 다양하다.

NHS가 소개한 한 사례에서, 아라벨라 트레실리언이라는 여성은 만성 피로와 외상 후 스트레스 장애를 앓고 있었다.[14] 그는 경영 컨설턴트로서 성공적인 커리어를 이어가고 있었지만, 주치의는 건강과 웰빙을 회복하려면 약물 치료만으로는 충분하지 않다고 판단했다. 주치의는 트레실리언을 링크 워커와 연결해 주었고, 링크 워커는 그가 삶에서 진정으로 소중하게 여기는 게 무엇인지 파악한 뒤 지역 사회 내에서 어떤 활동을 할 수 있을지 함께 모색하기 위해 포괄적인 진단을 했다. 이 과정에서 재정 상황이나 고용 문제 같은 구조적인 요인도 함께 고려되었다.

그들은 합창단 활동이 도움이 될 거라는 결론에 함께 도달했다. 그로부터 3년이 지난 지금 트레실리언은 여전히 그 합창단에서 노래하고 있으며, 합창단 활동을 하며 삶의 균형을 되찾고 지역 사회 활동에도 더 적극적으로 참여하게 되었다. 그는 이렇게 말했다. "저는 시간제로 근무하면서 다양한 활동을 하고 있고, 미래에 기대도 생겼어요. 사회적 처방은 제 삶에 커다란 변화를 가져다주었어요. 이제는 저도 제 공동체에 무언가를 돌려줄 수 있는 사람이 되었습니다."

댄 모스가 이끄는 단체는 지원봉사자들의 주도 아래, 사회적 처방에 대한 인식을 높이고 전문 의료진이 이를 더 쉽게 활용할 수 있는 환경을 만들기 위한 사회적 운동을 펼치고 있다. 나 역시 그들의 활동을 통해 센더스 소아청소년과 병원과 연결될 수 있었다.

사회적 처방 운동을 미국에 도입하면서 모스는 이런 질

문을 던졌다. '만약 우리가 약이나 시술을 처방하는 대신 사람과 목적을 처방한다면 어떨까?' 그는 텔레비전에서 흔히 볼 수 있는 의약품 광고의 이상한 흐름을 지적했다. 광고에는 보통 가슴 통증이나 다른 건강 문제를 겪는 사람이 등장하고, 특정 약이 해결책으로 소개된다. 이후 약을 복용한 사람이 다시 건강을 되찾고 일상을 보내는 장면이 이어진다. 그런데 그때 갑자기 빠른 속도의 내레이션이 흐르며 그 약이 수많은 부작용을 유발할 수 있다고 경고한다.

 모스는 내게 약은 정말 놀라운 것이지만, 사회적 처방도 마찬가지라고 말했다. 그는 예를 들어 쓰레기 줍기 자원봉사를 처방받은 사람이 있다면, 그 처방은 의도치 않게 '트로이의 목마 같은 해결책'이 될 수도 있다고 설명했다. 쓰레기를 주우며 자연스럽게 신체 활동이 늘어나기 때문이다. 그가 물었다. "미국에서 천만 명이 더 자원봉사를 하게 된다고 상상해 보세요. 어떤 일이 벌어질까요?" 하지만 모르겐스턴이 말했듯, 아직 친절을 처방하는 소아청소년과 병원은 많지 않다. 애초에 모르겐스턴이 보조금을 받을 수 있었던 것도 그의 아이디어가 '독특하다'라는 평가를 받은 덕분이었다.

센더스는 이렇게 말했다. "사람들이 의료기관 중에 이런 일을 하는 곳을 찾기 어렵다고 하는데, 저희도 잘 알고 있어요. 실제로 경쟁자가 전혀 없었으니까요." 또 하나 주목할 점은, 사회적 처방을 실제로 실행하는 소수의 의료진과 그것을 연구하는 의료진 사이에 여전히 간극이 존재한다는 사실이다. 모스가 미국에서 사회적 처방 운동에 불을 지피려고 애쓰고 있는 지금, 오늘날 우리 문화 속에서 친절 행위를 우선순위로 삼으려면 무엇을 해야 할까? 아마도 약간의 창의력이 필요할 수도 있다. 그리고 또 한 번, 비극이 우리에게 그 방법을 알려 줄지도 모른다.

◆◆◆

월요일 아침, 로스앤젤레스 도심 위로 구름이 뒤덮였다. 하늘에서는 드물게 보슬비가 내리며 하루 종일 이어질 무더위가 시작되기 전 잠시 숨 돌릴 틈을 주었다. 공항을 방불케 하는 수준의 보안검색대를 통과해 주차장에 설치된 임시 텐트로 들어서자, 그 안에는 400명 가까운 사람들이 모여 있었다. 각자 배정된 테이블로 흩어지는 동안 시(市)

스포츠팀을 대표하는 마스코트들, 심지어 몇몇 유명인과도 어깨를 스쳤다. 모두가 자리를 찾는 사이 스피커에서는 음악이 울려 퍼졌다. 나라 반대편에서는 패션 위크가 한창이었지만, 이곳 로스앤젤레스에서는 또 다른 의미의 축제가 열리고 있었다.

오늘의 목표는 9·11 테러 22주년을 기념하며 식량 불안을 겪고 있는 사람들을 위해 수십만 개의 식사를 포장하는 것이었다. 이날 자원봉사자들은 전국 18개 도시, 총 3천만 명에 달하는 미국인과 함께 모두가 특별한 연대로 하나 되는 봉사의 날에 참여하려고 준비하고 있었다. 이날은 미국 연방법에 따라 공식적으로 인정된 날이다. 역사적으로 우리는 국가적 비극을 선의에서 비롯된, 그러나 어쩌면 지나치게 익숙한 방식으로 기억해 왔다. 희생자를 기리는 묵념, 무덤 앞에 바치는 헌화, 떠난 이를 사랑하는 사람들이 나누는 추억 등등. 사회는 국가적 비극의 기념일마다 비슷한 형식으로 슬퍼하고 추모하도록 장려한다.

'추모와 기도'라는 말은 무수히 반복되지만 정작 치유할 시간과 공간은 충분히 주어지지 않는 나라와 문화 속에서는 이런 장례 의식 같은 방식으로라도 상실을 기리는 일이 더욱 중요하다. 하지만 늘 그렇게 엄숙해야만 할까? 그날의 기억을 이어가는 동시에 슬픔을 치유하고, 슬픔의 기억을 새로운 의미로 바꾸는 또 다른 방식이 있다면 어떨까? 잃은 생명을 기리는 것뿐 아니라 공동체 전체에도 보탬이 되는 날을 만들 수 있다면? 러켓이 말했듯, 그날의 친절을 기억하고 이어가는 그런 날로 만들 수 있지 않을까?

이런 바람은 어떤 면에서는 제이 위눅의 마음과도 맞닿아 있다. 그의 동생은 자원 소방관으로 세계 무역센터에 출동했다가 목숨을 잃었다.[15] 위눅과 그의 친구는 깊은 상실의 날로 기억되는 9월 11일에 좋은 일이 일어나기를 바랐다. 그들은 앞으로 있을 9·11 기념일들을 자원봉사의 날로 바꾸고 싶어 했다.

이날의 자원봉사 활동은 체계적으로 진행됐다. 먼저 한 사람이 관을 이용해 봉지에 마른 렌틸콩을 부었다. 다음 사람은 봉지를 밀봉했고, 세 번째 사람은(나도 여기에 속했다) 봉지에 스티커를 붙였다. 또 다른 사람은 상자에 봉지를 차곡차곡 담았다. 이렇게 해서 30분 만에 세 상자를 완성했고, 수십 가구가 몇 주 동안 먹을 수 있는 식사가 총 100인분 넘게 만들어졌다. 상투적인 말처럼 들리겠지만 좋은 일을 해서 기분이 좋았다. 그뿐만 아니라, 같은 공동체 사람들을 돕겠다는 목표를 공유하는 이들과 같은 자리에 있다는 사실이 나를 안심시켰다.

U2의 노래 〈아름다운 날(It's a Beautiful Day)〉이 배경으로 흘렀다. 나는 행사에 참여한 자원봉사자 크리스털 로렌스에게 무엇이 그를 이 자리에 오게 했는지 물었다. 아메리코어(AmeriCorps, 미국 내 지역 사회 봉사단체—옮긴이) 소속인 로렌스는 이런 행사에 단골로 참여한다고 했다. 그러면서도 오늘처럼 식사를 포장하는 날은 특히 지역 공동체에 힘을 실어 주는 기회라고 강조했다. 우리 주변에서 벌어지고 또 우리를 절망하게 만드는 문제들을 우리가 직접 해결할 수 있다는 사실을 상기시켜 주기 때문이다.

그는 이것이 바로 '우리를 위한, 우리에 의한' 관점이라고 말하며, 이런 행사는 사람들이 개인적으로도, 공동체적으로도 성장하는 기회라고 덧붙였다. "집에 돌아갈 때 훨씬 더 행복해진 마음이 들어요." 또 다른 자원봉사자는 작년 행사가 끝난 뒤 "행복감에 취한" 기분이었다고 회상했다. 이튿날에는 큰 행사장에서 함께 식사를 포장하며 사람들을 돕고 새로운 친구를 사귀던 그 시간이 그리워서 슬프

기까지 했다고 털어놓았다.

다른 여성에게 왜 자원봉사에 참여하게 되었는지 묻자, 오늘 활동은 자신이 일하는 폭스 뉴스(미국 보수주의를 대표하는 보도 매체—옮긴이)에서 제공한 기회였다는 대답이 돌아왔다. 평생 진보 성향의 민주당 지지자로 살아온 내게, 특히 요즘처럼 극단적으로 분열된 정치적 분위기 속에서는 평소라면 폭스 뉴스에서 일하는 사람과 어울리는 일은 없었을 것이다. 하지만 그날만큼은 달랐다. 우리는 함께 렌틸콩 봉지에 스티커를 붙이며 친구가 되었고, 힘을 합쳐 누군가를 도왔다. 하루가 끝날 무렵, 우리는 전국의 동료 봉사자들과 함께 거의 600만 인분에 달하는 식사를 포장했다.

그날 오후, 캘리포니아주 최고 봉사 책임자인 조시 프라이데이(Josh Fryday)에게 봉사 활동으로 9·11을 기념하는 방식에 관해 어떻게 생각하는지 물었다(프라이데이는 책의 뒤에서 다시 등장한다). 그는 봉사 활동이 2001년 9월의 그날 사람들이 느꼈던 연대 의식, 즉 제한적 연대를 잠시나마 다시 체험하는 방식이라고 대답하며 이렇게 말했다. "봉사와 선행은 우리가 하나 되어 서로를 돕고, 섬기고, 서로 연결될 때 어떤 어려움이든 함께 헤쳐 나갈 수 있다는 걸 보여 줍니다. 오늘은 그런 정신을 다시 일깨우고 되살리는 날이에요."

그러나 9·11 사고 이후 무력감 또한 분명 존재했다고 회상하며 잠시 말을 멈췄다. 많은 미국인이 기억하듯, 당시 부시 대통령이 테러 후에 미국 국민에게 전한 최초의 선언은 "쇼핑하러 가라"라는 말이었다. 프라이데이는 그때 서로를 도울 수 있는 체계가 있었다면 얼마나 좋았을까 하고 아쉬워하는 사람이 많았다고 했다.

나는 그에게 그렇다면 오늘 같은 날이 미래의 위기에 대비할 기반을 쌓는 데 도움이 될 수 있을지 물었고, 그는 그렇다고 답하며 시민 참여란 근육과 같다고 덧붙였다. "기본적으로 우리는 지금 이 자리에서 사람들을 연결하고 있는 겁니다. 시민 참여는 단지 필요할 때만 켰다 껐다 할 수 있는 게 아닙니다. 계속해서 단련하고 영양을 공급해 줘야 하는 근육이죠. 그렇지 않으면 쉽게 굳어 버립니다."

6

기부하면
기분이 좋아지는 이유

푸에르토리코 해안에서 조금 떨어진 작은 섬 카요 산티아고에는 약 1,800마리의 붉은털원숭이 집단이 살고 있다. 몸무게 약 9킬로그램에 복슬복슬한 모래색 꼬리가 특징인 이 원숭이들은 1930년대 후반에 영장류 동물학자 클라렌스 카펜터(Clarence Carpenter)가 섬에 들여온 개체들의 후손이다. 그때부터 붉은털원숭이들은 하나의 독특한 자연 실험실이 된 이 섬에서 서식하며 영장류 동물학자, 진화생물학자 등 다양한 분야의 과학자들이 영장류의 행동을 이해하는 데 중요한 역할을 해왔다.

신경과학자 마이클 플랫(Michael Platt)도 그중 한 명이다.

그는 지난 십여 년 동안 원숭이들을 연구하며, 사회적 환경이 원숭이의 뇌에 어떤 영향을 미치는지, 원숭이가 어떤 방식으로 결정을 내리는지, 사회적 행동에 어떤 유전적 기반이 있는지를 특히 집중적으로 탐구해 왔다. 그러던 2017년 가을, 4등급 허리케인 마리아가 섬에 상륙할 예정이라는 소식이 전해지자 플랫과 동료들은 깊은 불안에 휩싸였다.[1] 거센 폭풍이 자신들의 연구뿐 아니라 오랜 세월 현대 과학에 크게 기여해 온 원숭이들에게 어떤 피해를 줄지 걱정됐다.

2017년 9월 20일, 허리케인 마리아가 시속 약 273킬로미터의 강풍과 폭우를 동반하며 카요 산티아고 섬을 맹렬하게 강타했다.[2] 연구자들은 섬의 피해 상황과 원숭이들의 생존 여부를 확인할 수 있을 때까지 며칠을 초조하게 기다려야 했다. 동료 연구진이 헬리콥터를 타고 현장을 조사했을 때가 돼서야 상황을 파악할 수 있었는데, 그 조사 자체도 위험천만하고 몹시 용감한 시도였다. 섬의 초목 3분의 2가 사라졌고, 원숭이들이 식수로 의존하던 담수 탱크는 완전히 파괴된 상태였다. 그러나 섬의 연구자들이 힘을 모은 끝에 비교적 빠르게 연구 활동을 재개할 수 있었고, 덕분에 붉은털원숭이들이 자연재해 이후 어떤 반응을 보이는지 관찰할 수 있는 뜻밖의 기회가 주어졌다.

연구진은 특히 원숭이들의 사회적 유대가 달라졌는지, 행동이 더 관대하게 바뀌었는지 또는 더 공격적으로 변했는지를 알고 싶어 했다. 극심한 자원 부족과 황폐해진 환경 속에서, 원숭이들은 생존을 위해 남은 자원을 두고 다투게 될까? 연구진은 앞서 십여 년에 걸쳐 원숭이들의 사회적 행동을 기록해 두었기 때문에, 허리케인 이전과 이후의 행동을 비교할 수 있었다. 예컨대 그들은 이 원숭이들이 본래 사회성이 뛰어난 동시에 경쟁심도 강한 종이라는 사실도 이미 알고 있었다.

이전까지 연구진은 각 원숭이를 10분 동안 따라다니며 그 개체의 모든 행동과 상호작용을 기록하는 방식으로 관찰 연구를 진행했다. 그러나 허리케인이 지나간 뒤에는 피해 규모가 너무 커서 같은 방식의 접근을 이어갈 수 없었다. 연구진은 대신 '스캔 기법'이라 알려진 표본 조사 방법을 활용하기로 했다. 스캔 기법에서는 관찰자가 30초마다 주변에 있는 모든 원숭이를 훑어보며 그들의 상호작용을 기록한다.[3] 연구진은 연구자들의 관심을 끌려고 더 시끄럽게 행동하는 원숭이 등 결과를 왜곡할 수 있는 잠재적 편향 요인을 바로잡은 후 데이터를 분석했다. 그 결과, 허리케인 이후 원숭이들의 행동에 실제로 변화가 생겼다는 사실이 확인되었다. 그런데 그 변화는 부정적인 방향이 아니라 오히려 긍정적인 쪽이었다.

일례로 원숭이들은 이전보다 서로에게 더 관대해진 모습을 보였다. 연구진은 원숭이들이 생태계가 파괴된 상황에 대처하기 위해 이미 기존에 관계를 맺고 있던 개체들에 의지할 거라고 예상했다. 하지만 예상과는 달리, 원숭이들은 새로운 관계를 찾아 사회 연결망을 확장하려는 경향을 보였다. 가까운 관계에서도 여전히 얻을 수 있는 것이 많았지만, 원숭이들은 마치 모두가 어느 정도 우호적인 관계를 유지하는 사회 연결망이 소수와의 끈끈한 관계보다 전반적인 생존에 더 유리하다는 깨달음을 얻은 듯했다.

플랫은 인터뷰에서 이렇게 말했다. "정말 놀라웠던 건 원숭이들이 재난 직후 곧바로 서로에게 다가가 더 많은 친구를 만들기 시작했다는 거예요. 그렇게 아주 촘촘하게 얽힌 상호 연결망 속에서 모두가 모두와 연결되었죠." 대단히 흥미롭게도, 이전까지 사회적으로 고립돼 있던 원숭이들마저도 외로움의 껍데기를 깨고 나와 새로운 관계를 형성하기 시작했다.

대부분의 원숭이는 허리케인의 직접적인 충격에서 살아남았지만, 한 달 뒤부터 개체군 내 사망률이 증가하기 시작했다. 시간이 지나면서 연구진은 친구가 많은 원숭이일수록 이후 2년간 파괴된 생태계에서 생존할 가능성이 더 높다는 사실을 발견했다. 그러나 급격하게 무너진 건 원숭이들의 물리적 서식지뿐만이 아니었다. 플랫과 동료들은 또 하나의 변화를 포착했다. 일부 원숭이들이 대략 2년은 빨리 노화한 듯한 모습을 보이기 시작한 것이다. 10대에 해당하는 원숭이들이 관절염 증세를 보이기 시작했다.

약 5년이 지난 뒤에도 원숭이들 사이에서 생겨난 더 단단하고 관대한 유대는 여전히 이어지고 있었다. 플랫은 이렇게 말했다. "원숭이들은 여전히 덜 공격적이고, 훨씬 더 관대하고, 서로 더 깊이 연결되어 있어요." 실제로 원숭이들은 제한적 연대를 경험했고, 그것을 지속 가능한 연대로 바꾸는 데 성공한 것으로 보였다. 하지만 왜 원숭이들은 가능했는데 인간은 그렇지 못한 걸까? 플랫은 이를 몇 안 되는 백만 불짜리 질문 가운데 하나라고 했다. 아직 풀리지 않은 의문은 더 있다. 왜 어떤 원숭이는 허리케인이 불러온 시련을 다른 원숭이보다 더 잘 극복한 것처럼 보일까? 왜 어떤 원숭이는 스트레스로 노화의 초기 징후를 보였고, 또 어떤 원숭이는 그렇지 않았을까? 다시 말해, 무엇이 회복탄력성의 차이를 만들어 낸 걸까?

플랫은 사회적 지지가 극심한 스트레스 요인에 대응하는 '적응반응(adaptive response)'으로 작용한다고 말했다. 이는 비극이 닥치기 전부터 탄탄한 사회적 지지를 갖추고 있으면 스트레스로 인한 손상에 더 잘 대처할 수 있다는 뜻이다. 이를 원숭이들에게 적용해 본다면, 허리케인 발생 이전부터 강한 사회적 유대를 형성하고 있던 개체일수록 이후 상황을 더 잘 견뎠을 가능성이 높다. 플랫은 사회적 연결이 스트레스 반응으로부터 뇌를 보호하는 완충제 역할을 한다는 사실을 보여 주는 강력한 연구 결과가 많다고 덧붙였다.

사회적 연결은 사람들이 비극, 재난, 트라우마를 극복하는 데 도움이 되고, 어떤 의미에서는 뇌를 젊게 유지해 주는 효과도 있다. "뇌가 더 젊다면 삶을 헤쳐 나가는 능력도 더 좋아지죠. 일종의 피드백 고리가 생기는 셈입니다. 반대로 뇌가 노화하면 삶의 복잡한 문제들을 다루기가 더 어려워집니다." 우리는 원숭이와 인간을 대상으로 한 연구를 통해 사회적 지지가 많을수록 회복탄력성이 높아진다는 사실을 이미 알고 있다. 하지만 여전히 남아 있는 중요한 의문은 이것이다. 어떻게 그런 일이 가능한 걸까?

◆◆◆

더 많은 사회적 지지가 어떤 방식으로 뇌에서도 관찰되는 회복탄력성을 만들어 낼 수 있는지를 이해하려면, 먼저 스트레스가 뇌에 어떤 영향을 미치는지부터 아는 것이 중요하다. 나는 이 질문에 답을 찾고자 인지 신경과학자 줄리 프라탄토니(Julie Fratantoni) 박사에게 연락했다. 그는 뇌 건강을 정의하고 측정하고 개선하기 위해 시작한 10년간의 종단 연구 '브레인헬스 프로젝트(BrainHealth Project)'의 핵심 연구자 가운데 한 명이다.

프라탄토니는 일반적으로 만성 스트레스는 뇌에서 학습과 기억을 관장하는 영역인 해마(hippocampus)의 뇌세포를 죽인다고 설명했다. "말 그대로 신경 세포가 죽게 되는 겁니다." 그렇게 되면 새로운 정보를 배우거나 기억하는 일이 훨씬 더 어려워질 수 있다. 또한 스트레스는 계획, 판단, 조직, 문제 해결 등 집행 기능을 담당하는 전두엽 네트워크(frontal networks)에도 영향을 미치는데, 프라탄토니는 이러한 고차원적 사고 기능이 인간을 다른 동물과 구분 짓는 특성이라고 덧붙였다. 그러나 스트레스로 인해 전두엽 기능이 비활성화되면 인간은 강제로 생존 모드에 돌입하게 된다. 게다가 전두엽 기능이 멈추면 자기 조절을 위해 선택할 수 있는 수단의 폭마저 좁아진다.

포지스가 말했듯, 이런 과정을 겪으면 교감 신경계가 활성화된 인간의 뇌는 우리를 투쟁-도피 반응 상태에 빠뜨린다. 이는 우리가 만성적인 외로움을 느낄 때 빠지는 상태와 같다. 프라탄토니는 전전두엽 피질(prefrontal cortex)이 스트레스를 덜 받고, 더 명료하게 사고할 수 있는 상태로 되돌아가는 한 가지 방법으로 '호기심'을 꼽았다. 내가 "이타심도 그런 역할을 할 수 있냐"라고 묻자 그는 친절과 호기심은 닮은 점이 많아서 가능하다고 답했다. 두 감정 모두 우리를 '열린 자세'가 되게 하기 때문이다. 스트레스를 받은 직후에는 만성적인 외로움에 빠져 있을 때와 마찬가지로 친절에 마음이 닿지 않는다. 하지만 친절은 전전두엽 피질을 다시 활성화하는 지름길이 될 수 있다.

이타적인 행동을 할 때 뇌에서는 어떤 일이 벌어질까? 2006년, 신경과학자 호르헤 몰(Jorge Moll)과 동료들은 인간이 사심 없이 베풂을 실천할 때 뇌에서 어떤 변화가 일어나는지 보여 주는 초기 연구 결과 중 하나를 제시했다. 그들이 진행한 실험에서 연구진은 참여자들에게 실험으로 받은 금전적 보상금을 자선 단체에 기부할지, 기부에 반대할지, 아니면 자신이 가질지를 결정하게 하면서 기능적 자기공명영상(functional MRI)으로 참여자의 뇌를 살펴봤다.[4]

참여자들이 결정을 내리는 동안 뇌 활동을 관찰한 결과, 보상금을 자신이 가지기로 한 사람들은 복측 피개 영역(ventral tegmental area)과 복측 선조체(ventral striatum)를 포함한 중뇌-변연계 보상 시스템(mesolimbic reward system)에서 활발한 반응을 보였다. 중뇌-변연계 보상 시스템은 보상 경로 또는 중뇌-변연계 경로라고도 불리며, 도파민 분비를 담당한다. 도파민은 쾌락이나 만족을 느끼게 하는 신경 전달물질로, 음식이나 성적인 쾌락 같은 즐거움을 더 원하도록 자극하기도 한다. 이 보상 경로는 동기를 조절하고, 학습을 강화하며, 우리가 욕망이나 욕구를 경험하게 만드는 인지 과정인 '유인적 현저성(incentive salience)'을 활성화한다. 보상 경로의 핵심 기능은 생존에 필요한 행동을 반복하게끔 동기를 부여하는 것이다. 이는 특히 중독의 신경 생물학에서도 중요한 역할을 한다.

몰의 연구에서 나온 결과는 그다지 놀랍지 않았다. 금전적 보상을 받는 일은 당연히 기분이 좋고, 더 갖고 싶다는 욕구를 자극하기 마련이다. 하지만 과학자들이 자선 단체에 기부한 사람들의 뇌를 스캔했을 때, 이들의 보상 경로는 오히려 더 활발히 작동했다. 실험 결과는 자신을 위한 행동보다 다른 사람에게 베푸는 행동이 뇌의 보상 체계에 더 큰 즐거움을 줄 수 있다는 사실을 시사했다. 특히 돈을 기부했을 때는 뇌의 무릎밑 영역(subgenual area)이 활성화되었는데, 이 부위는 세로토닌이 풍부하고 사회적 유대를 형성하는 데 중요한 역할을 하는 뇌 회로다. 반면에, 돈을 자신이 갖겠다고 결정했을 때는 이 부위가 활성화되지 않았다.

리처드 데이비슨(Richard Davidson)은 많은 동료 신경과학자처럼 우울, 두려움, 불안의 뇌과학에 집중하며 신경과학자의 길을 시작했다. 플랫이 원숭이들을 보면서 품었던 의

문처럼, 데이비슨도 인생의 고난과 스트레스에 왜 어떤 사람은 더 취약하고 또 어떤 사람은 더 회복탄력적인지 알고 싶어 했다. 그러나 1992년 달라이 라마와의 만남이 데이비슨의 연구 경로를 완전히 바꾸어 놓았다. 그들이 위스콘신주 매디슨에서 만났을 때, 달라이 라마는 데이비슨에게 조금 더 긍정적인 주제의 연구에 집중해 보기를 제안했다. 그는 마치 도전 같은 제안을 하며 이렇게 물었다. "두려움과 우울을 연구할 때 사용하는 신경과학적 도구들을 왜 친절, 연민, 이타심 연구에 쓰지 못하는 겁니까?" 데이비슨은 이 도전을 진지하게 받아들였다.

이후 30여 년 동안 그는 친절, 연민, 이타심에 관한 논문 수십 편을 발표했고, 심지어 불교 승려들의 뇌를 연구하기도 했다. 그는 2017년 인터뷰에서 내게 이렇게 말했다. "자기 자신을 위해 무언가를 할 때 느끼는 긍정적인 감정은 금세 사라지고 외부 환경에 더 쉽게 좌우되는 경향이 있습니다. 하지만 관대함을 실천할 때 느끼는 긍정적인 감정은 그 순간을 넘어 더 오래도록 지속될 수 있어요."⁵ 몰의 연구처럼 친절과 이타심을 다룬 다양한 연구 덕분에, 과학자들은 친절 행위를 실천할 때 뇌에서 가장 크게 반응하는 부위가 동기 부여와 긍정적 감정에 중요한 역할을 하는 복측 선조체라는 사실을 알게 되었다. 이 부위는 우리가 행복 호르몬으로 알고 있는 도파민이 작용하는 영역이기도 하다.

하지만 데이비슨은 이 과정에 관여하는 분자가 도파민 하나만이 아니라 훨씬 더 많다고 강조했다. "이 모든 과정에는 수백 가지 분자가 관련되어 있습니다. 한두 개의 화학물질 때문이라고 단정 짓는 건 매우 부정확하죠. 뇌에서 일어나는 변화는 훨씬 더 복잡할 테니까요." 데이비슨은 이렇게 말하며, 타인을 돕는 일이 어떻게 기분 좋은 감정을 유발하고 회복탄력성을 키울 수 있는지를 둘러싼 수수께끼에 또 한 겹을 더했다.

인간의 뇌에 관한 한, 오늘날 과학자들이 이해하는 것은 빙산의 일각에 불과하다. 인간의 뇌에는 수십억 개의 신경세포가 존재하지만 우리가 움직일 때, 사랑할 때, 꿈꿀 때, 베풀 때, 잠잘 때 이 신경 세포들이 어떤 역할을 하는지는 아는 게 거의 없는 실정이다. 뇌 스캔은 전체 그림의 작은 일부분만 알려 주며 그저 단서와 실마리만 제공할 뿐이다. 따라서 인간의 뇌는 여전히 수수께끼로 남아 있다.

이 수수께끼를 푸는 일이 어려운 이유는 기술의 한계와 연구에 활용할 수 있는 뇌 자체가 턱없이 부족하다는 데 있다. 그렇기는 해도 뇌가 변화할 수 있다는 사실, 즉 뇌는 실제로 굉장히 유연하다는 사실을 밝히는 데에는 상당한 진전이 있었다. 이러한 뇌의 특성을 '신경가소성'이라 하며, 신경과학자들은 뇌가 경험에 반응하여 변화하고 적응하는 능력을 갖추고 있다는 사실을 여러 차례 확인해 왔다.

　데이비슨은 신경가소성이라는 개념을 바탕으로 2013년에 한 가지 실험을 진행했다. 인간의 연민, 즉 고통받는 타인을 돌보려는 감정이 훈련을 통해 더 커질 수 있을지를 알아보기 위한 실험이었다.[6] 많은 과학자가 연민이 이타적 행동을 유발하는 강력한 동기라고 말한다. 그렇다면 우리의 뇌가 더 많은 연민을 기르도록 훈련되었을 때, 실제로 더 깊은 연민을 갖고 결과적으로 이타적 행동을 더 자주, 습관처럼 실천하게 될까?

　연구진은 참여자들을 두 집단으로 나눈 뒤, 각각 전반적인 삶의 질을 높인다고 안내한 활동을 수행하게 했다. 첫 번째 집단은 연민 명상을 통해 친절과 연민, 관대함을 기르는 데 집중했다. 명상에서 참여자들은 고통받는 누군가를 마음속에 떠올린 다음 그 사람의 고통이 사라지기를 바라는 마음을 연습했다.

그 과정에서 세 가지 범주에 속한 사람들을 차례로 떠올려야 했다. 첫째는 가족이나 친구처럼 쉽게 연민을 느낄 수 있는 가까운 사람, 둘째는 자기 자신과 낯선 사람, 마지막으로는 과거에 갈등을 겪었던 어려운 사람, 예컨대 경쟁 관계에 있는 동료나 고집 센 가족 구성원을 대상으로 연민을 품는 연습을 했다. 두 번째 집단은 연민 명상 대신 인지적 재해석 훈련을 받았다. 이들은 부정적인 생각의 틀을 재구성하는 연습에 집중했다.

두 집단 모두 매일 30분씩, 2주에 걸쳐 각자의 활동에 참여했다. 데이비슨과 동료들은 짧은 기간 안에도 참여자들의 정서 상태가 달라질 수 있는지 특히 알고 싶었다. 연민도 운동처럼 매일 단련하고 세심하게 조율해야 하는 근육일까? 연민 명상의 효과를 알아보려면 실험 종료 시점에 연민 명상을 수행한 참여자들이 인지적 재해석 훈련을 받은 사람들보다 실제로 더 이타적인지를 확인해야 했다.

이를 알아보기 위해 연구진은 모든 참여자에게 온라인상에서 낯선 익명의 인물 두 명과 함께 재분배 게임을 하게 했다. 게임에서 독재자는 피해자에게 부당하게 적은 금액, 예를 들어 10달러(약 1만 3천 원—옮긴이) 중 1달러(약 1,300원—옮긴이)만 주는 식으로 나눠 준다. 이 모습을 본 실험 참여자는 자신이 받은 5달러(약 6,500원—옮긴이) 중 얼마를 써서 독재자의 돈을 피해자에게 재분배할지 결정해야 한다. 과연 연민 명상을 수행한 참여자들이 게임에서 훨씬 더 관대한 태도를 보였다. 데이비슨은 2주 동안 연민 근육을 단련한 사람들을 이렇게 표현했다. "그들은 실제로 더 친절했고, 선뜻 더 많은 돈을 나눴어요."

또한 이 실험에서는 기능적 자기공명영상(fMRI)을 활용해 실험 전후의 뇌 반응을 측정했다. 참여자들은 fMRI 기계 안에 들어간 상태에서 화상 환자나 우는 아이처럼 고통을 겪는 사람들의 사진을 보았고, 연민 명상에서 배운 훈련을 바탕으로 사진 속 인물들을 향해 연민의 감정을 떠올렸다. 연구진은 2주 동안 매일 연민 명상을 실천한 참여자들 가운데 이타적 행동이 가장 두드러졌던 사람들이 뇌에서도 가장 큰 변화를 보였다는 사실을 발견했다. 구체적으로는 공감 능력과 관련된 뇌 영역인 하두정피질(inferior parietal cortex)의 활동이 실험 전보다 증가했고, 감정

조절 및 긍정적 감정과 연관된 영역인 배외측 전전두피질(dorsolateral prefrontal cortex) 역시 더 활발하게 활성화된 것이 확인되었다. 이 연구 결과는 뇌가 더 큰 연민을 느끼도록 훈련될 수 있다는 가능성을 보여 주었다.

인간의 뇌는 두 가지 방식으로 학습한다. 하나는 서술적 학습으로, 새로운 기술을 배우고 정보를 습득하는 방식이다. 데이비슨은 우리가 친절에 관해 배울 수는 있지만, 그렇다고 해서 반드시 더 친절해지는 건 아니라고 말했다. 또 다른 하나는 절차적 학습이다. 이는 습관이나 특정 인지 능력을 익히는 방식이다. 신경과학 연구에 따르면 이러한 방식의 학습은 서로 다른 뇌 회로를 활성화하여 뇌의 진정한 변화를 끌어낼 수 있다. 이 방식은 습관을 형성한다.

"이런 유형의 훈련은 다양한 분야에 적용할 수 있습니다." 데이비슨은 연민 훈련에 관한 자신의 연구를 발표하는 보도자료에서 이렇게 설명했다.[7] "학교에서 연민과 친절을 훈련하면 아이들이 자신의 감정은 물론 타인의 감정을 잘 읽고 상황에 맞게 반응하는 법을 배울 수 있어요. 그렇게 되면 따돌림이나 괴롭힘 문제도 줄어들 겁니다. 연민 훈련은 또 사회 불안이나 반사회적 행동처럼 사회적 어려움을 겪는 사람들에게도 도움이 될 수 있습니다."

그로부터 3년 뒤인 2022년, 프라탄토니는 《프런티어스 인 사이콜로지(Frontiers in Psychology)》에 실린 한 논문을 공동 집필했다. 이 논문은 다른 사람들이 친절을 배울 수 있도록 도울 때, 도움을 베푸는 사람의 뇌에 회복탄력성이 생겨날 수 있다는 사실을 과학적으로 입증했다.[8]

많은 이가 경험했듯이 코로나19 팬데믹은 일상의 전반을 뒤흔들어 놓았다. 특히 어린 자녀를 둔 부모들은 그 여파를 더욱 절실히 체감했다. 보육 기관과 학교가 문을 닫은 상황에서도 부모들은 유급 병가나 그에 상응하는 지원 없이 재택근무를 병행해야 했기 때문이다. 프라탄토니와 동료 연구진은 세 살에서 다섯 살 사이의 자녀를 둔 부모 38명을 모집해 4주간 온라인에서 자율 과정으로 진행되는 친절 교육 프로그램을 듣도록 했다. 프로그램의 이름은 '무지와 함께하는 친절한 마음(Kind Minds with Moozie)'으로, 디지털 젖소 캐릭터 무지가 등장해 부모와 아이가 함께 친절을 배울 수 있는 창의적인 활동을 알려 준다.

활동은 자기 자신에게 베푸는 친절, 동물에게 베푸는 친절, 다른 사람에게 베푸는 친절, 지구에 베푸는 친절의 네 가지 주제를 중심으로 구성되었다. 예를 들어, 한 활동에서는 이런 식의 대화를 나누게 된다. 부모가 아이에게 "오늘 아침엔 우리가 서로에게 어떻게 친절할 수 있을까? 무지한테 물어보자!"라고 말하면 무지는 이렇게 대답한다. "가족에게 '좋은 아침!'이라고 인사하고, 이웃에게도 '좋은 아침!'을 말해요. 무지에게도 인사해 주세요. '좋은 아침, 무지!' 음메!"

연구진은 친절 교육이 아이와 부모의 뇌 건강에 어떤 영향을 미쳤는지 알아보기 위해 무지와 함께하는 친절한 마음 프로그램을 시작하기 전과 마친 후에 부모들에게 설문을 실시하여 자신의 회복탄력성과 자녀의 공감 능력을 평가하도록 했다. 그 결과, 교육을 마친 뒤 부모들의 회복탄력성은 더 높아졌고 유아들은 이전보다 공감 능력이 향상된 것으로 나타났다. 프라탄토니는 이렇게 말했다. "스트레스를 받을 때 잠시 시간을 내어 자기 자신에게 친절을 실천하고 그 모습을 자녀에게 본보기로 보여 주면, 부모의 회복탄력성은 높아지고 아이의 친사회적 행동도 발달할 수 있습니다."

그는 이어서, 많은 사람이 최적의 뇌 건강을 위해서 친절과 이타심이 반드시 필요하다는 사실을 인식하지 못하고 있다며 이렇게 덧붙였다.⁹ "사람들은 친절을 그냥 있으면 좋은, 말랑말랑한 덕목 정도로 여깁니다. 하지만 인간은 연결되기 위해 만들어진 존재예요. 그렇게 설계된 만큼, 우리가 제대로 잘 살아가려면 친절은 선택이 아니라 필수입니다." 프라탄토니의 연구에서 얻을 수 있는 한 가지 중요한 교훈은 이것이다. 하루에 단 몇 분만 친절을 실천해도 뇌 속 회복탄력성을 기를 수 있고, 앞으로 맞닥뜨릴 스트레스에도 더 잘 견디게 된다는 사실이다.

> 인간은 그 누구도 섬이 아니다
> 온전한 존재는 없다
> 모든 인간은 대륙의 한 조각이며,
> 전체의 일부이다

시인 존 던(John Donne)이 남긴 유명한 구절이다. 데이비슨과, 친절과 연민을 양치질처럼 당연한 습관으로 만들고자 애쓰는 그의 노력을 떠올리면서 나는 다시금 질문하게 된다. 결핍 위에 세워진 현대 문화 속에서 돌봄과 친절, 이타심을 정말 우선순위에 둘 수 있을까? 기존의 사회 구조는 어떻게 바뀔 수 있을까? 과거 누군가가 말했듯 이 모든 것이 정말 이토록 복잡해야만 할까? 나는 그 답을 찾고자 또 다른 섬으로 향하는 비행기에 몸을 실었다.

◇◇◇

약 100년이 넘도록 서양 관광객들은 캘리포니아주에서 약 3,200킬로미터 떨어진 군도에 매료되어 하와이를 찾았다. 이는 부분적으로 하와이가 어떤 방식으로 마케팅됐는지와도 관련이 있다. 본래 하와이는 자연, 이야기, 음악, 춤, 고유 언어가 정교하게 어우러진 토착 문화를 지니고 있지만, 관광객 유치를 위해 종종 단순화되어 뜨거운 태양 아래 쾌락이 넘쳐나는 '알로하 정신(단순한 인사말을 넘어 서로에 대한 존중, 사랑, 연민, 배려, 환대 등을 아우르는 삶의 철학이자 태도—옮긴이)'의 땅처럼 포장되곤 했다.

2019년 기준으로 한 해 동안 하와이에 천만 명이 넘는 관광객이 방문했다. 하루 평균 약 25만 명의 관광객이 섬에 머물렀다는 뜻이다.[10] 하와이 거주 인구는 대략 142만

명이므로,[11] 굳이 자세히 계산하지 않아도 매일 하와이에 머무는 관광객 수가 얼마나 많은지 짐작할 수 있다. 그 결과 해변은 붐비고 오염되었으며, 교통체증도 심각해져 고속도로는 늘 꽉 막혔고, 식당에서는 들어가기까지 90분을 기다려야 했다. 관광객 수가 정점을 찍었던 2010년대, 한 지역 주민은 AP 통신에 이렇게 말했다. "너무 정신이 없어서 주말에 애들 데리고 해변으로 놀러 갈 수도 없어요." 관광 산업은 인력난에 시달렸다.[12] 하와이 토착민들은 리조트와 관광 시설을 건설하는 과정에서 삶의 터전을 잃었다. 급증하는 관광객 수는 지역 사회에 큰 부담이 되었다. 무언가가 바뀌어야 했다.

그 당시, 다섯 세대째 하와이에 뿌리를 두고 있는 가정에서 태어나 평생 그곳에서 살아온 칼라니 카아나아나는 하와이 관광청(HTA)의 최고 브랜드 책임자로서 관광청의 관광 전략 계획을 새로 수립하는 임무를 맡고 있었다. 기존 전략은 관광객 수와 소비를 늘리는 것이었고, 실제로 성과도 있어서 2016년부터 2019년까지 매해 방문객 수가 최고치를 경신했다. 그러나 1년간 '심층 경청 투어'를 진행하며 모두가 이러한 성장을 반기는 것은 아니라는 사실을 깨달았다.

카아나아나는 365일 동안 하와이 전역의 마을회관을 돌며 주민들과 진솔한 대화를 나누었고, 향후 관광 사업과 관련해 어떤 변화를 바라는지 직접 귀 기울여 들었다. "그때마다 반복해서 들은 말이 있습니다. '어떻게 하면 관광산업을 우리 지역 사회에 실질적인 도움을 주는 방향으로 발전시킬 수 있습니까?'라는 질문이었죠." 카아나아나는 인터뷰에서 이렇게 말했다. "방문객들에게 자기 자신보다 더 큰 무언가의 일부가 되는 감각을 경험하게 해 주려면 어떻게 해야 할까요? 어떻게 하면 그들이 여기서 얻은 것에 보답하고 하와이를 말라마(mālama)하는 일, 다시 말해 하와이를 돌보는 일에 직접 손을 보태도록 할 수 있을까요?" 주민들은 하와이에 활용할 수 있는 수많은 인재와 손이 있다는 점도 강조했다. 매일 관광객 수만 명이 하와이를 찾으면서 그만큼의 재능과 능력, 수만 가지의 전문 기술이 섬에 들어오고 있었기 때문이다.

그들은 카아나아나와 함께 관광객들이 하와이를 덜 착취하는 방식으로 경험할 수 있는 길을 찾고 싶어 했다. "어떻게 하면 그런 변화가 가능한 기반을 구축할 수 있을까요?" 그는 이어서 말라마는 알로하와 동급의 가치라고 설명했다. "말라마는 가장 단순하게는 '돌봄, 돌보다'라는 뜻이지만, 또한 동사이기도 합니다. 말 그대로 우리가 직접 몸을 움직여 실천해야 하는 가치라는 의미죠(영어에서 동사가 움직임을 나타내는 품사라는 점에서, 말라마 역시 행동으로 옮겨야 한다는 의미다—옮긴이)."

카아나아나는 나에게 간단한 게임을 해 보자고 제안했다. 자기가 유명한 도시 이름을 말하면 나는 그 이름을 들었을 때 가장 먼저 떠오르는 생각을 말하면 되는 게임이었다. 먼저 그가 말한 도시는 바티칸이었다. 당연히, 교황과 가톨릭교회가 가장 먼저 떠올랐다. 다음은 라스베이거스였다. 카지노, 화려한 야간 공연들, 라스베이거스 대로의 현란한 불빛들이 떠오른다. 그러다 그가 하와이를 말했을 때, 내 머릿속엔 서핑하는 사람들과 숨 막히게 아름다운 해변이 그려졌다.

"저희가 말하고 싶은 건 지금의 하와이와 저희가 그리는 미래의 하와이는 매우 다르다는 겁니다." 카아나아나는 관광이 인간의 경험에서 중요한 부분이라고 설명했다. 여행은 사람들을 다른 문화와 연결해 주고, 세상을 더 가깝게 만들어 준다. "그리고 우리는 하와이가 여행이라는 경험을 어떤 관점으로 바라보는지, 그 생각을 세계와 나눌 수 있는 특별한 기회를 갖게 된 거죠."

주민들의 의견에 따라, HTA는 '재생 관광(regenerative tourism)'에 초점을 맞춘 새로운 계획을 수립했다. 이는 관광객에게 보상을 제공하며 여행 중 자발적으로 지역 봉사 활동에 참여하도록 유도하는 방식이다. 예를 들어, 관광객이 일손을 필요로 하는 지역 단체의 자원봉사 행사에 등록하면 호텔에서는 무료 숙박이나 할인 혜택을 제공한다. 카아나아나는 하와이 주민들이 자신의 땅과 공동체를 돌보는 관리인의 마음으로 살아간다고 말했다. 그렇다면 관광객들도 여행 중에 비슷한 마음가짐을 품고, 어쩌면 그 마음을 집까지 가져갈 수도 있지 않을까?

2020년 1월, 계획은 정식으로 승인되었지만, 시행 과정에서 큰 장벽에 부딪혔다. 바로 코로나19였다. 2020년 2월, 전 세계가 멈췄고 하와이를 찾는 여행도 모두 중단되었다. 이에 카아나아나와 동료들은 하와이가 다시 문을 열었을 때도 재생 관광이라는 아이디어가 지속될지 다시 검토하기 위해 원점으로 돌아갔다. 팬데믹이 끝난 지금까지도 여전히 해결해야 할 과제는 남아 있다. 하와이는 이 계획을 장기전으로 보고 있다. 카아나아나는 재생 관광이 단순히 새로운 유행어가 아니라고 강조했다. '지속 가능한 관광'도, '책임 있는 관광'도 아니다. 그는 이렇게 설명했다. "재생 관광은 지금 우리가 처한 현실을 만들어 낸 기존 시스템을 어떻게 해체하고, 여행과 환대의 새 패러다임을 어떻게 만들어 갈 수 있을지에 관한 질문입니다."

나는 마우이섬이 미국 역사상 가장 치명적인 산불 피해를 입은 지 거의 2주가 지난 시점에 카아나아나를 만났다. 우리가 만나기 약 열흘 전, 과거 하와이 왕국의 수도였던 라하이나에서 발생한 산불로 2,700채가 넘는 건축물이 불에 탔다. 인터뷰 당시 수백 명이 실종 상태였고, 사망자 수도 계속해서 증가하고 있었다. 이때까지만 해도 산불의 정확한 원인은 아직 밝혀지지 않았지만, 전문가들은 이미 마우이의 건조한 기후와 낮은 습도, 남쪽 약 1,130킬로미터 떨어진 곳에서 발생한 허리케인 도라의 강풍이 겹쳐 파괴력을 더욱 키웠을 거로 추측하고 있었다. 다시 말해, 기후변화가 이번 화재의 피해를 더욱 심각하게 만든 원인이었을 가능성이 높았다.

집이 불타는 가운데 가족과 자신을 지키기 위해 바다로 뛰어드는 사람들의 절박한 모습이 사진과 기사로 전해졌다. 그와 동시에 삶의 터전을 잃은 이들이 산불이 남긴 잿더미 속에서 고군분투하는 동안에도 일부 관광객은 여전히 휴가를 즐기고 있다는 소식이 들려왔다. 그러나 산불 재난의 특성답게, 마우이 곳곳에서 공동체가 하나로 뭉쳐 '마우이 스트롱(Maui Strong)' 정신을 실천하고 있다는 이야기 또한 함께 퍼지기 시작했다.

카아나아나와의 인터뷰를 마치고 우리는 자원봉사 활동이 위기 이후 회복탄력성을 키우는 수단이 될 수 있다는 이야기를 나누었다. 그는 마우이 산불 같은 대형 재난이 닥치면 문화적, 정치적 차이도 잠시 사라진다고 말했다. 하지만 평상시에도 '말라마'를 실천하는 일이 하와이의 회복력에 기여했다는 사실도 분명했다. 실제로 하와이는 미국 전체에서 총기 사망률이 두 번째로 낮고, 여러 섬에 식민주의와 전쟁, 관광 산업의 문제가 여전히 남아 있는데도 미국 내 다른 지역보다 정치적 분열이 덜한 편이다.

함께 걷던 중, 카아나아나는 나를 카파에마후의 치유석 신화가 담긴 전시물 앞으로 데려갔다.[13] 고대 하와이 구전

역사에서는 1400년경 타히티에서 치유자 네 명이 고향을 떠나 하와이로 항해해 왔다고 전해진다. 하와이 원주민들은 그들을 열렬히 맞이했다. 치유자들은 손길만으로 병을 고치고 병의 원인을 진단할 수 있는 능력을 지닌 존재로, 위대한 영적인 힘을 발휘해 하와이에 많은 것을 내주었다. 하와이 사람들에게 치유란 단순히 증상을 낫게 하는 게 아니다. 인간이라는 존재 전체를, 그리고 인간이 속한 우주 전체를 살펴보는 일이다. 이 치유자들의 놀라운 힘은 그들이 마후(māhū), 즉 마음과 정신에 남성과 여성의 영혼을 모두 지닌 존재였기 때문이었다.

그들은 하와이를 떠나기 전, 자신들이 지닌 치유의 힘과 그동안 베푼 선행을 기억하라는 뜻에서 사람들에게 거대한 바위 네 개를 가져오게 했다. 그런 다음 한 달에 걸친 의식을 통해 자신들의 힘을 바위에 옮겨 주었다. 생물학적 성별과 관계없이 누구에게나 존재하는 여성성과 남성성을 상징하는 반 남성·반 여성 형태의 조각상을 매개체로 삼아 힘을 옮긴 뒤, 네 명의 치유자는 자취를 감추었다. 카아나아나는 치유의 바위 전시가 다른 곳이었다면 정치적인 문제나 논란거리로 여겨졌을 거라고 말했다. 그러나 지금 이 순간, 하와이에서는 그렇지 않다.

◇◇◇

1941년 12월 7일 현지 시각으로 오전 8시 직전, 일본 해군항공대가 뇌격기, 수평 폭격기, 급강하 폭격기를 동원해 미국 진주만 해군 기지를 기습 공격했다.[14] 두 차례에 걸친 공습으로 네 척의 군함이 침몰했고 2,403명이 사망했으며 1,178명이 부상당했다. 진주만은 지금까지도 하와이 역사상 가장 많은 인명 피해가 발생한 사건으로 남아 있다. 그러나 그날의 희생은 하와이와 미국에만 국한되지 않았다. 먼저 미국이 일본에 선전포고했고, 이에 일본과 동맹을 맺고 있던 독일과 이탈리아가 미국에 전쟁을 선포하며 맞대응했다. 이로써 미국은 제2차 세계대전에 공식 참전하게 되었다.

오늘날, 진주만 공격 당시 사망자 절반이 탑승해 있던 USS 애리조나호(USS Arizona)는 물 위로 성조기가 휘날리는 자리 아래, 바닷속 깊이 가라앉아 있다. 그 옆, 침몰한 애리조나호와 거의 나란히 자리한 또 다른 전함이 있다. 진주만이 공격당한 당시엔 그 자리에 없었으나 이후 벌어진 참혹한 전쟁을 끝내는 데 결정적인 역할을 한 전함, USS 미주리호(USS Missouri)다. 진주만 공격이 발생한 지 거의 5년 뒤, 더글러스 맥아더 장군(General Douglas MacArthur)은 미주리호의 티크 갑판 위에 서서 정의와 관용, 재건을 선언했다.

그 이후 이 함선 위에서 벌어진 역사적 사건(USS 미주리호는 일본의 무조건 항복 조인식이 이루어진 장소다―옮긴이) 덕분에 제2차 세계대전은 마침내 종식되었다. 시간이 흘러 미주리호가 퇴역해 영구 정박할 장소가 필요해졌을 때 하와이 주 정부는 한 가지 제안을 했다. 이곳에 전쟁의 시작을 기리는 USS 애리조나 기념관이 있으니, 그 옆에 USS 미주리호를 정박시켜 전쟁의 끝도 함께 보여 주자는 제안이었다.[15]

하와이가 관광의 대표 가치를 알로하에서 말라마로 어떻게 바꾸려 하는지 더 알고 싶어진 나는 차를 운전해 진주만 입구까지 간 뒤, 셔틀버스를 타고 포드섬으로 건너가 케빈 윌리엄슨이라는 남자를 만났다. 초록색 폴로 셔츠에 베이지색 챙 넓은 모자를 쓴 윌리엄슨은 진주만과 깊은 인연이 있었다. 그는 1970년대에 바로 이곳에서 호위함을 타고 복무했다. 이후 우여곡절 많은 생활을 거쳐 지금은 15년째

USS 미주리호의 자원봉사 총괄 책임자로 일하고 있다. 윌리엄슨은 만남이 시작되자마자 적극적으로 배와 선실, 그리고 그곳을 청소하고 있는 배의 운영진을 소개했다. 선실은 구석구석 실용성을 극대화해 설계된 모습이었고, 벙커 침대가 세 개씩 바닥부터 천장까지 층층이 놓여 있다.

이 퇴역 전함은 관광객이나 역사 애호가들이 찾는 명소이지만, 제대로 운영되려면 상시 자원봉사자들의 도움이 필요하다. "미주리호는 작은 마을과 같다는 걸 기억하셔야 합니다." 그가 말했다. "작은 마을에 있을 법한 건 여기에 다 있어요." 단, 이 '작은 마을'에는 예전처럼 모든 인력이 갖춰져 있지는 않다. 현역 시절에는 선원 2,500명이 배를 관리했지만, 지금은 유지보수 인력이 25명도 채 되지 않는다. 이런 이유로 현재 미주리호는 하와이의 말라마 재생 관광 정책 중 하나인 '볼런투어리즘(voluntourism, 자원봉사(volunteer)와 관광(tourism)을 결합한 단어로 '자원봉사 여행'을 뜻한다—옮긴이)' 프로그램의 일부로 운영되고 있다. 윌리엄슨의 지휘 아래, 이곳엔 늘 할 일이 넘쳐난다.

관광객들이 자원봉사를 하러 오면, 윌리엄슨은 보통 청소와 관람을 동시에 할 수 있도록 안내한다. 세계 각지에서 사람들이 몰려오는 만큼 청소는 늘 필요하지만, 그렇다고 재미나 학습을 포기하고 싶지는 않기 때문이다. 그는 자원봉사자들에게 관광 코스를 무료로 따라가면서 사람들이 손을 댈 만한 곳만 깨끗하게 닦아 달라고 말한다. 그렇게 자원봉사자들은 청소 봉사를 하면서 자연스럽게 주위를 둘러보고 배를 더 자세히 알게 된다. "우리에게 정말 큰 도움이 되죠." 윌리엄슨이 말했다. "게다가 사람들도 정말 즐거워해요."

그 효과는 윌리엄슨과 선박 운영진 모두가 즉각적으로 체감했다. 코로나19가 닥쳤을 당시, 그들은 많은 정기 자원봉사자를 잃었다. 하지만 관광이 다시 활기를 띠기 시작하면서 말라마 프로그램 덕분에 더 많은 자원봉사 인력을 꾸준히 확보할 수 있게 되었다. 윌리엄슨은 이를 상호 이득이 되는 '윈윈' 상황이라며, 사람들이 이곳에 처음 왔을 때보다 훨씬 더 기분 좋게 떠난다고 덧붙였다. 그는 단순히 배를 관람하고 떠나는 것보다 훨씬 더 기억에 깊이 남는 경험이 될 수 있다고도 말했다. 무언가를 되돌려 주고, 역사를 지키고 있다는 감각을 느낄 수 있기 때문이다. "이곳에 오는 사람들만 무언가를 얻는 게 아니라 우리도 얻는 게 있습니다. 여러분은 우리가 역사를 보존하는 일을 돕는 겁니다. 저는 그게 많은 사람에게 정말 의미 있는 일이라고 생각해요."

이곳을 찾는 건 관광객들뿐만이 아니다. 기업들도 찾아온다. 예를 들어 USS 미주리호의 초기 건조에 참여했던 제너럴 일렉트릭의 직원들은 지금도 배를 찾아와 자원봉사에 나선다. 일본에서 오는 관광객과 학생, 과거 일본 해군에서 복무했던 이들도 자주 방문한다. 윌리엄슨은 사람들이 자원봉사를 마치고 나면 자신이 해 낸 일에 큰 자부심을 느낀다고 말했다.

윌리엄슨과 이야기를 나눈 뒤, 갑판을 거닐며 이 배가 전성기 시절이었을 때의 삶은 어땠을지 상상해 보았다. 사람들로 북적이고, 다소 비좁고, 어쩌면 온갖 탄약과 화기가 가득 실려 있어 조금은 무서웠을지도 모른다(묘하게도 핼리팩스 참사가 떠올랐다). 딱히 내 취향은 아니지만, 선상에서 함께 지내던 사람들이 느꼈을 동지애만큼은 부럽다는 생각이 들었다. 늘 곁에 대화할 사람이 있다는 것, 모두가 같은 목표를 향해 함께 나아간다는 것, 언제나 누군가에게 도움이 될 기회가 있고, 자기 자신보다 더 큰 무언가와 연결되어 있다는 감각 같은 것들 말이다.

바람에 또다시 모자가 날아갈 뻔한 순간, 내 시선은 주 갑판 우현에 추락한 일본 가미카제 자살 특공대원의 사진으로 향했다. 전해지는 이야기는 이렇다. 오키나와 북동쪽 해상에 정박 중이던 USS 미주리호에 가미카제 항공기가 충돌했고, 비행기의 일부 잔해가 바다로 추락하면서 조종사의 시신은 그대로 갑판 위로 떨어졌다고 한다. 다음 날, 윌리엄 M. 캘러헌(William M. Callaghan) 함장의 명령에 따라 배의 군종 사제가 조종사의 장례식을 집전했고, 이를 위해 일본 국기도 준비되었다. 이 일화는 전쟁 한복판에서도 연민이 얼마나 중요한지 일깨우는 사례로 꼽힌다.

이야기가 가진 상징성에 대해 조금 더 깊이 생각해 보니, 낙관적으로나마 그날의 장례식이 함정 승조원들에게 작은 회복의 계기가 되었을지도 모른다는 생각을 떨칠 수 없다. 특히 전쟁의 참혹함에 내면의 갈등을 겪던 누군가에게는 더욱 그랬을 것이다. 수많은 죽음과 학살이 난무하던 와중에도, 아직 남아 있는 인간다움을 어렴풋이나마 엿본 그 순간만큼은 세상이 조금 덜 암울하고 덜 막막하게 느껴졌을지도 모른다.

USS 미주리호에는 수많은 역설과 복잡함이 얽혀 있다. 미주리호는 평화를 상징하는 배이자 동시에 죽음을 초래한 배다. 제2차 세계대전 항복식 이후, 미주리호는 한국 전쟁에 투입되어 북한을 상대로 해상 폭격 작전을 수행했고 걸프전 당시에는 바그다드를 향해 토마호크 미사일을 발사하기도 했다. 그럼에도 세계 각지에서 사람들이 이 배를 보존하고자 자발적으로 찾아온다. 이런 맥락에서 나는 윌리엄슨에게 지금의 USS 미주리호가 무엇을 상징하는지 물었다. 그는 이렇게 대답했다. "힘입니다."

하지만 내가 보기엔 그가 말한 힘은 정형화된 '남성적인 힘'을 의미하는 게 아니다. 미주리호의 선체가 거대하고 두꺼운 강철 장갑으로 둘러싸여 있기는 하지만, 그가 말한 힘은 그런 힘이 아니다. 그보다는 서로의 차이를 넘어 함께할 때 발휘되는 힘을 말한다. 오늘날 그 힘은 자원봉사의 형태로 일어나고 있다.

윌리엄슨은 해군에서 널리 쓰이는 격언을 하나 알려 주었다. "선장의 유능함은 배에서 가장 약한 선원에 달려 있다." 이 말은 어쩌면 모든 사람이 일상을 살아가는 방식에 적용할 수 있는 교훈일 것이다. 배 위에서든, 인생에서든,

우리는 서로가 최선을 다할 수 있도록 도울 때 그제야 더 나은 사람이 된다. "그게 바로 이 모든 것의 본질입니다." 윌리엄슨이 이어서 말했다. "함께 힘을 합치는 거죠."

7

자원봉사를 하면
건강해진다는 증거

오른쪽으로는 청록빛 바다가 반짝이고, 왼쪽으로는 들쭉날쭉한 산등성이가 우뚝 솟아 있었다. 그 사이로 나 있는 구불구불한 길을 따라 달리다가 서서히 방향을 틀어 와이메아 계곡의 열대 우림으로 들어섰다. 이곳은 하이킹을 즐기고 자연에서 위안을 얻고자 하는 관광객들이 즐겨 찾는 명소다. 지금은 인기 있는 관광지로 잘 알려졌지만, 고대 유적들이 여럿 남아 있는 와이메아 계곡은 오랜 세월 동안 하와이 토착민들에게 역사적으로 중요한 의미를 지닌 장소였다. 그러나 하와이 대부분의 섬과 마찬가지로 이곳 역시 자본주의와 식민주의에 큰 영향을 받았다.[1]

그 역사를 간단히 살펴보면 이렇다. 1700년 이전, 와이메아 계곡은 산에서 바다까지 길게 뻗은 넓은 땅으로, 한 족장이 다스렸고 그 안의 자원만으로도 사람들이 자급자족하며 살아갈 수 있을 만큼 풍요로웠다. 이후 1700년대에는 외세의 도래를 예언했다고 알려진 유명한 사제 카오풀루풀루가 이곳에 머물렀다. 1795년, 카메하메하 대왕은 오아후를 정복한 뒤 자신이 신뢰하던 조언자 헤와헤와 누이에게 와이메아 계곡을 하사했다. 이 시기 하와이는 외세의 영향으로 빠르게 변화하고 있었고, 하와이의 전통적인 법제도인 카푸(kapu) 역시 붕괴하기 시작했다.

1837년, 헤와헤와 누이는 계곡을 손녀 파알루아에게 물려주었지만, 1848년 마헬레 토지 재분배법이 통과되면서 파알루아는 안타깝게도 계곡의 소유권 절반을 잃게 되었다. 결국 1884년에는 과도한 부채를 감당하지 못하고 남은 땅마저 임대해야 했다. 1900년대 초에는 와이메아 계곡의 목장주들이 이곳을 사용했고, 한때 미군이 점령하기도 했다. 이처럼 복잡한 역사의 흐름은 와이메아 계곡의 지형과 경관에 깊은 흔적을 남겼다.

하지만 차를 몰고 이곳에 들어설 때까지만 해도, 나는 이

땅이 어떤 영향을 받아왔는지 잘 알지 못했다. 그보다는 타는 듯한 태양을 피해 잠시 숨 돌릴 곳을 찾는 데 정신이 쏠려 있다. 이곳에 발을 들이자, 노스쇼어의 분주한 다른 지역과는 달리 고요하고 평화롭게 느껴져 마음이 끌린다. 나를 둘러싼 식물들은 무성하고 짙푸르다. 시원한 바닷바람이 새소리와 어우러지고, 예상보다 몇 분 늦게 도착해 곤두서 있던 내 신경계가 서서히 가라앉는 게 느껴진다.

와이메아 계곡의 자연보호 활동을 관리하는 비영리 단체 히이파카 LLC(Hi'ipaka LLC)의 자원봉사 관리자 마이클 에레라는 나를 온실 안으로 이끌어 다른 여덟 명의 자원봉사자가 기다리고 있는 장소로 안내한다. 그는 45분 정도 걸릴 하이킹을 시작하기 전에 준비할 것이 있는지 묻는다.

우리가 향할 곳은 히이파카 LLC가 지난 몇 년간 하와이 토착 나무인 코아 나무를 심어온 보호 구역이다. 하이킹은 하와이의 농경과 풍요, 비를 상징하는 신 로노(Lono)에게 바치는 짧은 주문으로 시작한다. 얼마 전 발생한 마우이 산불과 하루 전날 오아후에서 발생한 또 다른 산불을 떠올리면 더욱 마음에 와닿는 순간이다.

우리는 함께 손뼉을 치며 신의 이름을 부르고 그 기운

을 받아들인다. 가이드 가운데 한 명이 말하길, 이렇게 주문을 외우며 하이킹을 시작하는 것은 관례라고 한다. 고대 하와이 사람들은 자신이 계곡에 들어왔다는 걸 알리기 위해서 주문을 외웠다. 일종의 인사였고, 소박한 친절의 표현이었다. 그 말을 들으니 예전에 프랑스에서 한 프랑스인이 내게 미국인은 왜 그렇게 무례하냐고 불평했던 기억이 떠올랐다. 그는 무엇을 요청하기 전에 반드시 '봉쥬르'라고 인사부터 해야 한다고 했었다. 누군가에게 다가가 다짜고짜 부탁부터 하는 게 아니라, 먼저 상대방의 존재를 존중하며 인사를 건네는 게 중요하다는 말이었다.

오늘 함께 자원봉사 하는 사람 중에 개인적으로 아는 사람은 없지만, 어렵지 않게 벌써 '무언가'의 일부가 된 듯한 기분이 든다. 중요한 임무를 수행하러 온 듯한 목적의식이 느껴진다. 아이메아 계곡의 환경보호 전문가인 맥킨지 라티머는 오늘 우리가 하게 될 일이 코아 나무뿐 아니라 계곡 전체에 도움이 될 거라고 말한다. "우리가 하는 일은 계곡의 물줄기가 닿는 모든 것에 영향을 줘요." 그는 덧붙였다. "모든 게 연결된 순환인 거죠." 고대 하와이인들이 코아 나무로 카누나 창, 노를 만들었던 것과 같은 순환이다.

하와이어로 '코아(koa)'는 '용감한, 담대한, 두려움을 모르는'이라는 뜻이다.[2] 적절한 환경만 주어진다면, 코아 나무는 처음 5년 동안 매해 약 1.5미터씩 자랄 수 있고, 고지대에서는 최대 35미터 가까이 자라기도 한다. 하지만 아픈 역사의 결과로 침입종 식물들이 장악하게 된 와이메아 계곡의 숲에서 코아 나무가 온전히 제 모습대로 자라날 확률은 매우 낮다. 이것이 바로 우리가 오늘 이곳에 모인 이유다. 하루 종일 침입종 식물을 뽑고, 베고, 잘라서 새로 자라나는 여린 코아 나무들에게 살아남을 기회를 만들어 주기 위해서다. 이 프로그램은 관광객들이 하와이를 여행하는 동안 자연에 보답할 수 있도록 마련된 '말라마 하와이(Mālama Hawaiʻi) 캠페인의 일부다.

목적지로 가는 길은 비교적 평평한 지형에서 시작한다. 하이킹 좀 해 봤다고 할 수 있기에, 사실 등산보다 더위에 더 겁이 났다. 아마 기온은 거의 섭씨 32도에 가까울 테고, 온몸에 벌써 땀이 범벅이다. 정신을 붙잡고 주변 식물들을 찬찬히 살펴보려 애쓴다. 짙은 녹음에 감탄하며 하와이에는 어쩌면 이렇게 아름다운 식물과 나무가 많을까 생각하던 찰나, 라티머가 입을 열었다. 하이킹을 시작한 지 15분쯤 지났지만, 우리는 아직 단 한 그루의 하와이 토착 식물도 보지 못했다는 것이다. 지금껏 내가 홀린 듯 바라보던 것들은 모두 침입종이었다.

라티머는 와이메아 계곡에서 특히 잘 자라는 식물이 딸기 구아바 나무라고 말한다. 실제로 이 식물은 코아 나무의 미래에 막대한 위협이 되고 있다. 하와이 전역의 연구자들은 하와이 토착 숲을 위협하는 가장 큰 요인은 산불도, 화산 폭발도, 심지어 야생 고양이들(하와이에서는 야생 고양이를 '생태계 파괴종'으로 지정했다—옮긴이)도 아닌, 바로 이 중간 키의 딸기 구아바 나무라고 입을 모았다.

브라질이 원산지인 딸기 구아바는 진한 초록색 잎 사이에 부풀어 오른 선홍빛 체리처럼 생긴 열매가 달려 있다. 그 강렬한 색의 대비는 이 식물의 달콤함과 감춰진 위험을 동시에 드러낸다. 딸기 구아바의 진실을 알게 되고 나니, 비로소 이 식물이 얼마나 성공적으로 널리 퍼져 숲을 장악했는지 실감이 난다. 눈을 돌리는 곳마다 보인다. 라티머가 딸기 구아바 한 그루 앞에 멈춰 선 다음, 열매 하나를 따서 나에게 먹어 보라고 권한다. 어쩐지 시험처럼 느껴진다. 유혹을 앞둔 아담과 이브가 된 기분이다. 만약 이 금단의 열매가 내 입에 딱 맞기라도 하면 어쩌지?

 망설이다가 결국 한입 베어 물었는데, 역시 맛있다. 너무 맛있는 나머지 미국 본토로 돌아가 홀푸드(Whole Foods Market, 미국의 유기농 슈퍼마켓 체인점—옮긴이)에도 있는지 검색해 보고 싶은 마음마저 든다. 달콤함과 톡 쏘는 듯한 새콤함이 완벽하게 어우러진 맛은, 어린 시절 좋아했던 딸기 맛 졸리랜처(미국 사탕 브랜드—옮긴이)의 향수를 불러일으킨다. 이렇게 맛있는 식물을 제초제로 없애야 한다는 사실에 잠시 죄책감이 들기도 했지만, 나만 그런 건 아니다. 라티머도 딸기 구아바 열매를 좋아한다고 고백한다. 확실히 끌리는 맛이기는 하다.

 역사학자들에 따르면 딸기 구아바 나무가 하와이에 처음 들어온 건 1825년이다.[3] 들여온 의도에 아마 악의는 없었겠지만, 이 식물의 존재는 하와이를 '세계에서 가장 멸종위기종이 밀집한 지역'으로 만드는 데 일조했다.[4] 이는 하와이 제도에 지구상 그 어떤 곳보다도 면적당 더 많은 멸종위기종이 서식하고 있다는 의미다. 하와이는 미국 내 멸종 위기이거나 보호 대상인 식물종 44퍼센트의 서식지다. 딸기 구아바의 씨앗은 새, 가축, 야생 멧돼지의 소화 기관을 통해 섬 전역으로 퍼져 번식하기 때문에, 야생동물이 무의식적으로 이 식물의 무자비한 점령에 협력하고 있는 셈이다. 게다가 하와이에서는 사계절 내내 식물이 자랄 수 있는 기후가 이어지므로, 이 역시 딸기 구아바의 성장을 부추기는 환경을 만들어 상황을 악화시키는 요인이 된다.

때때로 '달콤한 침입자'라고 불리는 딸기 구아바는 하와이의 복잡한 토착 생태계 속 토착 식물들의 햇빛을 빼앗아 생태계의 균형을 무너뜨린다. 그 결과 하와이 일부 지역에서는 지하수량이 매일 8천5백만 갤런(약 3억 2천만 리터—옮긴이)씩 감소한 것으로 추정된다. 하와이 토착 식물들은 방어기제가 거의 없는 상태로 진화해 왔기 때문에, 지금처럼 궁지에 몰린 상황에서는 우리 같은 자원봉사자들과 환경보호 전문가의 도움이 절실하다.

하이킹을 시작한 지 절반쯤 지났을 무렵이 되어서야 드디어 하와이 토착 식물 하나를 지나친다. 라티머가 우리를 멈춰 세우고 그 식물을 가리키는 걸 보니, 지금까지 올라오며 마주친 토착 식물이 거의 없었다는 사실이 비로소 실감된다. 아이러니하게도 바로 옆에는 크리스마스 장식으로 흔히 쓰이는 호주산 호랑가시나무의 한 종류인 백량금이 보인다. 하와이에 있을 이유가 전혀 없어 보이는 식물이다.

라티머에게 침입 식물을 제거하고 멸종 위기 동식물을 보호하기 위한 섬 전체 차원의 대응이 있는지 묻자, 그는 주 전체가 함께 실행할 수 있는 통합적인 계획은 아직 없다고 말한다. 대신 다양한 환경보호 단체들이 제각기 할 수 있는 만큼의 일을 하고 있을 뿐이다. 마치 이 문제는 주 정부가 감당하기엔 너무 큰 문제가 되어버린 듯하다.

에레라는 하와이의 상황이 사실 미국 전체가 고심하고 있는 문제이지만, 하와이에서 토착 생물을 보호하고자 애쓰는 환경보호 단체 대부분 여전히 자금 부족에 시달리고 있다고 지적한다. 한마디로 모두가 빠듯한 자원 안에서 각자의 몫을 감당하며 버티고 있다는 뜻이다. 길이 평지에서 가파른 오르막길 구간으로 바뀌는 시점에, 나는 이 문제가 해결되지 않는다면 우리가 잃게 될 것은 무엇이냐고 질문한다. 만약 '세계 멸종위기종의 수도'로 불리는 하와이에서 침입종이 승리하게 된다면, 어떤 일이 벌어질까?

라티머는 "지금 가장 큰 위협은 종 자체의 소멸이 아닐까 싶습니다."라고 답했다. 이어서 토착 식물과 동물이 사라지면 하와이 생태계에 헤아릴 수 없을 만큼 큰 피해가 발생활 수 있으며, 지금도 제대로 기능하지 못하고 있는 이 섬의 생태계가 결국 붕괴할 수 있다고 덧붙였다. 또한 하와이 주민들과 현재 멸종 위기에 처한 많은 식물 사이에는 깊은 정서적 유대가 있다. 많은 이에게 토착 식물 종을 잃는 일은 가족을 잃는 것과 다름없다.

눈에 띄게 메마른 소나무 숲을 지나, 힘겹게 가파른 경사를 오른 끝에 마침내 수백 에이커(약 수십만 제곱미터)에 달하는 코아 나무 서식지에 도착한다. 산마루에 있는 새로운 작업지에서는 어디에 서 있는지에 따라 바다가 모습을 드러내기도 하고 숨기도 한다. 작업을 시작하기 전 잠깐 숨돌릴 시간이 주어진다. 앞서 라티머가 말했듯, 오늘의 임무는 갓 자라난 코아 나무 주변을 정리해 어린나무들을 질식시키려는 음모라도 꾸미는 듯한 딸기 구아바 나무로부터 지켜 내는 것이다. 지금 보니 왜 그래야 하는지 알겠다. 어린 코아 나무들은 아주 어리고 연약하게 보인다.

나무들은 숲을 배회하는 외래종 돼지의 침입을 막기 위해 울타리로 둘러싼 구역에 안전하게 심겨 있다. 그런 모습을 보고 있자니, 히이파카 LLC의 노력이 열매를 맺고 있다는 생각이 든다. 라티머는 보호 구역을 가리키며 이것이야말로 하와이 토착 숲이 본래 갖추고 있어야 할 모습이라고 말한다. 보호 구역은 덜 복잡하고 더 고요하다. 습기가 적고 더 건조하다.

우리는 둘씩 짝을 지어 톱이나 튼튼한 원예 가위를 들고 코아 나무 주변의 침입종 식물을 정리하라는 지시를 받았다. 일단 뿌리까지 잘라 낸 다음 그 위에 제초제를 살짝 떨어뜨려야 한다. 그렇지 않으면 다시 자라날 위험이 있다. 침입종은 그만큼 생명력이 질기다.

라티머는 코아 나무를 비롯한 하와이 토착 식물이 위협에 취약한 것은 가시나 불쾌한 맛 같은 강력한 방어 기제를 갖도록 진화하지 않았기 때문이라고 설명한다. 본토에 있는 식물들에 비해 성장 속도가 느린 것 또한 코아 나무의 본성이다. 하와이에 농산물이 반입될 때는 농산물 검역대에서 의무적으로 검사를 받지만, 그럼에도 침입종 식물들이 하와이 땅, 심지어 이 신성한 보호 구역까지 침투할 수 있는 교묘한 경로는 많다. 예를 들어, 누군가가 본토에서 하이킹하다 신발에 묻혀 온 씨앗 하나가 지금 내가 서 있는 바로 이곳까지 옮겨올 수도 있다.

코아 나무의 복원은 생태계 전체에 이로운 일이며, 그 효과는 실제로 눈에 띄게 나타나고 있다. 자원봉사자들이 침입종 식물을 제거하고 코아 나무를 다시 심기 시작한 이후, 복원에 성공한 지역의 토양은 이전보다 더 비옥하고 철분도 풍부하다. 라티머는 보호 구역의 토양이 확연히 더 붉어졌다고 설명한다.

나는 운 좋게도 라티머와 짝이 됐다. 그는 우리가 처음으로 구해 줄 코아 나무를 가리킨다. 나무는 키가 약 120센티미터쯤 되고, 몸통은 내 엄지와 검지로 한 번에 감쌀 수 있을 정도다. 색은 모래보다 살짝 짙고, 아몬드보다는 약간 연한 빛깔이다. 하지만 뿌리 근처에는 딸기 구아바가 어린 코아 나무를 에워싸듯 움켜쥔 채 거의 숨통이 조일 정도로 감고 있다.

라티머는 마치 뱀처럼 늘어진 침입종의 가느다랗고 구불구불한 가지들을 들어 올린 후 첫 번째 가지를 싹둑 자른다. 가지 하나가 땅으로 떨어지는 순간, 나는 뭔지 모를 작은 안도감을 느낀다. 그가 가위를 건네고, 나는 딸기 구아바의 줄기만 남을 때까지 나뭇가지를 몇 개 더 잘라낸다. 흩어진 별자리, 또는 송이만 잘린 꽃다발처럼 보이는 딸기 구아바 줄기들 위로 초록색 제초제를 뿌리면 우리의 임무는 끝이다. 다음 코아 나무 차례다. 라티머가 딸기 구아바 잎가지를 한 움큼 쥐어 들면, 나는 뿌리만 남기고 잘라 낸다. 다시 한번 제초제가 투입된다.

그에게 일주일에도 몇 번씩 관광객들을 포함한 새로운 자원봉사자들에게 작업 방법을 설명하는 일이 어렵지 않냐고 묻자, 그는 어렵기는 해도 가치 있는 일이라고 대답한다. 비록 가장 효율적인 전략은 아닐지 몰라도, 하와이섬의 침입종 식물 문제를 관광객에게 교육하는 일이 침입 식물을 근절하는 것 못지않게, 어쩌면 더 중요하다고 말한다. 이곳에서 교육을 받은 사람들이 각자 집으로 돌아가서도 생활 습관을 바꾸게 하는 것이 이 프로그램의 목표다.

"토착 식물을 심는 것처럼 단순한 행동도 우리가 혼자서 할 수 있는 어떤 일보다 더 큰 영향을 줄 수 있어요. 파급 효과가 일어나는 거죠." 참여자가 많을수록 그 효과는 더욱 커진다. 그는 비영리 단체인 히이파카에는 상근 인력이 많지 않다는 점을 언급하며 말을 이었다. "그래서 이건 두 가지 효과를 동시에 얻을 수 있는 일이기도 해요."

라티머가 처음부터 환경보호 활동가가 되어 딸기 구아바 나무를 제거하며 하루하루를 보내겠다는 목표로 커리어를 시작한 건 아니다. 그는 한때 캐나다에서 광산업에 종사했지만, 어느 순간 환경을 지키는 일에 이바지하고 싶다는 깨달음을 얻었다. 여러 세대에 걸쳐 벌목업과 산림업에 종사한 집안에서 태어난 그는, 지금 자신이 하는 일이 가족의 유산을 다른 방식으로 이어가는 일이라고 말한다. 그가 택한 방식은 나무를 베는 대신 숲을 지켜 내는 것이다.

세 번째 코아 나무를 구한 뒤, 점심시간이 되었다. 우리 여덟 명은 다 함께 외래종 나무 아래에 모여 하와이와 기후변화를 주제로 자유롭게 이야기를 나눴다. 한 자원봉사자는 산불뿐만 아니라 앞으로 닥칠 홍수도 걱정된다고 말했다. 다른 사람은 오아후가 태양계에서 가장 큰 산사태를 겪었다고 말했다. 나중에 찾아보니 누우아누 산사태는 오아후섬 북동쪽 해안에서 일어났으며, 정말 지구상에서 가장 규모가 큰 산사태 중 하나가 맞았다. 또 다른 자원봉사자가 하늘을 날아가는 새 한 마리를 가리키자, 누군가가 그 새는 영적인 의미를 지녔다고 말을 보탰다.

나는 새로 알게 된 것들을 곱씹으며, 지금 이 자리에서 이 특별한 사람들과 함께하지 않았다면 결코 얻지 못했을 배움일 거라고 생각한다. 여기에 있는 사람은 모두 무언가를 나눠 줄 수 있는 존재다. 처음 만난 사람들끼리 금세 친구처럼 가벼운 대화를 나누는 순간에서는 무척 인간적인 무언가가 느껴진다. 길거리나 식당에서 처음 보는 사람과 대화할 때와는 또 다른 경험이다. 그런 상황에서는 지금과 다른 정도의 용기를 내서 나를 드러내야 하기 때문이다.

함께 모여 자원봉사를 하며 우리는 이미 어린 코아 나무를 구해야 한다는 공통된 과제로 연결되어 있다. 서로를 잘 알지 못해도 되고 또는 누군가의 시간을 방해하고 있다는 느낌을 받지 않아도 된다. 우리는 같은 목적을 품고 이 자리에 모였다.

처음에 우리가 서로에게 마음을 더 쉽게 열고 이야기를 나눌 수 있게 해 준 것 또한 바로 그 공통의 목적이다. 누군가는 준비해 온 간식을 함께 나누기도 한다. 나와 얘기하고 있는 사람들이 모두 나이도 출신도 다르다는 사실이 새삼스럽게 다가온다. 물론 여기에 있는 누구든 혼자, 또는 친구나 가족과 함께 와이메아 계곡에 하이킹하러 올 수도 있었겠지만, 아마 그랬다면 서로 길 위에서 손이나 한번 흔들고 지나쳤을 것이다. 그렇게 스쳐 지나갔을 수도 있었을 사람들과 지금의 경험을 함께 나눈다는 것 자체가 우리의 관계를 특별하게 만들어 준다.

점심 식사 후 잠시 자리에 남아 에레라와 이야기를 나눴다. 그에게 우리가 한 일이 어떤 영향을 미칠지 물었다. 관광객들이 자원봉사를 하는 게 정말 도움이 될까? 충분한 사전 교육이 어려운 데다, 이런 작업에 익숙하지 않은 사람들과 함께 일해야 하는 상황에서? 자원봉사 관리자로서 그는 오늘 같은 상황에 함께 자원봉사를 하는 것이야말로 강한 공동체를 만드는 길이라고 했다. 전 세계 사람들이 서로 더 깊이 연결되는 방법이기도 하다고 덧붙였다.

"사람들을 더 많이 만날수록 결국 모두가 서로 다르지 않다는 걸 알게 됩니다. 다양한 배경을 가진 사람들과 시간을 보내고 이야기를 나누다 보면 다양성을 수용하는 능력이 더 좋아집니다." 에레라는 또, 평소 같으면 서로 마주칠 일이 없었을 사람들 사이에도 관계가 생긴다고 말했다. "지금 우리가 하는 일은 거대한 뿌리 체계와도 같아요. 더 많은 연결과 변화의 가지가 자라서 뻗어나갈 수 있게 해주는 뿌리인 거죠." 그러고는 나무에 비유한 표현이 좀 진부하긴 하지만, 이해해 달라고 덧붙였다.

수치적인 측면에서도 자원봉사자들은 와이메아 계곡의

환경보호 활동에 큰 기여를 할 수 있다. 관리해야 할 구역은 약 7.3제곱킬로미터(약 220만8천 평―옮긴이)에 달하며, 돌봐야 할 정원도 50개가 넘는다. 다시 말해, 무자비하게 퍼져나가는 딸기 구아바에 맞서 싸우려면, 가능한 한 모든 도움의 손길이 절실하다는 뜻이다. 게다가 비영리 단체인 이곳은 상근 인력도 많지 않다.

여기에 기후 위기라는 변수까지 더해진다. 하와이의 기온은 점차 상승하고 강우량은 줄고 있지만, 많은 토착 식물은 변화하는 생태계에 적응하기 어려운 조건을 지녔다. 특히 변화에 더 유연하게 적응하는 침입종 식물과 경쟁해야 할 때는 더 불리하다. 실제로 기온 상승과 잦아진 가뭄으로 인해 할레아칼라 은검초 같은 하와이 토착 식물들의 개체 수는 이미 급격히 감소하고 있다. 이러한 상황에서 우리가 하는 자원봉사 활동은 토착 코아 나무들이 지속적인 위협에 맞서 회복력을 키워 나갈 수 있도록 돕는 일이다.

사람들은 종종 기후 변화를 너무 거창하고, 너무 추상적이며, 개인의 노력으로는 해결할 수 없는 미래의 위기라고 여긴다. 이에 관해 에레라는 이렇게 말했다. "버겁게 다가오죠. 실제로도 그렇습니다. 하지만 지금 우리가 닥친 상황도 개인의 행동들이 쌓여 만들어 낸 결과입니다. 그렇다면 왜 개인의 힘으로 기후 변화가 초래한 문제들을 되돌리고 복구하고 완화하는 건 안 된다는 걸까요?"

개인의 행동은 변화를 불러올 수 있다. 그와 동시에, 개인이 함께 협력하면 훨씬 더 큰 변화를 일으킬 수 있다. 에레라는 집단행동이 가진 힘이 매우 강력하다고 강조한다. "지금 이 자리에 있는 사람은 많지 않지만, 그래도 오늘처럼 함께 코아 나무 주변에 둥그런 공간을 하나하나 마련해 줄 때마다 그 나무가 살아남을 가능성은 높아집니다. 이런 일을 해 주는 사람이 많아질수록, 살아남는 나무도 더 많아지겠죠."

에레라는 자원봉사 관리자로 일하면서 사람들이 시간보다는 돈을 더 기부할 의향이 있다고 하는 말을 자주 듣는다. 현대 사회에서 자유 시간은 한정적이고 드문 것이기 때문이다. 그렇지만 그는 사람들이 자신의 시간을 내어 줄 때, 돈을 기부하는 것보다 더 많은 것을 얻어 가는 모습을 거듭 목격하고는 한다. 자원봉사에서 얻는 보람은 가장 좋아하는 여가 활동을 하며 얻는 만족감보다 더 큰 경우가 많다.

또 다른 질문을 꺼내려던 찰나, 라티머가 우리를 확인하러 다가온다. "괜찮은지 확인하러 왔어요." 그는 이렇게 말하며 자신이 늘 '경계 모드'를 켜 놓고 있다고 털어놓는다. 확실히 이곳은 길을 잃기 쉽다. 수많은 절벽과 낭떠러지 때문에 누구든 쉽게 미끄러져 다칠 수 있다. 그 순간, 나는 이것이 단체 자원봉사의 또 다른 장점이라는 생각이 든다.

등산객이 휴가 중에 산을 올랐다가 실종되었다는 끔찍한 이야기는 심심치 않게 들을 수 있다. 그러나 그와 달리 와이메아 계곡에서 코아 나무를 살리는 활동은 서로에게 이로운 일처럼 느껴진다. 나는 숲을 지키는 데 손을 보태고, 새로운 사람들과 어울리며, 무엇보다 이 안에서 자연스럽게 형성된 공동체의 보살핌까지 받는다.

라티머를 따라 보호 구역으로 돌아가 코아 나무 몇 그루를 더 살리기 위한 작업에 다시 돌입한다. 자르고, 톱질하고, 제초제를 붓는다. 오후가 되자, 라티머와 나는 마치 오랜 친구처럼 편하게 이야기를 주고받으며 일의 흐름에 몸을 맡긴다. 우리가 다시 만날 일은 없겠지만, 오늘 함께 시간을 보내며 알게 된 많은 것은 오래도록 기억에 남을 것이다. 그와 내 딸의 생일이 같다는 사실도 그중 하나다.

하루를 마무리하는 시간, 오늘 내가 미처 알아갈 기회도 없었던 또 다른 환경보호 활동가가 모든 자원봉사자에게 고마움을 전한다. 그는 오늘 우리가 이 땅을 보존하는 데 정말 큰 도움이 되었다고 힘주어 말한다. 오늘 우리는 약 열두 그루의 코아 나무를 구했다. 말라마 하와이의 일원으로서, 우리는 우리의 몫을 다했다.

내 감정을 되돌아보던 중, 내가 흔히 '헬퍼스 하이(helper's high)'라고 불리는 상태를 경험하고 있다는 걸 깨닫는다. 이 용어는 1980년대 후반 앨런 룩스(Allan Luks)가 처음 사용한 것으로, 타인을 도운 뒤에 느끼는 강렬하고 긍정적인 감정을 뜻한다.[5] 룩스의 연구에 따르면, 정기적으로 누군가를 돕는 사람은 그렇지 않은 사람보다 건강할 확률이 열 배나 더 높다. 자원봉사 활동을 하면 운동할 때처럼 엔도르핀이 분비되어 신체의 스트레스를 줄이기 때문이다.[6]

자원봉사를 꾸준히 하는 사람이 그렇지 않은 사람보다 더 건강하다는 사실을 밝혀낸 연구자는 룩스만이 아니다. 최근에는 정기적으로 자원봉사에 참여하는 사람이 그렇지 않은 사람보다 신체적·정신적으로 더 건강하다는 연구 결과뿐 아니라, 그중에서도 특히 단체 자원봉사가 노년기에 질병이나 건강 악화에 대처하는 회복력을 높이는 데 도움이 된다는 과학적 연구 결과도 주목받고 있다. 예를 들어, 일부 과학자들은 자원봉사 활동이 노년층의 알츠하이머병 예방을 위한 사회적 개입 방법이 될 수 있다고 본다.

실제로 2023년 알츠하이머협회 국제 학술대회에 발표된 한 연구에서, 캘리포니아대학 데이비스의 역학 박사과정생 이 로(Yi Lor)는 노년층 2,476명을 대상으로 자원봉사 습관을 조사했다.[7] 응답자의 43퍼센트가 지난 1년간 자원봉사에 참여한 경험이 있다고 답했다.

로는 자원봉사를 한 사람들이 뇌의 집행 기능(executive function)과 삽화적 언어 기억(verbal episodic memory)을 측정하는 검사에서 더 높은 점수를 기록했다고 밝혔다. 연구진이 나이, 성별, 교육 수준, 소득 수준, 연습효과, 인터뷰 방식 등을 조정한 뒤에도 결과는 변함이 없었다. 자원봉사의 빈도를 살펴본 결과, 일주일에 여러 번 자원봉사에 참여한 사람들의 집행 기능 점수가 가장 높았다. 로는 자원봉사가 사람의 뇌를 활성화된 상태로 유지해 준다는 사실을 발견했다. 또한 사회적 관계를 넓히고 스트레스를 완화하는 데에도 도움이 된다.

또 다른 연구에서, 브리티시컬럼비아대학의 심리학 조

교수 에릭 김(Eric Kim)은 50세 이상 성인 7천여 명의 표본을 검토했다.[8] 그는 자원봉사 경험이 있는 사람들이 그렇지 않은 사람들보다 병원을 방문한 횟수가 38퍼센트 더 적었다는 사실을 발견했다. 그뿐만 아니라, 이들은 자원봉사를 하지 않는 사람들보다 예방적 건강 관리를 더 많이 실천하는 경향을 보였다.

내가 2017년에 이 연구와 관련해 에릭을 처음 인터뷰했을 때, 그는 자원봉사가 건강하고 오래 사는 삶의 열쇠라고 단정 짓기에는 다소 조심스럽다는 태도를 보였다. '닭이 먼저냐 달걀이 먼저냐' 같은 상황일까 봐 우려되었기 때문이다. 당시 에릭은 원래 건강한 사람이 자원봉사에 끌리는 건지, 아니면 자원봉사가 사람을 더 건강하게 만들어 주는 건지 확신할 수 없다고 했다.

그로부터 5년 후, 나는 그에게 여전히 같은 생각인지 물었다. 그는 그렇지 않다고 답했다. "그때 이후로 저희도, 다른 연구진들도 더 많은 연구를 진행했고 무작위 대조군 연구에서도 자원봉사가 건강 행태나 건강 결과에 이로운 영향을 주는 것으로 확인되었습니다." 그는 이렇게 말하며, 우리 사회가 자원봉사 기회를 마련하는 데 우선순위를 두어야 한다고 덧붙였다.

누구나 모두 실제 나이보다 젊어 보이는 노인을 만나 본 적이 있을 것이다. 겉모습이 더 어려 보이거나 또래보다 훨씬 더 활동적인 사람일 수도 있다. 노화는 보통 생년월일을 기준으로 살아온 연수를 세는 역연령(chronological age)으로 정의된다. 하지만 사람에게는 후성유전학적 시계(epigenetic clock)도 존재한다. 이는 세포, 조직, 기관계의 생화학적 정보를 바탕으로 산출되는 생체표지자(biomarker)에 기반한 나이다.

이 모든 개념은 후성유전학(epigenetics)이라 불리는 새로운 과학 분야에서 연구되고 있으며, 일부 후성유전학 연구자들은 노화를 되돌릴 방법을 찾고자 노력하고 있다. 에릭을 포함한 여러 과학자는 노년기의 자원봉사가 그 방법 중 하나가 될 수 있다고 믿는다. 실제로 에릭의 한 연구에서 자원봉사가 13개의 후성유전학적 시계 가운데 6개에서 후성유전학적 노화 가속도(epigenetic age acceleration)를 낮추는 것과 관련이 있는 것으로 나타났다.

"많은 연구실에서 몇 번이고 반복해서 확인한 사실 가운데 하나는, 자원봉사 활동이 사망률 감소와 연관되어 있다는 점입니다." 에릭에게 자원봉사가 개인의 건강과 사회 전체의 회복탄력성을 높이는 보건 개입으로 활용되어야 한다고 생각하는지 묻자, 그는 전적으로 그렇다고 답했다. 이어 에릭은 정부 차원에서 자원봉사 활동을 위한 재정 지원 프로그램을 더 많이 마련해야 한다고 주장했다. 지원 방식은 자원봉사 장소까지 이동할 수 있도록 돕는 교통 지원처럼 단순한 형태일 수도 있다. 이러한 금전적 지원은 사람들에게 자원봉사에 참여할 동기를 부여하고, 참여 장벽을 낮추는 데 효과적일 수 있다.

캘리포니아로 돌아온 뒤, 나는 여행처럼 철저히 자기중심적인 활동 속에서 어떻게 자원봉사 경험이 가장 잊히지 않는 순간으로 남을 수 있는지 곱씹게 되었다. 과학은 자연에서 하이킹하며 하루를 보내는 일이 분명 건강에 좋다고 말한다. 하지만 앞서 말했듯 그동안 제법 많은 하이킹을 해 봤지만, 와이메아 계곡에서의 하루는 전혀 다른 경험이었다. 그날 느낀 효과는 과학이 설명하는 건강상의 이점보다 훨씬 더 크고 강하게 다가왔고, 그 여운이 오래도록 지속될 거라는 확신이 든다. 이 경험은 앞으로 오래도록 내 기억에 남을 것이다.

이처럼 친절한 행동은 우리의 건강과 안녕에 이롭다. 사회 전체의 회복탄력성을 키울 수 있는 잠재력을 지니고 있으며, 외로움에서 벗어나 연결감을 느끼게 해 주는 다리가 되어 준다. 위기 상황 속에서 마주한 친절은 우리의 신경계를 안정시키고, 다시금 안전하다고 느낄 수 있도록 도와준다. 그러나 개인과 사회의 건강을 모두 아우르는 진정한 회복탄력성을 기르는 데 필요한 것은 단지 체계적인 돌봄을 구축하고 친절을 습관화하는 것만이 아니다. 사람들이 함께 모여 자원봉사에 일상적으로 참여할 수 있도록, 지금보다 더 봉사활동에 쉽게 접근할 수 있는 기회를 만드는 일 또한 반드시 포함되어야 한다.

말라마 하와이 프로그램이 우리에게 전하는 가장 중요한 교훈은, '말라마 마인드셋'을 갖는 것이 그 자체로 가치 있다는 깨달음이다. 다시 말해, 사람들이 문화적 전환을 받아들이는 일이다. 단체 자원봉사를 하나의 문화적 관습으로 정착시키는 것도 그런 변화의 일부다. 하지만 자원봉사가 1년에 한두 번 하는 일회성 활동에 그치지 않게 하려면 어떻게 해야 할까? 자원봉사를 장려하고 지원하면서, 그것이 지속되게 하려면 정부는 무엇을 할 수 있을까?

8

우리는 서로 협력하도록 진화했다

조사에 따르면 미국인의 90퍼센트는 자신의 시간을 들여 자원봉사를 하고 싶어 한다. 즉, 보수를 받지 않고 지역사회를 더 나은 방향으로 이끄는 데 시간을 쓰고 싶어 하는 사람이 대다수라는 뜻이다. 하지만 실제로 자원봉사를 하는 사람은 네 명 중 한 명뿐이다.[1] 그 이유를 물으면 사람들은 보통 시간이 부족하다고 말한다. 자원봉사 일정이 유연하지 않거나, 관련 정보가 부족하거나, 자원봉사를 해 보라는 권유를 한 번도 받아 본 적 없다는 대답도 많다.

오늘날의 자원봉사는 자산과 특권이 있는 사람만이 참여할 수 있는 활동이다. 또는 경제적으로 여유로워 보수를 받지 않고 남을 도울 수 있는 사람들에게는 자원봉사가 종종 이력서를 채우기 위한 수단으로 여겨지기도 한다. 자원봉사라는 개념은 그 자체가 자본주의적 시각에서 비롯되었다. 자원봉사란 사람들이 자신의 시간을 내어 다른 사람을 도우면서도 그에 따른 금전적 보상을 받지 않는다는 것을 의미한다.

물론 건강에 도움이 될 수는 있지만, 금전적 이익으로는 이어지지 않기에 현대 사회에서 자원봉사는 상대적으로 접근성이 낮은 일로 인식된다. 그러나 자원봉사는 본질적으로 주고받는 상호적 행위다. 따라서 자원봉사를 언제든 더 '생산적인' 활동으로 대체할 수 있는 일처럼 간주하는 것은 그 의미를 깎아내리는 일이다.

역사적으로도 체계적인 변화를 이끌어 온 주체는 자원봉사자들이었다. 'volunteer(자원하다, 자원봉사 하다)'라는 단어는 프랑스 단어 'volontaire(자발적인, 자유의사에 따른)'에서 유래했으며, 이는 프랑스에서 1600년대에 자발적으로 군에 입대한 사람을 가리키는 말로 쓰였다.[2] 미국 독립전쟁 당시 미국 시민들은 영국산 수입품을 대상으로 자발적인 불매운동에 참여했고, 자원한 의용군들로 이루어진 '긴급 소집병(minutemen)'도 있었다. YMCA, 미국 적십자사, 유나이티드 웨이(United Way) 같은 주요 단체들 역시 자원봉사 기반의 운동으로 출발했다. 1736년, 벤저민 프랭클린(Benjamin Franklin)은 미국 최초의 자원봉사 소방서를 설립했으며, 그 신념은 지금까지도 이어지고 있다.

최근에는 점점 더 많은 과학자와 공중 보건 전문가 들이 자원봉사가 하나의 보건 개입 수단으로 활용되어야 하며, 또 실제로 그렇게 될 수 있다는 주장을 내놓고 있다. 《나 홀로 볼링》의 저자인 퍼트넘은 시민 참여가 감소하게 된 여러 이유를 추측한 바 있는데, 그와 똑같은 요인들이 자원봉사 활동의 진입 장벽을 높이는 데에도 영향을 미치고 있는 듯하다. 그렇다면 정부가 자원봉사를 장려할 수 있는 더 새롭고 더 접근성 높은 방법은 없을까? 앞서 살펴본 사회적 처방 운동처럼, 미국에서는 이제 그 가능성이 열리기 시작한 단계다.

일부 의사들은 자원봉사 처방에 긍정적인 반응을 보이기도 한다. 그러나 정부 차원에서는 자원봉사 참여 확대를 돕기 위해 실질적으로 무엇을 할 수 있을까? 자원봉사 시간을 확보할 수 있도록 유급 휴가를 보장하고, 유급 자원봉사를 허용하는 고용주에 대한 제도적 지원을 제공하며, 생계 보장과 복지를 확대하는 것과 같은 다소 뻔한 정책들 외에, 정부는 또 무엇을 할 수 있을까?

2008년, 조시 프라이데이(Josh Fryday)는 미국 해군에 입대했다. 테러와의 전쟁(War on Terrorism)이 오랜 시간 동안 계속되는 모습을 지켜본 미국 시민으로서, 그는 많은 미국인이 이 전쟁을 자신들과는 무관한 일처럼 여기고 있다는 생각에 마음이 늘 불편했다. 군 복무 경험은 그의 인생과 앞으로의 진로에 결정적인 전환점이 되었다. 그는 입대와 동시에 부여받은 뚜렷한 목적의식을 가지고 서로 다른 배경과 관점을 지닌 사람들과 함께 부대끼며 일해야 했던 공무 경험이 얼마나 값진 것인지 깨달았다. 프라이데이는 자신의 경험이 급격하게 심화하고 있는 정치 양극화 현상을 해소할 하나의 해결책이 될 수 있다고 생각했다.

해군 복무를 마친 그는 기후변화에 대응하는 전국적인 단체를 설립했고, 이후 샌프란시스코 베이 지역에 있는 도시 노바토에서 시장직에 올랐다. 그곳에서 프라이데이는 캘리포니아 도미니칸대학과 함께 '시민권 재구성(Reimagining Citizenship)'이라는 프로그램을 시작했다. 이는 학부생들이 노바토시(市)에 봉사하며 도미니칸대학에서 학위를 취득할 수 있도록 설계된 프로그램이다.[3] 노바토시는 학생들에게 두 해 여름 동안 수행할 근무에 대한 급여 1만 달러(약 1,300만 원—옮긴이)를 지급했고, 도미니칸대학은 최대 10만 달러(약 1억 3천만 원—옮긴이)까지 장학금을 지원했다.

프라이데이는 인터뷰를 통해 "시민권 재구성 프로그램은 우리가 하나의 도시이자 공동체로서 봉사의 가치를 어떻게 존중하는지 보여 주기 위한 첫 시도였습니다. 동시에 젊은 세대에게 이런 메시지를 전하고 싶었어요. '봉사할 마음이 있다면, 우리가 여러분의 커리어에 힘을 실어 주겠다'라는 메시지였죠."라고 말했다. 그는 이 프로그램이 제대군인 원호법(GI Bill, 전역 군인을 위한 교육·의료 보험·주택 등을 지원하는 법안—옮긴이)과 매우 비슷하다고 설명했다. 다만 현대적인 요소를 너해 지역 사회 봉사에 초점을 맞췄다는 점이 달랐다. 봉사 활동은 초등학생의 숙제를 도와주는 일부터 성인의 직업 관련 자격증 취득을 돕는 일, 공원이나 여가 시설에서 자원봉사를 하는 일까지 다양했다.

2019년, 캘리포니아 주지사 개빈 뉴섬(Gavin Newsom)은 취임과 함께 프라이데이를 서비스국 국장으로 임명했다.

그때부터 프라이데이는 캘리포니아 주민들이 자원봉사에 더 쉽게 참여할 수 있도록 돕는 임무를 맡게 되었다. "사람들이 봉사하고, 서로를 돕고 돌보는 게 당연하게 여겨지는 문화를 만들려면 어떻게 해야 할까요? 또, 그런 기회를 제공하는 제도를 만들려면요?" 그러면서 그는 지금의 문화가 자원봉사를 꽤 어려운 일로 만든다고 지적했다. "우리 사회와 정부가 자기 자신만을 돌보고 돈을 버는 일에만 가치를 부여하는 문화를 조장해 온 탓입니다."

그렇다면 새로운 문화를 만드는 방법은 무엇일까? 프라이데이는 서비스 국장 취임 이래 '시민의 사회적 기반 구축'이라는 목표에 몰두하며 캘리포니아 봉사단 활동의 일환으로 다양한 프로그램을 운영해 왔다. 예를 들어 '대학생 봉사단(College Corps)'은 앞서 소개한 시민권 재구성 프로그램을 느슨하게 모델로 삼았다. 이 프로그램에서는 매해 캘리포니아 전역의 대학생 약 1만 명이 K-12 교육(유치원부터 고등학교까지의 북미 교육 과정—옮긴이), 기후 행동, 식량 불안정이라는 세 가지 우선 과제에 매진하고 있는 지역 사회 기반 단체에서 자원봉사 할 기회를 얻는다. 각 참여자는 1만 달러(약 1,300만 원—옮긴이)의 보조금을 받는다.

학생이 의미나 목적을 느끼지 못하는 일 대신에 지역 사회에 기여하고 그 대가로 교육 자금을 지원받을 수 있도록 하는 취지이다. 프라이데이와 그의 팀은 이 프로그램이 우리 사회의 주요 위기 중 하나인 학자금 대출 문제 해결에도 도움이 되기를 기대하고 있다.

또 다른 프로그램은 '청소년 일자리 봉사단(Youth Jobs Corps)'이다. 전통적인 진로 개발 정보에 접근하기 어려운 16세에서 30세 사이의 청년들에게 일자리를 제공하는 프로그램이다. 여기에는 저소득층, 위탁가정에서 자립을 준비하는 청년들, 또는 단순히 취업에 어려움을 겪고 있는 이들도 포함된다. 참여자들은 이미 지역 사회에서 활발히 활동 중인 단체들과 함께 의미 있는 활동에 참여하고, 주 정부에서 제공하는 최저 임금 이상의 급여를 받는다.

그다음은 미국 최초의 기후 대응 봉사단 프로그램인 '캘리포니아 기후 행동단(California Climate Action Corps)'이다. 이 프로그램의 참여자들은 7개월 반 동안 봉사하며, 그 기간에 걸쳐 총 2만 3,294달러(약 3,030만 원—옮긴이)의 생활비 지원금을 균등하게 나눠 받는다. 이들은 1,200시간 이상 근무하면서 지역 사회의 기후 행동 참여를 확대하는 데 중점을 두고 활동하고, 기후 관련 자격증 취득 기회 같은 전문성 개발 기회도 제공받는다. 또한 자격을 충족할 경우, 보충 영양 지원 프로그램(Supplemental Nutrition Assistance Program, SNAP)을 통한 식량 지원과 건강보험, 학자금 대출 상환 유예, 자녀 양육 보조금 등의 추가 지원도 받을 수 있다.

  이 프로그램의 목표는 기후 행동을 실천하고 있는 지역 주민들을 돕는 것이다. 눈이 일찍 녹는 현상부터 수개월 동안 이어지는 가뭄과 증가하는 산불의 빈도와 심각성까지, 캘리포니아는 기후변화의 영향을 가장 직접적으로 체감할 수 있는 지역 가운데 하나다. 프라이데이는 캘리포니아 주민들이 이러한 변화에 맞서 회복탄력성을 기르는 운동에 동참하고 싶어 한다고 말한다. 지금 그는 그 바람을 실현하게 해 줄 기반을 구축하고 있다.

  프라이데이와 나는 따뜻한 어느 봄날, 캘리포니아 발레이호에서 만났다. 그는 캘리포니아 기후 행동 코어 프로그램을 조명하는 행사에서 조 바이든(Joe Biden) 대통령을 만나기 위해 새크라멘토에서 온 참이었다. 바이든은 이후 이 프로그램을 국가 단위로 확대 시행하겠다고 발표했다.

  이처럼 기후변화에 맞서 행동하고자 하는 사람들의 열망

은 캘리포니아의 여러 프로그램에 쏠린 높은 관심에서 확인할 수 있다. 2022년, 기후 행동단에는 모집 인원의 다섯 배에 달하는 지원자가 몰렸고, 대학생 봉사단 역시 정원의 세 배가 넘는 지원자가 있었다. 프라이데이는 캘리포니아 주민들이 '절실하게' 지역 사회와 연결되기를 원한다고 강조했다. 이들은 직접 행동하고 싶어 하고, 변화의 일부가 되고 싶어 한다. "지금 우리에게 주어진 과제는 그들이 참여할 기회를 얼마나 충분히 만들어 줄 수 있느냐입니다."

그렇다면 캘리포니아 주민들이 자원봉사에 참여하는 데 어떤 장벽이 있는지 묻자, 그는 그 장벽이 캘리포니아만의 문제는 아니라고 답했다. 우선 가장 큰 문제는 손쉽게 자원봉사 활동에 연결될 수 있도록 도와주는 체계가 부족하다는 점인데, 이는 캘리포니아 봉사단이 해결하고자 하는 과제이기도 하다. 또 다른 장벽은 바로 문화다. 그는 캘리포니아 역시 미국의 다른 주들과 마찬가지로 외로움이 만연하다고 말하며, 이는 우리 문화가 서로 연결되기보다 단절되도록 부추기기 때문이라고 지적했다.

프라이데이와 그의 팀이 추진 중인 또 다른 프로그램은 '이웃에서 이웃으로(neighbor to neighbor)'라는 프로젝트로, 사람들이 자신이 속한 이웃 공동체와 연결될 수 있도록 이어주는 것을 목표로 한다. 핵심은 주민들이 지역 사회에 기여하면서 서로 연결되는 '공유된 경험(shared experience)'을 통해 사회적 유대를 강화하고, 앞으로 닥칠 재난에 공동체가 더 잘 대비할 수 있게 하는 것이다. 그는 프로그램의 의도를 이렇게 설명했다. "현실은 이렇습니다. 우리가 코로나19 사태에서 깨달은 사실이기도 하죠. 바로 재난이 닥쳤을 때 정부의 손길이 모든 곳에 다 닿을 수는 없다는 겁니다."

구성원들이 서로 단단히 연결된 공동체라면, 또 다른 팬데믹이나 산불 같은 미래 재난이 발생했을 때 이미 서로 힘을 모아 도움을 주고받을 수 있는 기반이 갖춰져 있을 것이다. 그 기반을 다지는 일은 이웃 간 이메일 주소 목록을 공유하는 것처럼 아주 단순한 일일 수도 있고, 기금을 모아 공동체 텃밭을 만들거나 이웃끼리 만나는 행사를 주최하는 것일 수도 있다.

또 다른 기대 효과는 주민들의 건강 개선이다. 프라이데이는 외로움 팬데믹이 오늘날 현대인의 건강을 악화시키는 주요 원인 가운데 하나라고 지적했다. "우리가 하려는 일은 사람들이 화면 밖에서 서로 진정성 있게 연결될 수 있는, 그런 의미 있는 기회를 만드는 것입니다."

프라이데이와 이야기를 나누는 동안 나는 자원봉사자들이 더 건강하고 더 길게 산다는 에릭의 연구를 떠올렸다. 에릭에게 자원봉사가 장수에 도움이 되는 이유가 무엇이냐고 묻자, 그는 은퇴자 수백 명과의 인터뷰에서 자원봉사가 사람들에게 목적의식과 삶의 의미를 심어 준다는 사실을 밝혀냈다고 말했다. 사회에 기여하고 있다는 감각은 건강하게 나이 드는 데에 대단히 중요한 요소다. 하지만 자원봉사를 굳이 은퇴 이후로 미룰 필요가 있을까? 아직 일하고 있는 사람들은 자원봉사를 바라보는 방식과 동기를 바꾸는 게 중요하다.

주거는 우리의 기본권이고, 식량도 기본권이다. 프라이데이는 공동체 역시 마땅히 그렇게 돼야 한다고 주장했다. "공동체는 의미 있는 삶을 살기 위한 핵심 요소입니다. 행복의 필수 조건이기도 하죠." 인간은 공동체 속에서 함께 살아가고 서로 협력하도록 진화했다. 공동체 생활은 인간이 지금까지 생존할 수 있었던 이유이자 앞으로도 하나의 종으로 생존하기 위해 꼭 필요한 조건이다. 그는 이런 말을 더했다. "하루 종일 스마트폰만 들여다보고 있거나 이웃의 이름조차 모른다면, 누구와도 협력하고 있지 않다는 뜻입니다. 그건 반인간적인 거예요."

프라이데이가 지금까지 기울인 노력은 캘리포니아에 변화를 불러왔다. 인터뷰 이후 나는 캘리포니아 서비스국에 각 프로그램의 통계자료를 요청했다. 캘리포니아 기후 행동 코어 덕분에 지금까지 나무 1만 1,068그루가 새로 심어졌고, 19만 1,262그루가 관리되었으며, 2만 946그루가 기증되었다. 프라이데이 측은 2023년 한 해 동안 총 2만 8,884명의 자원봉사자가 10만 3,627시간에 걸쳐 기후 행동에 참여했고, 회수된 식량 약 2,359톤이 도움이 필요한 이들에게 전달됐다고 추정한다.

어떤 면에서 보면, 이러한 프로그램은 프랭클린 D. 루스벨트(Franklin D. Roosevelt) 대통령이 1930년대에 만든 '시민 자원 보존단(Civilian Conservation Corps, CCC)'을 닮은, 일종의 루스벨트식 시도로 보인다. 당시 수백만 명의 젊은 남성이 6개월에서 18개월간 이른바 '나무 군대(Tree Army)'에서 복무했다. 그들은 국립 공원의 복원과 경제 회복에 힘을 보태는 동시에 급여를 받아 자신과 가족의 생계를 꾸렸다. 루스벨트의 뉴딜(New Deal) 정책은 종종 지나치게 이상화되곤

하지만, 인종 분리 정책과 남성만 참여할 수 있었던 점 등 명백한 결점도 분명 존재했다.[4] 어쩌면 캘리포니아는 오늘날 모든 사람에게 열려 있는 방식으로 CCC의 정신을 진정 새롭게 재구성해 낼 수 있을지도 모른다.

◇◇◇

화요일 오후, 캘리포니아 봉사단의 차세대 회원들이 프레즈노 시청에 모였다.[5] 이날 시청에서의 행사는 캘리포니아 전역에서 동시에 열린 여러 행사의 일부로, 신입 단원들을 위한 첫 번째 주(州) 전체 공식 서약식이었다. 현장에 참석한 많은 사람과 주 전역에서 실시간 중계로 참여한 이들은 캘리포니아 봉사단 프로그램에 참여할 '펠로우(fellow, 동료, 함께하는 사람, 친구 등을 뜻한다—옮긴이)'가 되기 위한 서약을 앞두고 있었다.

그에 앞서 이전 펠로우들의 이야기를 들을 수 있는 뜻깊은 시간을 가졌다. 그중 한 명은 아메리코어 캘리포니아 지부(AmeriCorps California) 소속의 크리스털 나바로였다. 나바로는 마이크를 들고 청중 앞에 서서 자신을 소개했다.

그는 프레즈노에서 자랐고, 프레즈노주립대학에서 사회복지를 전공하는 대학원생이었다. 개인적으로 수감 생활을 경험한 바 있는 그는 청소년 직업단 내 캘리포니아 정의 리더(California Justice Leader, 수감 또는 보호 관찰 경험이 있는 청년들이 비슷한 배경을 지닌 이들의 자립과 사회 복귀를 돕는 프로그램이다—옮긴이)로 캘리포니아 봉사단에 참여하게 되었다.

나바로는 이렇게 말했다. "이 프로그램은 저와 같은 사람이 학업 목표를 이룰 수 있도록 멘토링, 과외, 교재비는 물론, 기본적인 생계비까지 지원해 줍니다. 하지만 그보다 더 중요한 건 이곳에서는 학생들을 가족처럼 대해 준다는 거예요." 나바로는 이 프로그램 덕분에 든든한 지원 제도와 훌륭한 롤모델들에게 둘러싸인 채, 상상조차 하지 못했던 방식으로 성장했다고 말했다. 그는 눈물을 삼키며 말을 이었다. "정말 오랜만에 저는 소외되지 않고 인정받는다고 느꼈고, 강한 소속감이 들었어요."

캘리포니아 정의 리더로 활동하면서 나바로는 자신의 이야기가 결코 특별한 것이 아니라는 사실도 알게 되었다. 비슷한 사연을 가진 사람들이 많았기 때문이다. "캘리포니아 봉사단은 사람은 변할 수 있다는 믿음을 바탕으로 시작

됐어요." 나바로는 말했다. "저는 지금까지 수많은 청년이 대학에 진학하도록 돕고, 그들이 제도적 장벽을 허물며 사회에서 길을 찾아갈 수 있도록 힘을 보탰다는 사실이 정말 자랑스럽습니다."

두 번째로 무대에 오른 펠로우는 로비 코르도바였다. 프레즈노주립대학의 학부생인 그는 자신을 "뚜렷한 목적 없이" 살던 사람이었다고 소개했다. 그러던 중 친구가 장학금이 함께 주어지는 인턴십 프로그램을 소개했고, 그는 그 계기로 기후 행동단에 지원하게 되었다. 기후변화 관련 분야에서 일해 본 경험이 없어 망설였지만, 기후 행동 코어는 그런 점을 별로 개의치 않았다. 대신 그의 열정을 중요하게 여겼다.

현재 세 번째 임기를 수행 중인 그는 이 일이 자신을 돌봐 주기 때문에 계속해서 다시 이곳으로 돌아오게 된다고 말했다. "여기서 하는 일은 제 정신적, 신체적 건강을 돌봐 주고, 제가 원하는 진로를 탐색할 수 있도록 학업 비용도 지원해 줍니다. 또한 제가 결단력 있는 리더로 성장할 수 있도록 지지해 주기도 해요." 그는 기후변화에 맞서는 데 있어 가장 중요한 도구는 '연민'이라고 강조하며 이렇게 덧붙였다. "우리가 상대하는 건 단지 이산화탄소만이 아니니까요. 우리는 배고픈 사람을 돕고 동료 인간의 삶을 나아지게 하며 공동체를 변화시키고 있는 겁니다."

이 행사의 초점은 각 펠로우가 서비스 코어의 일원으로서 어떤 세상에 발을 들이게 될지를 소개하는 데 있지 않았다. 그보다는 그들이 봉사하며 겪게 될 경험, 그리고 그것이 단순히 다른 사람을 돕는 일을 넘어서는 활동이라는 데 맞춰져 있었다. 프라이데이가 무대에 올랐을 때, 그도 같은 생각을 전했다. "여러분이 봉사를 선택했기 때문에 이제 여러분은 캘리포니아 전역의 수없이 많은 사람과 깊은 유대를 맺게 되었습니다. 앞으로도 여러분은 언제나 이 놀라운 봉사 가족의 일원일 것입니다."

이어서 펠로우들은 다 함께 오른손을 들어 올리고 프라이데이를 따라 다음과 같은 서약문을 낭독했다.

> 나는 캘리포니아 봉사단의 일원으로서
> 내가 속한 공동체에 변화를 만들기 위해
> 헌신할 것을 다짐합니다.
> 겸손과 연민, 정직함을 가지고 봉사하겠습니다.

무관심을 마주할 때 행동으로 맞서겠습니다.

역경을 마주할 때 포기하지 않고 나아가겠습니다.

이 다짐을 평생 가슴에 품고 살아가겠습니다.

나는 서비스 코어의 구성원이자

모두를 위한 캘리포니아를 만들겠다는

공동 사명으로 연결된 공동체의 일부입니다.

끝까지 해내겠습니다.

　이 책을 쓰면서 나는 해결책을 오랫동안 깊이 고민했다. 하지만 그동안 내내 반복해서 떠올랐던 생각은 그 해결책이 결코 개인의 몫만은 아니라는 사실이었다. 이는 결코 한 사람이나 하나의 분야만으로 해결할 수 있는 일이 아니다. 체계적인 돌봄을 마련하고, 누구나 자원봉사에 쉽게 접근할 수 있도록 만드는 일에는 진정한 공동의 노력이 필요하다.

　접근성을 보장하는 사회적 기반은 단순한 인식의 전환이나 문화적 변화만으로는 가능하지 않다. 캘리포니아 봉사단 프로그램처럼, 정부가 실질적인 변화를 실현할 수 있는 기반을 직접 세워야 한다. 하지만 프라이데이와 뉴섬

주지사의 사무실을 제외하면, 오늘날의 정부 관계자들은 대부분 너무 기존의 방식에만 얽매여 공동체 봉사나 시민 참여를 여전히 뒷전으로 미루고 있는 듯하다. 결국 극적인 변화를 끌어낼 힘은 새로운 세대의 손에 달려 있다.

9

이기적인 유전자는 무엇이 다른가

캣 무어는 자신의 인생 첫 24년을 만성적인 외로움 속에 갇혀 지낸 시기였다고 표현한다. 유년기부터 성년기 초반까지, 그는 언제나 사람들과 이어지는 데 어려움을 느꼈다. 특히 또래들이 평생 갈 친구들과 추억을 쌓느라 바빴던 고등학교 시절, 그는 사람들과 관계 맺는 일이 너무 고통스러워 결국 자퇴하고 자신의 방에서 혼자 홈스쿨링을 했다.

덜 외로운 삶을 살아보기로 다짐한 무어는 서던캘리포니아대학(USC)에 입학하면서, 자신이 어디에도 속하지 못한다고 느껴온 감정의 근원을 더 깊이 이해하고자 철학을 전공하기로 했다. 무어가 처음으로 공동체라는 개념을 경험한 것 또한, 어쩌면 놀랍지 않게도 이곳에서였다. 철학과 학생들로 이루어진 공동체에 속해 있다고 느끼게 도와준 사람은 이제는 고인이 된 담당 교수 댈러스 윌라드(Dallas Willard)였다. 대학을 졸업한 뒤에도 무어는 여전히 수줍음이 많았고, 여전히 조금은 외로웠다.

몇 해가 지나 아들을 임신했을 무렵, 사람들 곁에 있고 싶으면서도 굳이 대화를 나누고 싶지는 않아 카페에 가기 시작했다. 하지만 임신한 배는 누구나 알다시피 원치 않는 대화를 유발하기 십상이다. 그렇게 낯선 사람들과의 대화가 시작됐다. 무어는 아들이 태어난 후에도 계속 카페에 나갔다. 어린아이를 데리고 있는 모습을 보고 말을 거는 사람들도 많아졌다. 어떤 이들은 커피를 기다리며 무어가 나중에 '라떼 창구(the latte window)'라 부르게 된 자리에 줄을 서기도 했다.

그는 당시를 이렇게 떠올렸다. "사람들은 저를 전혀 모르는데도 제 앞에 앉아 자기 얘기를 털어놓고, 마음속에 얹힌 걸 말하고 갔어요. 어떤 사람들은 울음을 터트리기도 했고요. 그러고는 일어나서 '세상에, 제 얘기를 들어주셔서 정말 감사해요.'라고 말하고는 했죠."

이 이야기를 윌라드 교수에게 전했을 때, 그는 이렇게 말했다. "있는 그대로 지금 이 자리에서 함께 존재하는 것, 그게 연결에 필요한 전부입니다." 그런 다음 이렇게 덧붙였다. "하지만 그렇게 하려면 천천히 멈춰 서서 누군가에게 나 자신을 드러낼 용기가 필요해요. 그걸 피하고 싶어서 우리는 평생을 빽빽한 계획과 일정으로 채우며 살아갑니다." 무어가 카페에서 경험한 일을 들은 대학 친구는 그 모습을 직접 보고 싶어 했다. 평생 심각한 외로움에 시달려 온 무어가 이제는 단지 낯선 사람들의 이야기를 들어주는 것만으로 공동체 안에서 연결자 역할을 하고 있었기 때문이다.

한편, 그의 모교는 캠퍼스 전체에 퍼진 외로움 팬데믹 문제에 식년해 있었다. 학생들은 중도 탈락하거나 정신 건강이 위태로운 상황에 놓여 있었고, 전반적인 관계 형성에도 어려움을 겪고 있었다. 물론 학교에는 학생 상담소가 마련되어 있었지만, 무어는 문제의 본질이 개인이 아닌 관계 문화(relational culture) 전반에 있다고 보았다. 무어가 보여 준 변화를 눈여겨본 학교 측은, 그에게 카페에서의 경험을 바탕으로 커리큘럼을 개발해 캠퍼스 안에 우정과 공동체가 자라날 수 있는 환경을 조성하는 데 힘을 보태줄 수 있겠느냐고 제안했다. 무어는 이렇게 말했다. "제가 할 수 있을지는 확신이 없었어요. 하지만 분명히 알고 있던 건, 모든 인간은 연결되도록 설계되어 있다는 사실이에요. 우리는 본래 그렇게 만들어졌고, 서로를 중심에 두지 않으면 잘 살아갈 수 없습니다."

이 일을 계기로 무어는 '연결'을 가르치는 커리큘럼을 만들었고, 지금은 'CLICK'이라는 이름으로 부르고 있다. 이 CLICK은 Connect(연결하기), Listen(귀 기울이기), Investigate(살펴보기), Communicate kindness(친절을 전하기), Keep in touch(지속적으로 소통하기)의 머리글자를 딴 단어다. 그는 모교의 소속감 디렉터(Director of Belonging)가 되어, 지금도 그 직책을 이어가고 있다.

나는 목적의식과 소속감이 우리의 전반적인 웰빙과 건강에 어떤 역할을 하는지 궁금해 USC 캠퍼스를 찾았다. USC는 내가 조사한 대학들 가운데 외로움 위기를 해결하기 위해 실질적인 투자를 하고 있는 몇 안 되는 학교 중 하나였다. 사실 20대 중반에 잠시 로스앤젤레스에 살았던 적은 있지만, USC를 방문한 적은 한 번도 없었다. 무어와 만나기에 앞서, 세월이 흘러도 변치 않는 대학 캠퍼스 특유의 활기찬 기운을 느껴보고 싶어 캠퍼스를 걸으며 하루를 시작했다. USC는 도시 한가운데에 자리 잡고 있지만, 혼자 고요함을 누릴 수 있는 공간도 곳곳에 있고 상점과 식당이 늘어선 USC 빌리지(캠퍼스 내 주상복합형 기숙사 단지—옮긴이)처럼 사람들이 모일 수 있는 장소도 많았다.

나는 걷다가 간단히 점심을 먹으러 학교 굿즈로 꾸며진 한 식당에 들렀다. 창문에는 풋볼 시즌을 맞아 해피아워(음식점이나 술집에서 주류와 안주를 할인해 주는 시간대—옮긴이) 이벤트 안내문이 붙어 있었다. 햄버거가 먹고 싶기도 했지만, 그보다는 낯선 사람과 가볍게 대화를 나누며 주변 분위기를 더 알아보거나 어쩌면 책에 쓸 만한 좋은 일화 하나쯤 건질 수 있지 않을까 하는 기대도 함께였다. 하지만 내 앞에 놓여 있던 건 테이블마다 설치된 태블릿이었다. 카운터 뒤에 있던 직원 한 명이 "안녕하세요"라고 인사해 주기는 했지만, 그 짧은 소통을 제외하면 낯선 이와 대화를 나눌 기회는 없었다. 그 기회는 모두 말 대신 앱으로 작동하는 기계 종업원이 빼앗아 갔기 때문이다. 무어와의 만남을 기다리며 자리에 앉아 책을 읽는 동안, 나처럼 이렇게 혼자 앉아 있었을 학생이 얼마나 많았을까 하는 생각이 자꾸만 머릿속을 맴돌았다.

무어의 사무실은 왠지 그와 잘 어울리는 종교학과 건물 2층에 있었다. 계단을 올라 무어를 만나러 향하던 중, 히잡을 쓴 학생들 한 무리와 마주쳤다. 캠퍼스 게시판에는 종교 간 화합을 위한 활동을 홍보하는 전단이 붙어 있었고, 근처에서는 학생들이 한 종교 단체가 공동체 형성을 목적으로 매주 제공하는 무료 비건 점심을 먹고 있었다. 이런 프로그램이 있는 줄 알았더라면 나도 이곳에서 점심을 먹어 봤을 것이다. 근엄한 인상의 학자를 예상하며 무어의 사무실에 들어섰는데, 그 예상을 깨고 날 맞이한 건 훨씬 더 멋지고 '쿨'한 분위기였다.

무어는 생기 넘치고 다채롭고 따뜻했다. 빛에 따라 붉은 기가 감도는 금발에 맑은 하늘색 눈동자를 가졌고, 티셔츠에 청바지를 입고 있었다. 책장에는 《모임을 예술로 만드는 법》, 《아무것도 하지 않는 법》, 《우리는 다시 연결되어야 한다》 같은 책들이 꽂혀 있었다. 내 책장에도 똑같이 있는 책들이다. 형광 주황색 소파 위에는 바비 인형을 연상시키는 진한 분홍색 공기 주입식 플라밍고가 놓여 있었는데, 무어는 그것이 우리가 오후에 함께할 활동에서 사용할 도구라고 설명했다. 그는 인터뷰가 끝나면 나와 함께 캠퍼스로 나가 '무작위 소속감 행위'라 불리는 활동을 통해 외로움 속에 갇혀 있을지도 모를 학생들과 연결을 시도할 예정이라고 말했다.

소속감 디렉터인 무어에게 똑같이 흘러가는 하루란 없다. 그는 자기 일을 "즉각 대응하는 일"이라고 설명한다. 학교 전반에 걸쳐 다양한 사람들과 만나 관계를 맺고, 그들이 어떤 일을 하고 있는지 살펴보며, 그 안에서 더 깊은 소속감을 키워나갈 방법을 모색하는 역할이다. 예컨대 정치학과 교수들이 무어를 초청해 타인과의 연결이 어떻게 선거 불안증 완화에 도움이 되는지 이야기해 달라고 요청하기도 한다. 하지만 대부분 무어는 자신의 사무실에서 학생들과 일대일로 대화를 나누며 CLICK을 통해 어떤 배움을 얻을 수 있을지 전한다.

CLICK은 무어의 직관과 학문적 연구가 결합된 프로그램이다. 그는 소속감 형성에 있어 필수적인 요소가 사람들의 이야기를 듣고 질문을 던지는 것이며, 또한 그 두 가지 일을 꾸준히 반복하는 일이라는 걸 알고 있었다. 하지만 '연결'과 관련된 다양한 학문 분야를 연구한 끝에, 무어는 사람들의 '고연결성(high connectivity)' 공간을 파악하는 일이 CLICK의 첫 번째 단계가 되어야 한다고 결정했다. 사람들이 이미 주로 어울리며 시간을 보내는 장소는 어디일까? 그는 외로움에서 벗어나고자 할 때 반드시 아예 처음부터 시작할 필요는 없다고 설명한다.

두 번째 단계는 타인과의 '연결 다리(connection bridge)'를 찾도록 돕는 일이다. 연결 다리는 누군가를 보고 "안녕하세요"라고 인사하는 것만큼 기본적인 행동에서 시작될 수 있다. 그다음은 앞으로 관계를 더 쌓고 싶은 사람에게 관심을 표현하고, 그들을 돌보며 친절을 담아 소통하는 것이다. 그러나 무어는 거의 모든 사람이 가장 어려워하는 과정은 마지막 단계인 '지속적인 연락 유지(keeping in touch)'라고 말한다. 그는 사람들과의 연결을 습관처럼 시도해 보거나 또는 매주 반복하는 '주간 리듬'으로 만들어 볼 것을 권한다.

이론적으로는 일주일에 한 번이 이상적이지만, 누구에게나 가능한 일은 아니다. 결국 이 과정의 궁극적인 목표는 추억을 만들고, 있는 그대로의 모습으로 연결되며, 자신의 취약함까지 드러내는 것이다. "유연해야 하고, 창의적이어야 해요." 무어는 이렇게 말하며 때로는 이 모든 일이 버겁게 느껴질 수도 있다고 덧붙였다. "하지만 그렇게 하지 않으면, 남은 대안은 그냥 모든 게 무너지는 것밖에 없어요."

CLICK에서 '친절함'이 어떤 역할을 하느냐는 질문에, 무어는 연결이란 "너무나도 단순한 동시에 너무나도 복잡한" 과정이라고 말했다. 경청하거나 질문을 던지는 행위는 사회적 기술로 분류될 수 있다. 하지만 공동체의 일원이 되고, 그 안에서 소속감을 느끼는 데 필요한 것은 그게 다가 아니다. 반드시 있어야 할 특별한 구성 요소는 다른 사람을 돌보는 마음이다. 무어는 이렇게 설명했다. "아무리 누군가에게 질문을 많이 한다고 해도, 그 사람이 나에게 진심으로 관심이 없고 신경 쓰지 않는다면, 그건 분명히 느껴지니까요." 다시 말하면, 결국 중요한 건 마음이 어디를 향하고 있는지다. 그는 소속감을 느끼는 일이 그보다 더 깊고 더 영적인 차원의 실천이라고 덧붙인 뒤 이렇게 물었다. "다른 사람들이 당신을 알아봐 주고, 들어주고, 사랑하고, 받아들여 주기를 바란다면, 당신도 그들에게 그렇게 해 줄 수 있나요?"

무어는 이어서 소속감에 관한 한, 타인을 돌보는 것은 오히려 자율권을 가지게 하는 일이라고 말했다. "당신의 존재감은 누구도 빼앗을 수 없어요. 당신은 온도를 재는 온도계가 아니라 온도를 바꾸는 온도 조절기예요. 누군가와의 관계에서 그저 그 온도를 재기만 하는 게 아니라, 직접 그 온도를 바꿀 수 있다는 뜻이죠." 무어와의 대화는 이런 기발한 표현들로 가득하다.

그는 많은 학생이 사회 불안에 시달리고 있다고 했다. 학생들은 어색해 보이거나 자신의 약점이 드러날까 봐 걱정한다. 하지만 자신의 존재와 타인을 돌보는 능력이 변화를 일으킬 수 있다는 걸 알게 된다면 누구든 더 단단한 마음으로 사람들 앞에 나설 수 있다. 또한 자신이 베푼 돌봄이 되돌아오지 않는다고 해서 마음 깊은 곳까지 무너질 필요는 없다. 무어는 소속감을 만들어 나가는 일에는 본질적으로 큰 위험 부담이 따른다고 말했다. 소속되고자 하는 갈망은 인간 내면 깊숙이 자리 잡은 본능이기 때문이다.

USC는 외로움을 직접적으로 측정하고 있지는 않지만,

소속감은 측정한다. 무어는 이 두 감정이 서로 반비례 관계에 있다고 설명했다. 내가 캠퍼스 상황이 얼마나 심각한지 묻자, 그는 긍정적인 소속감을 느끼는 학생이 전체 학생 수의 3분의 1밖에 안 된다고 답했다. 그는 자신이 USC에 다니던 시절에도 경쟁이 치열했지만, 지금은 그 수준이 "한 단계 더 올라섰다"라고 평했다.

이러한 분위기는 두 가지 결과를 낳았다. 하나는 학생들 사이의 관계가 점점 더 거래처럼 변했다는 것, 다른 하나는 학생들이 과외활동에 너무 바빠서 의미 있는 친구 관계를 맺을 여유조차 없게 됐다는 것이다. 무어는 지금 학생들에게 필요한 건 삶의 균형이라고 말했지만, 사실 그 필요를 자각하는 것 자체가 높은 수준의 성숙함을 요구한다. 게다가 학생들은 아직 균형을 중시하는 문화에 익숙하지 않아 혼자서만 균형을 유지하는 삶을 추구하기는 쉽지 않다. "주변 사람들은 다 뭔가를 이루고 있는데 누가 혼자서 균형 잡힌 외톨이로 남고 싶겠어요?"

우리 교육 제도에서는 이런 문화가 어릴 때부터 형성된다. 중학생의 엄마이기도 한 무어는 USC 캠퍼스에 생긴 현상이 이미 아들 또래 사이에서도 나타나고 있음을 직접 목격하고 있다. 안타깝게도, 사람들은 보통 위기의 순간에 이르러서야 기존의 관계들이 필요한 만큼 깊지 않다는 사실을 깨닫게 된다. "어느 순간, 더 근본적인 내면의 취약함을 드러낼 수 있는 관계나 정신적으로 더 깊은 차원의 지지를 얻을 수 있는 관계가 필요하다는 걸 알게 돼요. 그런데 막상 지금 가깝게 지내고 있는 사람들에게는 편하게 손을 내밀 수 없다는 사실도 깨닫게 되죠. 그러다 보면 아, 나한테는 그런 친구가 없구나, 하는 생각이 드는 거예요."

나는 무어에게 CLICK이 학생들에게 정말 도움이 되고 있는지 물었다. 그러자 그는 프로그램이 현재 잠정 중단된 상태라고 답해 나를 놀라게 했다. 하지만 중단된 건 효과가 없어서가 아니라 오히려 수요가 너무 컸던 탓이다. 무어의 근무 시간 내에서 동시에 수용할 수 있는 학생 수는 15명에서 30명에 불과했다. 현재 그는 더 많은 학생과 대학이 이 프로그램을 쉽게 활용할 방안을 고민하고 있다. 최근에는 매사추세츠공과대학에서 CLICK 프로그램을 도입해 학생들에게 제공하기 시작했는데, 이는 무어에게 무척 기쁜 소식이었다.

하지만 지금 무어는 그보다도 USC의 외로움 위기를 해결하기 위해 당장 실천할 수 있는 일에 초점을 맞추고자 한다. "저는 누구나 할 수 있고 즉각적인 효과를 낼 수 있는 작은 실천 방법들에 정말 관심이 많아요." 그는 이렇게 말했다. "사람들은 우리에게 체계적인 변화가 필요하다고 말하죠. 실제로 필요하기도 하고요. 그런데 저는 '아, 내가 이 야생화 씨앗 한 줌을 들고 나가 보도블록 틈새에 뿌리기만 해도 정말로 이 환경 전체를 다 바꿀 수 있구나'라며 직접 실천할 힘을 가지고 있다는 걸 깨닫는 순간, 그게 사람들에게 얼마나 큰 삶의 동력이 되어주는지를 많이 봐 왔어요." 그는 이것이 구조적 변화와 개인의 실천 중 하나만 선택할 문제가 아니라고 강조했다.

바로 이 지점에서 아까 그 공기 주입식 플라밍고가 등장한다. 무어는 대학 캠퍼스에서 외로움이 생기는 이유 가운데 하나로 높은 스트레스와 실수하거나 마음 놓고 노는 것이 허용되지 않는 성과 중심의 대학 문화를 꼽았다. 그는 이러한 문화의 문제를 즐거운 놀이 활동으로 풀어내고자 한다. CLICK 프로그램에서는 플라밍고 인형을 이용해 학생들에게 누구나 자기와 통하는 '동료 플라밍고'를 찾을 수 있다는 사실을 보여 주는 활동을 펼친다.

무어는 이렇게 설명했다. "사람들이 그토록 외롭다고 느끼는 이유 중에는 다른 사람들도 똑같이 외롭다는 사실을 모른다는 것도 있어요. 하지만 플라밍고를 보세요. 플라밍고는 좀 이상한 동물이지만 다른 플라밍고들과 함께 '플라밍고 무리(flamboyance)' 속에서 살아가죠." 아무리 자신이 이상하게 느껴져도, 어딘가에는 비슷한 감정을 지닌 이들이 분명 존재한다(flamboyance는 플라밍고 무리를 뜻하는 단어이자, '화려함'이나 '이색적인 것'을 의미하기도 한다. 이상하고 달라 보여도 함께할 무리가 있다는 중의적 표현이다—옮긴이).

곧이어 무어는 밖으로 나가서 나와 함께하는 첫 '무작위 소속감 행위'로 무료 막대사탕을 나눠 줄 거라고 알려 주었다. "아무런 조건 없는 너그러움을 보여 주는 거예요. 저는 학생들에게 딱 한 가지만 전하고 싶어요. 우리는 당신에게 종교를 권유하거나 무언가를 사게 하려는 게 아니라, 그저 정말로, 당신이 친구나 공동체를 찾고 있는지 살펴보러 나왔다는 메시지를요." 게다가, 누가 공짜 막대사탕을 마다하겠는가?

역시 막대사탕을 마다하는 사람은 그리 많지 않았다. 나는 무어와 학생 자원봉사자 한 명, 자발적으로 공기 주입식 플라밍고 탈을 입겠다고 나선 또 다른 학생과 함께 USC 빌리지로 다시 향했다. 어디에서부터 시작해야 할지 확신이 서지 않았던 우리는 우선 학생들이 많이 찾는 타겟(미국의 대형 마트 체인—옮긴이) 매장 앞에서 캠페인을 시작했다. 두 학생은 먼저 사람들에게 가볍게 말을 건넸다. "막대사탕 하나 드릴까요?" 초반엔 많은 학생이 선뜻 받지 않고 지나쳤다. 하지만 연이은 거절에도 무어는 이건 실험이니 잘 안 돼도 괜찮다며 반복해서 말해 주었다. 그러다 서서히 몇몇 사람들이 흥미를 보이기 시작했고, "이게 뭐예요?"라고 묻는 학생들도 생겨났다.

캠페인을 시작하자마자 우리는 많은 사람이 우리가 뭔가를 팔러 나왔다고 생각한다는 사실을 깨달았고, 그 깨달음은 곧 깊은 슬픔으로 이어졌다. 사람들이 낯선 사람의 마음에서 비롯된 선의를 조건 없이 받는 데 익숙하지 않다는 뜻 아닌가. 무어가 짐작했던 대로, 학생들은 낯선 이들과 거래 같은 관계를 주고받는 방식에 갇혀 있었다.

하지만 모두가 무료 막대사탕을 거절한 건 아니었다. 한 여성은 사탕을 받으며 왜 플라밍고 탈을 쓰고 있는지 물었다. 다른 학생은 우리가 무작위 소속감 행위를 실천하고 있으며, 사람들에게 당신은 이곳에 속하는 존재라는 걸 알려 주고 싶어 작은 친절을 나누고 있다고 설명했다. 또한 만약 당신이 어딘가에 속해 있다는 느낌을 찾기 위해 애쓰고 있다면, 무어가 이야기를 들어줄 수 있다고 덧붙였다. 그 여성은 크게 감동해 자신이 기다리던 친구가 도착하자 이 캠페인의 취지를 전달했다. 마침 그 친구는 고양이 두 마리를 키우고 있었고, 고양이 이야기가 사람들의 관심을 끌게 되면서 더 많은 이가 호기심을 보이기 시작했다.

시작은 어려웠으나 점점 더 많은 사람이 "네"라고 대답하며 사탕을 받아들였고, 그들은 사탕을 받는 것만으로도 보살핌을 받는다는 기분을 느낄 수 있었다. 이는 무어가 교내에서 일부 학생들의 상태를 확인할 수 있는 아주 효과적인 방법이기도 했다. 사탕은 학생들에게 심리적으로 안전하다는 느낌을 심어 주었기 때문이다. 일례로 무어가 외국인 교환학생 몇 명에게 "이곳에서 소속감을 느끼고 있냐"라고 물었을 때, 그들은 새로운 친구를 사귀고 USC 생활에 적응하는 게 정말 어렵다고 솔직하게 털어놓으며 이렇게 말했다. "사실 방금도 그 얘길 나누던 참이었어요."

막대사탕이 사람들의 입안에서, 또 마음속에서 녹아들

무렵, 무어는 두 학생에게 이번에는 노란 꽃을 나눠 달라고 부탁했다. 확실히 꽃은 막대사탕보다 더 큰 호응을 얻었다. 많은 학생이 아무 조건 없이 꽃을 선물 받게 되어 진심으로 놀라는 듯했다. 나도 꽃을 나눠 주는 데 동참했다. 내가 조사하며 배운 대로, 학생들의 얼굴에 미소가 피어나는 걸 보니 내 마음도 절로 따뜻해졌다. 잠시라도 발걸음을 멈추고 귀 기울이는 학생이 나타날 때마다 무어는 그 짧은 순간을 외로움에 지친 누군가와 연결되는 기회로 삼았다.

한 학생은 눈가에 눈물이 맺힌 채 노란 꽃 한 송이가 오늘 하루를 밝혔다고 말했다. 요즘 삶이 복잡하고 힘든 일이 많았다며, 학생은 무어의 눈을 바라보면서 진심 어린 목소리로 덧붙였다. "정말 도움이 됐어요." 그 말에는 진심이 담겨 있었다. 무어는 나중에 이 만남을 떠올리며 이렇게 말했다. "우리가 거기 있지 않았다면, 아무도 그 학생에게 말을 걸지 않았을지도 몰라요." 한 사람의 하루를 바꾸고, 그 존재가 소중하다는 것을 알려 주고, 우리가 이 공동체에 함께 속해 있다는 사실을 전해 주는 일! 우리가 이곳에서 해야 할 일은 그것으로 충분했다.

◇◇◇

나는 홀로코스트 생존자의 손녀로서, 오랫동안 홀로코스트 생존자이자 작가였던 빅터 프랭클(Viktor Frankl)의 연구에 관심을 가져왔다. 그가 창시한 로고테라피(logotherapy, '의미치료'라고도 불린다 — 옮긴이)는 한마디로 이렇게 요약할 수 있다. 삶의 의미와 목적은 정신적으로 건강하고 온전히 살아가기 위해 꼭 필요한 핵심 동력이라는 것이다. 그는 저서《죽음의 수용소에서》에서 사회가 점점 자동화를 추구하는 방향으로 나아갈수록 더 많은 사람이 권태를 경험하게 될 것이라 경고했다.[1] 물론 권태가 항상 나쁜 건 아니다. 오히려 권태는 창의력을 자극하기도 한다. 특히 요즘 시대엔 지루하다는 감정을 느낄 수 있다는 것 자체가 거의 특권처럼 여겨지기도 한다.

그러나 사람이 권태에 사로잡혀 결국 삶의 목적을 잃고 '실존적 공허(existential vacuum)'에 빠지게 될 때, 권태는 건강에 해로워진다. 다행히 프랭클은 이 공허로부터 빠져나올 수 있는 길을 제시했다. 그것은 사람이 세상 속에서 자신의 자리를 찾고 단지 존재하는 것만으로도 깊은 의미를 느끼게 하는 방법이었다. 그는 이렇게 기록했다. "사람은 헌신할 수 있는 대의나 사랑할 수 있는 타인에게 자신을 바침으로써 자기 자신을 잊게 되고, 그럴수록 더 인간다워지며, 더 온전히 자기 자신을 실현할 수 있다." 그가 쓴 바에 따르면, 삶의 목적은 자기 내면을 깊이 파고든다고 해서 발견되는 것이 아니다. 오히려 타인과 연결되고, 그들을 돌보는 과정에서 찾을 수 있는 것이다.

수십 년이 지난 지금도 프랭클의 이론은 여전히 유효하다. 2007년에 출간된 책《삶의 궤적에서(In the Course of a Lifetime)》는 북캘리포니아 지역의 200명을 청소년기부터 시작해 10년마다 추적한 IHD 종단 연구를 분석한 책이다.[2] 이 연구는 인간의 삶을 장기간에 걸쳐 살펴보며 사람들이 어떻게 살아가는지, 또 장수에 있어 무엇이 중요한지를 밝히고자 한 최초의 연구였다. 저자들은 종교가 사람들의 일상에서 어떤 역할을 하는지 분석하는 한편, 젊은 시절부터 목표 의식을 가지고 타인의 삶에 기여한 이들이 더 건강하고 행복한 노년기를 보낸다는 사실을 발견했다.

저자 중 한 사람인 미셸 딜런(Michele Dillon)은 2017년 이메일 인터뷰에서 이렇게 말했다. "중년 이후를 보면, 교회 중심의 활동은 분명 생성적(발달심리학자 에릭 에릭슨(Erik Erikson)이 제시한 개념. 타인과 공동체를 돌보며 그들의 성장을 돕는 태도와 실천을 의미한다—옮긴이) 활동을 자극하긴 했지만, 비종교적인 영적 탐구자들 또한 각자의 방식으로 타인을 의미 있게 돕는 길을 찾아냈습니다. 타인을 돕는 데는 다양한 경로와 방식이 존재합니다. 인생의 노년에는 종교인들이 영적 탐구자들보다 더 행복감을 느끼는 경향을 보였지만, 그건 부분적으로 그들이 '행복'이라는 개념을 서로 다르게 해석했기 때문이기도 합니다. 한쪽은 행복을 개인적인 성취와 동일시했는데 다른 한쪽은 그렇지 않은 차이 같은 거죠. 개인적인 스트레스를 다루는 방식에서도 차이가 있었고요."

삶의 목적을 느끼지 못하면, 개인과 사회의 건강에는 어떤 위험이 닥칠까? 우리는 정말 외롭고 어디에도 속하지 못한다고 느낄 때 병들게 되는 걸까? 나는 답을 찾고자 405번 고속도로에 올라탔다. 꽉 막힌 교통 체증을 견디고 로스앤젤레스 전역을 가로질러 캘리포니아대학 캠퍼스로 향했다.

◆◆◆

1981년 6월, 미국 CDC는 《질병률 및 사망률 주간 보고서(Morbidity and Mortality Weekly Report)》에 〈주폐포자충 폐렴—로스앤젤레스(Pneumocystis Pneumonia—Los Angeles)〉라는 제목의 기사를 실었다. 기사는 로스앤젤레스에 거주하는 건강했던 동성애자 남자 다섯 명이 희귀한 폐 감염 증상을 보였다는 내용이었다. 게다가 이 남성들은 면역체계가 제대로 작동하지 않아서 생기는 여러 감염 질환들도 함께 앓고 있었다.[3] 보고서가 발표되었을 무렵에는 언급된 다섯 명 중 두 명이 이미 사망한 상태였고, 곧 나머지 세 명도 세상을 떠나게 된다. 이 보고서는 훗날 '에이즈(AIDS)'로 명명될 전염병을 알린 최초의 공식 기록으로 남게 되었다.

콜은 경력 초반부터 에이즈 전염병에 관심을 가졌다 그는 HIV 양성 판정을 받은 동성애자 남성 80명을 대상으로 9년에 걸친 종단 연구를 진행했다. 연구에 참여한 남성들은 6개월마다 혈액을 제공하고, 인터뷰에 응하고, 설문지를 작성했다. 하지만 시간이 흐를수록 연구실에 나타나는 참여자의 수는 점점 줄어들었다. 콜은 사람들이 왜 같은 병을 앓고 있는데도 각자 다른 속도로 사망하는지 알고 싶었다. 수면의 질, 운동 습관, 사회경제적 지위, 불안증이나 우울증 병력 때문일까? 그러나 이들 중 어떤 요인도 뚜렷한 상관관계를 보여 주지 않았다.

그러다 콜과 동료들은 한 가지 생각을 떠올렸다. 동성애자임을 밝힌 사람들과 자신의 성 정체성을 숨기고 있는 사람들을 비교해 보기로 한 것이다. 그 결과, 커밍아웃하지 않은 남성이 성 정체성을 밝힌 남성보다 더 빠르게 사망한다는 사실이 드러났다. 이 연구와 이후 이어진 후속 연구들은 콜에게 바이러스 유전체가 하나의 체계로 작동한다는, 기존에 밝혀지지 않았던 원리를 이해하게 해 주었고 외로움과 소속감 결여가 건강에 얼마나 치명적인 영향을 줄 수 있는지도 보여 주었다.

수십 년 후, 콜이 시카고에서 열린 싱크 탱크 회의에 참석해 바이러스 유전체에 관한 자신의 연구를 논하고 있을 때 한 남자가 다가와 이렇게 물었다. "바이러스 유전체 분석 방법을 인간 유전체에도 적용할 수 있습니까?" 콜은 속으로 '그럴 리가'라고 생각했다. 인간 유전체는 무려 2만 개의 유전자로 이루어져 있는데 그게 어떻게 가능하겠는가?

하지만 그는 사실대로 말할 수 없었다. 질문을 건넨 사람이 바로 《인간은 왜 외로움을 느끼는가》의 저자이자 사회신경과학이라는 분야를 개척한 카치오포였기 때문이다. 카치오포는 이미 외로움을 건강 악화의 위험 요인으로 지목한 바 있었다. 당시만 해도 외로움은 여전히 비주류 주제였고, 콜은 카치오포와 함께 일할 기회를 놓치고 싶지 않았다. 게다가 카치오포는 외로운 사람들의 혈액 표본을 이미 확보한 상태였다. 콜은 곧바로 연구를 시작해 그들의 백혈구 RNA 표본을 추출했고, 놀랍게도 외로운 사람들과 외롭지 않은 사람들 간의 RNA 프로파일 차이가 거의 즉시 드러났다.[4]

외로운 사람들의 RNA 표본에서는 염증과 연관된 유전자들이 더 활발히 작동하는 것으로 나타났다. 반대로 항염증 반응을 조절하는 유전자들, 체내에서 HIV 바이러스의 확산을 막는 데 핵심적인 역할을 하는 유전자들은 억제된 상태였다. 또한 외로운 사람들의 RNA 프로파일에서는 바이러스 증식 억제에 관여하는 인터페론의 수가 부족했다. 이러한 관찰은 콜이 오늘날 널리 받아들여지고 있는 외로움에 관한 과학적 서사, 곧 외로운 사람일수록 주요 만성

질환에 걸릴 위험이 더 크다는 결론에 이르게 된 토대가 되었다. 그 당시 연구자들은 염증이 전이성 유방암부터 알츠하이머병에 이르기까지 수많은 질병을 키우는 일종의 '범용 비료'처럼 작용한다는 사실을 막 이해하기 시작하던 참이었다. 콜은 UCLA 캠퍼스에서 이루어진 인터뷰에서 그때를 이렇게 회상했다. "그건 아주 뚜렷하게 드러난 양상이었어요."

외로운 사람의 유전체 프로파일에 관한 그의 첫 번째 논문은 과학계는 물론 일반 대중에게서도 긍정적인 반응을 얻었다. 그는 논문이 발표된 이후 많은 이로부터 편지를 받았다고 했다. 편지에는 배신을 겪은 뒤 은둔형 외톨이가 되었거나, 어떤 일을 계기로 인간을 향한 신뢰를 잃고 병에 걸린 가족이나 친구들의 이야기가 담겨 있었다. 자신의 연구에 공감하고 응원하는 사람들의 목소리는 콜이 연구를 포기하지 않고 계속 이어갈 수 있는 힘이 되어 주었다.

콜은 동일한 방법을 사용해 스트레스나 외상 후 스트레스 장애(PTSD)와 같은 다른 사회적 고난에 대해서도 실험을 진행하며, 계속해서 염증 유전자 발현과 감소한 항바이러스 유전자 발현을 측정했다. 그는 고난의 종류와 관계없이, 염증 유전자 발현이 증가하고 항바이러스 유전자 발현이 감소하는 패턴이 반복된다는 사실을 거듭 확인했다. 이 발견을 계기로 신경생물학적인 측면에서 무슨 일이 일어나고 있는지를 이해하기 위한 또 다른 10년의 연구가 시작되었다.

콜은 이렇게 설명했다. "사람은 위협을 감지하거나 불안정하다고 느끼면, 그 이유를 제대로 인식하기도 전에 뇌간이 바로 반응해 생물학적인 투쟁-도피 반응을 작동시킵니다." 이 과정에서 가장 큰 영향을 받는 부위 중 하나는 바로 골수다. 골수는 면역세포가 살고 끊임없이 재생되는 곳이다. 그런데 만성적인 위협이나 불확실성이 지속되면, 골수는 단핵구(monocyte)라 불리는 세포의 생산을 증가시킨다. 단핵구가 과도하게 활성화될 경우, 뇌진탕이나 종양 등 실제 위협이 발생했을 때 몸에서 과잉 염증 반응이 일어나 신체를 질병이나 상태 악화에 더욱 취약하게 만든다.

콜은 암을 그 전형적인 사례로 들었다. 암은 일반적으로 DNA가 마모되거나 손상되면서 시작된다. 이 자체만으로는 보통 목숨을 앗아갈 만큼 치명적이지 않지만, 종양이 형성되기에는 충분하다. 그러다가 만약 종양이 전이되면,

단핵구는 암세포가 신체의 다른 부위까지 성공적으로 퍼지도록 돕는 촉매 역할을 한다. 이러한 단핵구의 과잉 반응은 만성적 외로움의 결과일 수 있다. 명확히 짚고 넘어가자면, 콜이 수십 년에 걸친 연구에서 외로움이 질병이나 죽음의 직접적인 원인이라는 사실을 확증한 것은 아니다. 다만 그는 외로움이 병을 더 악화시키는 환경을 조성할 수 있다는 점은 분명히 밝혀냈다.

콜은 친절하게도 나에게 UCLA에 있는 자신의 연구실을 안내해 주었다. 첫 번째 규칙은 맨손으로 아무것도 만지지 않는 것이었고, 두 번째 규칙 역시 맨손으로 아무것도 건드리지 않는 것이었다. 실험실 여기저기 화학 약품이 널려 있었고, 나는 제대로 된 개인 보호 장비를 착용하지 않은 상태였기 때문이다.

인터뷰에 앞서 콜은 연구실이 지루하게 느껴질 거라고 미리 경고했다. 실제로 방문한 연구실은 확실히 공상 과학 소설에 나올 법한 분위기는 아니더라도, 결코 하품이 나올 만한 공간은 아니었다. 윙윙거리는 기계 소리가 공기를 메우고 있었고, 책상과 선반 위에는 컴퓨터와 바인더 클립으로 묶인 서류들이 쌓여 있었다. 마치 끊임없는 발견이 이

뤄지고 있는 현장 한가운데에 들어선 듯한 기분이었다.

조명이 환하게 켜진 책상 앞에선 흰 실험실 가운을 입은 과학자 두 명이 작은 시험관에 담긴 혈액 표본을 다루고 있었다. 요즘 콜과 그의 동료들은 혈액 표본을 분석할 때 '로봇 친구들'의 도움을 받는다고 한다. 콜이 처음 이 일을 시작했을 때와는 크게 달라진 환경이다. 겉으로 보기에는 덜 흥미롭게 보일 수 있지만, 이 변화 덕분에 과학자들은 훨씬 더 많은 양의 일을 소화하고 더 큰 규모의 프로젝트를 수행할 수 있게 되었다. 무엇보다 혈액을 일일이 사람 손으로 분석해야 하는 고된 작업에서 벗어날 수 있었다. 로봇마다 이름이 붙어 있었는데, 이는 각 로봇이 맡은 작업을 자동화하기 전 마지막으로 그 일을 담당했던 사람의 이름을 딴 것이었다.

그중 한 로봇은 몸체에 수많은 플라스틱 관이 달려 있었다. 내가 앞에서 로봇들을 사람처럼 묘사하긴 했지만, 이 로봇은 사실 인간과 닮은 구석이 전혀 없다. 생김새도, 작동 소리도 복사기와 크게 다르지 않다. 로봇은 회색 상자 형태의 기계 내부에서 혈액 표본을 분리한 뒤, 과학자들이 미리 설정해 둔 특정 단백질이나 RNA 같은 분자들을 추출한다. 연구의 성격에 따라 소규모 연구에는 분석해야 할 표본이 20개 정도 필요할 수도 있고, 대규모 연구에는 수천 개가 필요할 수도 있다.

지금 어떤 연구를 진행하고 있냐는 질문에, 콜은 직장 문화의 변화가 직원들의 웰빙에 어떤 영향을 미치는지 궁금해하는 일본의 한 경영학과 교수가 보낸 의뢰로 혈액 표본을 분석하고 있다고 설명했다. 전통적으로 일본 기업은 직원들을 마치 가족처럼 돌보았고, 사람들은 평생 한 회사에서 일했다. 회사가 망하지 않는 한 해고는 드문 일이었다.

그러나 지금 일본은 미국식 임의 고용 제도로 전환하고 있는 시점에 서 있다. 경제적 생산성은 대단히 높지만, 콜에 따르면 이는 직원들에게 지속적인 스트레스를 유발하는 구조다. 의뢰한 교수는 이렇게 불안정한 환경 속에서 경험하는 스트레스가 유전자 발현에 어떤 영향을 주는지 꼭 알고 싶어 했다. 그에 대한 해답은 아직 나오지 않았지만, 일본의 상황이 콜의 연구 주제에 부합한다는 점은 명확하다.

만성적인 스트레스에 놓이면 우리 몸의 염증이 증가하고, 이는 심각한 질병이 자라게 하는 '비료' 역할을 한다는 사실을 보여 주기 때문이다. "인간은 놀라울 정도로 경제 생산성이 높은 세상을 만들어 냈습니다. 하지만 정작 인간의 건강에는 좋지 않은 세상이죠." 콜이 말했다. "오늘날 사람들은 만성적인 저강도 스트레스를 유발하는 환경에서 살아갑니다. 그로 인해 생기는 생리학적 반응은 가랑비에 옷 젖듯 매일, 매달, 해를 거듭하며 조금씩 축적되고, 결국 심장의 마비나 전이성 암, 알츠하이머 조기 발병으로 이어지게 됩니다."

콜의 연구실에서 이루어진 연구는 외로움과 인간 건강 사이의 관계에 관해 전례 없는 발견을 낳았다. 예를 들어, 콜과 동료들은 코로나19 팬데믹 당시 사람들을 보호하려는 의도로 시행된 자택 대피 조치가 오히려 사회적 고립을 초래하며 항바이러스 면역에 어떤 영향을 미쳤는지 알아보고자 했다.[5] 당시에도 외로움이라는 형태로 나타난 인지된 고립(perceived isolation)이 면역반응을 약화시킨다는 사실은 알려져 있었다. 하지만 그렇다면 실제 고립은 어떨까?

그 답을 찾기 위해 연구진은 성체 수컷 붉은털원숭이 21마리를 기존 무리에서 분리해 2주간 격리된 우리에 따로 두었다. 이는 많은 사람이 일상적인 사회생활을 하다가 갑작스레 고립된 아파트 생활을 시작해야 했던 상황과 유사하다. 이렇게 자택 대피 상태에 놓인 원숭이들은 순환성 면역세포의 수가 30퍼센트에서 50퍼센트까지 감소했으며, 이 변화는 격리 시작 후 48시간 만에 혈액 표본에서 관찰되었고 이후 2주간 지속됐다. 원숭이들의 면역력은 격리가 끝나고 원래 무리로 돌아간 뒤 약 4주가 지나서야 회복되었다. 특히 주목할 점은, 격리 중에 어린 원숭이를 돌볼 기회를 얻은 일부 원숭이들이 완전히 고립되어 있던 개체들보다 더 강한 면역반응을 보였다는 것이다.

물론 이 연구는 인간이 아닌 원숭이들을 대상으로 한 것이므로, 여기서 도출된 결과를 절대적인 사실로 받아들일 수는 없다. 게다가 콜은 '돌봄'이 인간에게는 스트레스 요인으로 작용할 수 있다고 말했다. 인간은 대부분 돌봄의 책임을 혼자 감당해야 하기 때문이라는 설명이 뒤따랐다. "돌봄은 신체 자원과 주의 자원(무언가에 주의를 기울일 때 소모되는 에너지—옮긴이)을 엄청나게 소모합니다." 돌봄이 지속가능해지려면 그 과정에서 쉬고 재충전할 수 있는 시간이 허용되어야 한다.

그렇다고 해서 돌봄이 가치 없거나 지양해야 할 활동이

라는 의미는 아니다. 오히려 돌봄은 인간 내면에 존재하는 '선의 반사작용(virtuous reflex)'을 끌어내어 삶 속에서 활용하게 한다. 콜은 이런 질문을 던졌다. "진짜 문제는 이겁니다. 우리는 어떻게 하면 우리에게 이로운 방식의 돌봄과 협력적인 공동체 활동이 가능하도록 일상의 틀을 바꿀 수 있을까요?"

외로움 등 여러 형태의 사회적 고난과 분자 수준의 유전자 발현 사이를 매개하는 연결고리는 자율신경계의 투쟁-도피 반응이다. 콜은 인간의 투쟁-도피 반응이 본래 드문 상황에서만 작동하도록 설계된 것이라고 설명했다. 수렵채집 시대의 인간은 오늘날처럼 늘 스트레스와 걱정에 시달리는 삶을 살지 않았다. 그들은 사실 하루의 약 3분의 1을 서로 소통하고 배우는 시간, 즉 사회적 교류의 시간으로 보냈다. 우리의 몸은 이처럼 하루의 8시간 정도를 여가 시간으로 쓰는 삶의 방식에 맞춰 진화해 왔다. 이러한 맥락에서, 수렵채집인의 투쟁-도피 반응은 사냥하거나, 기습에 대응하거나, 또는 그와 비슷한 위협 상황에서만 일시적으로 작동했다.

콜은 많은 사람이 외롭다고 느끼는 것은 자신이 충분히

돌봄받고 있다고 생각하지 않거나, 자신과 같은 가치를 중요하게 여기는 사람들과 충분히 연결되어 있다고 느끼지 못하기 때문이라고 설명했다. 그는 같은 가치를 공유하는 공동체를 찾기 위해 반드시 어떤 단체와 함께 정기적으로 봉사 활동을 해야 하는 건 아니라고 말했다. 예술, 자연보호, 환경 보존, 과학적 발견 등을 중심으로 스스로 필요한 공동체를 만들어 갈 수도 있다.

역사적으로, 자연재해나 전쟁 같은 생태계 차원의 위기는 사람들을 하나로 묶는 계기가 되어왔다. 그러나 콜은 미국이 근본적인 실존적 위기 없이 지내는 시간이 길어질수록 사회는 점점 더 '분열과 원자화'를 겪게 될 것이라고 말했다. 그 결과 사람들은 외로운 마음을 달래기 위해 디지털 기기에 의존하게 되고 이는 기존의 경제적·정치적 구조에는 유리하지만, 우리 신경계에는 전혀 이롭지 않다. 콜은 우려를 표했다. "이러한 현상은 다른 인간에 대한 신뢰를 기반으로 하는 기본적인 안전감을 크게 좀먹습니다."

콜에게 현대 인간의 이상적인 분자 프로파일은 어떤 모습이냐고 물어보니, 그는 염증 유전자 발현 수준이 낮고, 단핵구 생산은 더 안정적이며, 인터페론의 활동 수준이 높은 상태라고 답했다. 그렇다면 어떻게 그런 상태에 이를 수 있을까? 콜에 따르면, 간헐적으로 휴식을 취하거나 명상하는 방법은 답이 아니다. 진정으로 목적과 연결에 중점을 둔 삶을 꾸려 나가야 한다.

목적과 연결은 신경계에 확실성을 제공하고, 자율신경계가 과도한 스트레스 반응을 일으키지 않도록 제동을 걸어준다. 세상에 도움이 되는 중요한 일에 몰두하고, 그 일을 스스로 의미 있다고 여기며, 다른 사람들도 그 가치를 인정할 때, 사람은 자연스럽게 상호 이익을 주고받는 공동체의 일원이 된다. "그게 바로 인간이 느끼는 안전감의 주요 원천입니다." 콜이 말했다. "불안정한 상황에서 나 자신과 내 행복만 중요하다고 생각하는 건, 특히 신경계의 관점에서 보면 매우 부적절한 대응입니다."

그는 이 모든 것이 뇌의 진화, 특히 복측 선조체로 거슬러 올라간다고 설명했다. 우리가 앞에서 함께 살펴보았듯 복측 선조체는 원래 음식을 먹을 때 보상을 느끼도록 설계되었지만, 어느 시점부터는 타인을 위한 선행 같은 가치에도 반응하게 되었다. 콜은 이렇게 말했다. "알고 보면 일종의 장치입니다. 같은 종의 다른 개체들을 위해 좋은 일을 하도록 편향된 유기체를 만들면 그 유기체는 자체적으로 공동체를 형성하게 됩니다. 그렇게 형성된 공동체는 놀라운 일들을 해낼 수 있어요."

신경가소성처럼 유전체도 가소성을 지닐 수 있을까? 다시 말해, 사람들이 외로움에서 벗어나 목적과 연결을 통해 타인과의 관계에서 안전감을 느끼게 되면, 높아진 염증 반응이나 낮아진 항바이러스 반응도 되돌릴 수 있을까? 콜의 대답은 "그렇다"였다. 하지만 지금의 문화에서는 그런 변화가 쉽지 않다. 그는 이러한 변화가 이루어지지 않을 때 발생할 수 있는 잠재적 손상의 위험성을 경고했다. "중요한 건 고난의 영향이 얼마나 빠른 속도로 몸에 침투하느냐가 아닙니다. 몸속에서 얼마나 오래 머무르냐가 문제입니다." 목적과 연결이 없다면, 사람들은 자신이 그저 의미 없이 "공중을 떠도는 분자"일 뿐이라고 느끼게 된다. "그런 건 활기차고 행복한 삶이 아닙니다. 그냥 죽음을 기다리는 삶일 뿐이에요." 콜이 경고했다.

유전자가 자신에게 유리하게 작동하도록 확실히 하는 방법은, 지속 가능한 삶의 변화를 실천하고, 목적의식과 자신을 돌봐 주는 공동체와 연결되는 것이다. 콜은 이것이 미국에서 종교가 쇠퇴하면서 나타난 가장 부정적인 변화 중 하나라고 지적했다. 교회나 사원을 찾던 이들은 그 공간이 자신을 지지해 주는 곳이라는 믿음을 갖고 있었다. 그러나 이제 사회 전반적으로 신뢰와 믿음이 점차 사라지면서, 종교 활동에 적극적으로 참여하는 사람의 수도 줄어들고 있다.

콜은 돌봄과 더 선한 삶의 방식을 우리 문화의 중심 가치로 삼는 일이야말로 미래 세대의 성공을 위한 기반이 될 거라고 말했다. 하지만 이는 유전자 발현이 대물림되는 방식으로 이루어지지는 않을 것이다. 부모로부터 자식에게 전달되는 DNA는 단 두 가닥에 불과하므로, 유전자만으로 이러한 문화가 자연스럽게 이어지기를 기대할 수는 없다. 대신 우리가 결핍을 전제로 한 구조가 아닌 재생성과 호혜성을 뒷받침하는 사회적 기반을 구축한다면, 미래 세대는 더 건강한 삶을 누릴 수 있을 것이다.

이 모든 걸 다 알고 있는 그는 과연 삶을 다른 방식으로 살고 있을까? 내 질문에 콜은 연구를 통해 드러난 건강한 삶의 비결들이 결국 '할머니가 손주에게 들려줄 법한 이야기'와 다르지 않다고 대답하며 이렇게 덧붙였다. "연구를 이어갈수록 할머니들 말씀이 옳다는 걸 계속 깨닫고 있습니다. 질병이나 죽음을 이해하고 싶다면, 내가 얼마나 오랫동안 슬펐는지, 행복했는지, 죄책감을 느꼈는지, 그 시간을 뒤쫓으려 하지 마세요. 내가 외로웠던 시간을 추적하는 게 훨씬 중요합니다."

콜과의 만남을 되돌아보니 우리 개인의 건강은 사회 전체의 건강과 외부 환경에 영향을 받는다는 사실이 분명해졌다. 미국에서 질병이 증가하는 현상은 외로움의 확산과 사회 전반에 퍼진 안전감의 결여와 무관하지 않을 것이다. 이 장 내내 과학이 보여 주었듯, 타인을 돕고 친절을 베푸는 행동은 건강에 유익하다. 그것은 외로움에서 벗어나는 길이자, 안전함을 느끼게 하고, 우리가 갈망하는 깊은 유대를 형성하게 하는 통로이기도 하다.

하지만 할머니들이 옳았다는 콜의 말을 떠올려 보면, 나는 그들이 자란 문화가 지금 우리가 살아가는 문화와는 전혀 다르다는 생각을 지울 수 없다. 우리가 지속 가능한 변화를 만들어 내지 못해 우리 문화에서 친절과 돌봄이 잘 자라지 못한다면, 개인 차원의 노력은 결국 임시방편에 불과할 것이다. USC의 무어가 보여 준 것처럼 대학 차원에서 사회적 개입이 이루어지고 있는 건 반가운 일이지만, 나는 이러한 시도가 더 어린 시절의 교육에서부터 시작되어야 한다고 생각한다. 문화를 바꾸는 일도 아마 마찬가지일 것이다. 앞서 모르겐스턴이 언급했듯, 친절을 습관으로 기르는 일 역시 어릴 때부터 시작해야 하기 때문이다.

제3부

뭉치면 서고 흩어지면 넘어진다

이타심을 지속하는 전략

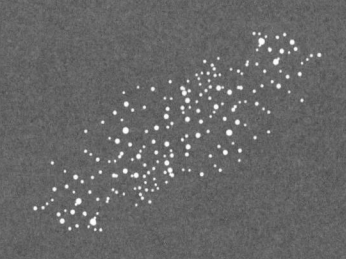

*Your Brain
on
Altruism*

10

우리가 잊었던
다정함의 힘

 과거 고등학교 교사로 일했던 글렌 매닝은 요즘 청소년이 학업 성취에 얼마나 극심한 압박을 받고 있는지 직접 목격했다. 그는 인터뷰에서 현대 청소년들의 정신 건강 문제와 우리 문화에 팽배한 학업 성취에 대한 과도한 집착 사이에 연관성이 있다는 데는 의심할 여지가 없다고 말했다. 현대 교육 제도는 타인을 향한 배려를 포기하면서라도 자기 행복과 개인적인 만족에 집중하라는 메시지를 전한다. "학생들은 우리가 하는 말을 통해 그런 메시지를 배우게 됩니다." 매닝이 설명했다. "또한 젊은 세대가 반응하고 내면화하는 건 우리 사회 제도가 제시하는 보상입니다."

교육이 학업 성취에만 초점을 맞추면 의도치 않게 삶의 다른 가치들, 예컨대 이타심 같은 가치는 중요하지 않다는 메시지를 전달하게 된다.

이러한 사회의 분위기는 전에 없던 방식으로 문제를 드러내기도 하는데, 그 예로 지금 벌어지고 있는 '상습적 무단결석(absenteeism)' 위기가 있다. 오늘날 고등학생들 사이에서는 상습적으로 학교에 나가지 않는 현상이 확산되고 있다. 영화 〈페리스의 해방〉 속 고등학생 페리스 뷸러(하루 동안 학교에 결석하고 친구들과 벌이는 일탈을 다룬 영화의 주인공—옮긴이)가 친구들과 시카고를 누비기 위해 아프다는 핑계를 대고 학교를 빠졌던 것과는 전혀 다르다. 지금 전염병처럼 퍼지고 있는 무단결석은 훨씬 더 어두운 문제다. 미국 교육부가 2023년 발표한 자료에 따르면, 2021년부터 2022년도 동안 다섯 명 중 한 명꼴로 학교를 거의 4주간 결석한 것으로 추정된다.[1]

매닝은 이 위기의 원인으로 청소년들의 정신 건강 문제나 코로나 팬데믹 같은 한 가지 현상만 꼽고 싶지 않다고 말했다. 하지만 그가 분명히 알 수 있는 건, 고등학생들은 자신이 안전하고 보살핌을 받는다고 느낄 수 있는 환경에 있을 때 학교에 나올 가능성이 훨씬 높다는 사실이다. 사람이 안전함을 느끼고 타인에게도 소속감을 느끼게 할 때 이타심 같은 가치가 자라난다. 매닝은 이런 환경이 우연히 생겨나기만을 바라서는 안 된다고 강조했다. 그렇게 운에 맡긴 채 방치를 이어가면 혐오, 편견, 괴롭힘, 어쩌면 무단결석 같은 문제들이 발생하기 때문이다. "우리는 저마다 벽을 쌓아 스스로 고립되었고, 그 과정에서 서로를 돌보는 능력과 정의를 추구하고 이해할 수 있는 능력마저 약화시켰습니다."

그는 특히 학업 성취가 중시되는 지역 사회의 가족들 사이에서 나타나는 흥미로운 경향을 하나 발견했다. 매닝이 하버드대학의 '메이킹 케어링 커먼 프로젝트(Making Caring Common Project, '돌봄의 일상화'라는 뜻—옮긴이)'와 함께 진행한 연구에서 부모들에게 자녀가 지켜야 할 가치 중 가장 중요한 게 무엇이냐고 물었을 때 대부분 '돌봄'이라고 답했다. 하지만 다른 가정은 무엇을 가장 중요하게 여길 것 같냐고 묻자 '학업 성취'라는 대답이 돌아왔다. 매닝은 이 결과를 이렇게 설명했다. "우리는 학교 공동체 내 다른 사람이 실제로는 중요하게 여기지 않는 가치를 그들이 중요하게 여긴다고 생각합니다. 그렇게 현실과의 인식 차이가 생기면서, 원래는 서로 경쟁할 필요가 없는 가족들 사이에 경쟁의식이 싹트게 됩니다."

하버드교육대학원의 부교수인 심리학자 리처드 와이스버드(Richard Weissbourd)는 메이킹 케어링 커먼 프로젝트를 이끌고 있다. 이 프로젝트는 오늘날의 양육과 교육 문화에서 개인의 성공이 타인을 돌보는 것보다 우선시되고 있다는 문제의식에서 시작되었다. "지금 미국에서 벌어지는 모든 문제를 보면 원인은 다양합니다." 그가 인터뷰에서 말했다. "그중 하나는 우리가 타인을 돌보는 일과 공동선을 우선순위에 두지 않았다는 데 있습니다."

하버드대학에서 이타심 같은 가치를 학업 성취와 동일한 선상으로 끌어올리려는 시도가 이루어지고 있다는 것은 주목할 만한 현상이다. 하버드는 전 세계에서 입학하기 어려운 대학 중 하나이며, 하버드 학생들은 무자비한 학업 경쟁에 익숙하다. 학교에 합격한 고등학생들의 평균 학점(GPA)은 약 4.2에 달한다(이는 만점인 4.0에 상위 레벨 과목 수강 시 부여되는 가산점이 반영된 평점이다—옮긴이). 하지만 매닝과 와이스버드, 그들의 동료들은 이 프로그램을 통해 혹독한 학업 경쟁이 아닌 돌봄의 문화를 길러 내고자 K-12 학생들과 교사들을 위한 도구와 교육 프로그램을 개발해 왔다.

메이킹 케어링 커먼 프로젝트가 학교를 위해 개발한 활동의 한 예로 '관계 매핑(relationship mapping)'이 있다.[2] 이 활동에서는 프로젝트 산하 케어링 스쿨 네트워크(Caring School Network, 학교 돌봄 네트워크) 프로그램이 학교생활이나 개인적 어려움과 관련된 문제로 위험에 노출되기 쉬운 학생들을 식별하는 데 도움을 준다. 방법은 간단하다. 모든 교사, 상담사, 행정 직원에게 학교에서 학생들과 맺고 있는 관계를 파악한 뒤, 신뢰 관계가 있는 학생의 이름 옆에 별표를 표시하게 한다. 이때 어떤 학생은 여러 개의 별을 받지만, 어떤 학생은 단 하나도 없는 경우가 생긴다.

와이스버드는 학교 안의 모든 아이가 믿을 수 있고 돌봄을 받을 수 있는 성인과 연결되는 것을 목표로 삼고 있다고 설명했다. "이 활동의 목적은 이런 과정을 의도적으로, 체계적으로 만드는 겁니다. 모두가 관계의 중요성을 어느 정도는 인식하고 있죠. 하지만 관계 매핑 전략은 그것을 구체화하고, 모든 아이가 최소한 한 명의 성인과 연결될 수 있도록 돕는 지도를 제공합니다." 정보 수집이 끝나면, 신뢰할 수 있는 성인과 연결 고리가 없는 학생이 누군지 확인할 수 있다.

이후 케어링 스쿨 네트워크는 그 학생과 관계를 구축하기에 적합한 사람을 제안하고, 관계 맺기를 자원한 어른들은 한 해 동안 정기적으로 해당 학생과 만나게 된다. 이 활동은 한 걸음 더 나아가 친구 간의 관계에도 관계 매핑을 확장했다. "학교에서 누군가에게 돌봄을 받는 것만 중요한 게 아니라, 자신이 다른 사람을 돌보는 것도 중요하거든요." 와이스버드가 강조했다. "다른 사람에게 관심을 기울이는 것은 치유가 되는 일입니다."

관계 매핑은 더 안전한 학교 환경 조성에 기여할 뿐만 아니라, 매닝이 언급했듯 상습적 무단결석 위기를 완화할 수도 있다. 와이스버드는 많은 학생이 결석할 수밖에 없는 타당한 이유를 안고 있다고 설명했다. 예를 들어, 미국의 보육난으로 인해 동생을 돌보거나 아픈 가족을 도와야 하는 경우가 있다. 하지만 이유가 어떻든, 관계 매핑은 분명 학교에서 소외감을 느꼈던 학생들이 다시 학교로 발걸음을 옮기게 하는 데 도움이 될 수 있다.

프로젝트에서 학교에 제공하는 또 다른 활동은 '주의 깊은 경청(deep listening)'이다.³ 메이킹 케어링 커먼은 이 활동을 중학교 1학년에서 고등학교 3학년 학생들에게 추천한다. 수업 시간에 학생들은 대화를 시작할 수 있는 다양한 주제를 가지고 일련의 연습 활동을 진행하고, 이 과정에서 "적극적이고 진정성 있는 경청자"가 되는 법을 익힌다. 목표는 "상대방의 말을 듣는 동안 자신의 이야기로 응답하지 않고, 화자가 존중받는다고 느끼게 하는 것"이다. 말하는 학생 역시 자신을 드러내고 감정을 표현하는 것에 익숙해지도록 격려받는다.

각 수업의 시간은 5주 동안 주 15분씩으로 길지 않다. 첫 번째 수업은 간단한 브레인스토밍 시간이다. 교사는 학생들에게 이런 말을 하면서 수업을 시작할 수 있다(이하 인용은 메이킹 케어링 커먼 자료에서 발췌했다).

"이번 주부터 우리는 청자로서의 강점을 키우는 데 초점을 맞춘 수업을 시작합니다. 우리 모두 누군가가 정말로 내 말에 진심으로 귀 기울여줬던 경험과 상대방이 내 말을 경청하고 있다는 걸 알았을 때 느꼈던 강력한 영향력을 떠올릴 수 있을 거예요. 하지만 반대로 누군가가 내 말을 제대로 들어주지 않았던 경험과 그때 느꼈던 기분도 분명 기억날 겁니다. 특히 온라인 환경에서는 효과적으로 소통하기가 더 어려울 수 있어요. 그래서 좋은 경청 습관을 갖는 것은 그만큼 더 중요합니다. 오늘은 좋은 경청자가 지녀야 할 자세는 무엇인지 함께 생각해 보는 것으로 시작하겠습니다."

소개가 끝나면 학생들은 각자 좋은 경청자가 되려면 무엇이 필요한지 써 본 뒤, 자신이 쓴 내용을 다른 학생들과 공유하는 시간을 갖는다. 그다음 교사와 함께 좋은 경청자의 예와 그렇지 않은 예를 알아볼 수 있다. 교사는 첫 번째 수업 시간에 "청자로부터 받는 감정적인 지지는 화자에게 큰 차이를 가져다 준다"라는 점을 짚으며 학생들이 경청에서 공감이 가지는 역할을 더 잘 이해할 수 있도록 이끈다. 학습 계획안에서는 이를 다음과 같이 설명한다. '공감이란 다른 사람의 생각과 감정을 이해하고, 상대방을 신경 쓰고 있다는 걸 보여 주는 것이다.'

다음 네 번의 수업에서는 학생들이 짝을 지어 연습한다. 첫 번째 화자가 1분 30초에서 2분 동안 이야기하고, 그동안 상대방은 첫 번째 수업에서 배운 경청 기술을 연습한다. 이때 교사는 청자 역할을 맡은 학생이 화자가 말하는 동안 말을 보태지 않고 듣기만 하도록 안내한다. 교육 계획서에는 이렇게 적혀 있다.

> "청자의 역할을 하는 학생에게 세 가지 경청 기술을 상기시키고, 화자의 말에 담긴 뉘앙스를 '생각하고 느끼고 들으라'고 지도하시오."

교사는 이런 연습이 다소 어색할 수 있음을 인정하고, 너무 심각하지 않은 대화 주제를 제공한다. 예를 들면 '주말에 뭐 했어?', '가장 좋았던 기억이나 여행지는 어디야?', '두려워하는 게 뭐야? 그 두려움을 어떻게 극복할 수 있을까?' 같은 질문들이다. 매닝은 "상대방의 관점을 이해하려고 반응하는 것으로 끝나는 게 아니라, 열린 마음으로 그들의 생각을 듣는 것"이 경청의 핵심이라고 말했다.

와이스버드는 경청이란 인간의 기본적인 능력이라고 강조했다. "경청은 공감의 본질이자, 건강한 상호 호혜적 관계를 만들어 가는 기술입니다." 경청은 또한 현재 미국 사회에 만연한 초(超)개인주의를 해소할 수 있는 해독제이기도 하다. 내가 경청이 돌봄의 한 형태인지 묻자, 그는 주저 없이 대답했다. "물론입니다."

◇◇◇

2023년 6월, 나는 워싱턴 DC에서 열린 '국회의사당 소통의 장(Connections at the Capitol)'이라는 행사에 초대받았다. 안타깝게도 직접 참석할 수는 없었지만, 온라인으로 참여할 수 있었다. 내가 이 행사에 관심을 가진 것은, 이 자리가 외로움을 공중 보건 문제로 인지하고 해결하려는 연방 정부의 또 다른 시도였기 때문이다.

1장에서 이야기했듯, 정부는 흡연과 그 외 공중 보건 위협을 줄이겠다는 태도를 분명히 밝혀왔다. 하지만 오늘날 미국인들이 느끼는 외로움과 사회적 연결의 결핍, 의미와 목적의 부재를 해결하기 위해서는 실제로 어떤 조치가 이루어지고 있을까? 불행히도 오늘날 우리의 정치인들은 함께 협력하고 서로 친절하게 대하는 본보기를 보여 주고 있지 않다. 사실 요즘 정치인들은 서로를 어떻게 대하면 '안'

되는지를 보여 주는 특강을 연일 펼치고 있는 듯하다.

그러나 이 행사에서 나는 외로움과 정치적 분열 사이의 연결고리를 짚어 낸 코네티컷주 상원 의원 크리스 머피(Chris Murphy)의 연설을 듣고 희망을 얻었다.[4] "지금 퍼지는 외로움이라는 전염병을 외면한다면, 우리는 그에 대한 진정한 정치적 대가를 치르게 될 겁니다." 머피는 청중을 향해 말했다. 그는 많은 사람이 느끼는 분노가 외로움에서 비롯되며, 이런 분노가 '선동가들'로 하여금 취약한 사람들을 먹잇감으로 삼아 이용할 수 있게 만든다고 주장했다. 그는 이어 말했다. "저는 외로움을 호소하는 미국인이 점점 더 많아지는 지금, 이 나라에서 비주류 정치가 늘어나고, 음모론이 퍼지며, 정치 폭력이 증가하고 있는 게 결코 우연이라고는 생각하지 않습니다."

나도 마찬가지다. 머피는 외로움에 맞서는 전략의 일환으로, 사람들이 여유롭게 시간을 보내면서 공동체를 찾을 수 있도록 더 많은 자유 시간이 보장돼야 한다고 말했다. 그는 이렇게 덧붙였다. "임금을 올리고, 사람들이 하나의 직업만 가져도 생계를 유지할 수 있게 해 주고, 오후 5시면 퇴근할 수 있도록 해야 합니다." 한마디로 기업의 필요와

이윤이 아니라 사람들의 필요와 인간성을 최우선으로 두어야 한다는 뜻이다.

다음으로 그는 현재 정치의 모습을 인정했다. 정치가 점점 더 분노에 차고, 점점 더 고성이 오가는 양상이 되었으며, 분열도 더 심해졌다고 설명했다. 실제로 2020년에 발표된 한 연구에 따르면, 미국은 다른 민주주의 국가들보다 더 빠르게 양극화되고 있다.[5] 머피는 정치인과 시민 모두 구체적인 정책 논쟁에서 한 발짝 물러나 서로 느끼는 감정을 이야기해 봐야 한다고 말했다.

"서로 어떤 감정을 느끼는지 대화를 나누다 보면, 우파든 좌파든 모든 사람이 느끼는 감정이 꽤 비슷하다는 걸 금방 알게 될 겁니다. 우리 모두 기술에 짓눌렸다고 느끼고 있고, 단절되었다는 느낌을 받고 있기 때문이죠." 머피는 전직 대통령 트럼프가 감옥에 가기를 바라는 외로운 사람이 많다고 말했다. 그러나 그와 동시에, 트럼프가 다시 대통령이 되기를 바라는 외로운 사람도 많다고 덧붙였다.

머피의 연설을 듣고, 나는 우리 정치인들에게 메이킹 케어링 커먼 프로젝트의 '깊은 경청' 활동이 얼마나 큰 도움이 될지 생각하지 않을 수 없었다. 하지만 적어도 소수의 학교에서 어릴 때부터 이런 교육을 시작하려는 노력이 있다는 사실만으로도, 서로 다른 관점을 가진 사람들이 소통하고 경청하는 방식에 변화의 물결이 흐르기 시작했다고 기대해 볼 수 있다. 오늘날 아이들에게 주어진 본보기가 정치권에서 경청이 (안) 이루어지고 있는 모습뿐이라면, 아이들은 공감 능력을 기르고 더 친절한 사람이 되기 위한 첫걸음인 '경청' 차제를 배울 기회조차 놓치게 될 것이다.

◆◆◆

과학자들은 공감이라는 감정이 이타적인 행동을 유발할 수 있다고 믿는다. 메이킹 케어링 커먼 프로젝트를 주도하는 이들이 말했듯, 경청은 공감으로 가는 첫걸음이다. 우리가 서로의 이야기에 귀를 기울이면 공감이 자라날 것이다. 공감을 경험하면 우리는 더 이타적인 사람이 될 것이다. 그러나 문제는 지난 10여 년 동안 많은 언론이 지적해 왔듯이, 우리가 지금 공감의 위기 한복판에 서 있다는 것이다.

2011년, 연구자들은 대학생들의 공감 능력이 20년 또는

30년 전의 학생들에 비해 약 40퍼센트 낮아졌다는 연구 결과를 발표했다.[6] "우리는 사람들의 공감 능력이 2000년 이후 가장 크게 떨어졌다는 사실을 발견했습니다." 당시 미시간대학 사회연구소(University of Michigan Institute for Social Research) 소속 연구원이었던 사라 콘라스(Sara Konrath)가 말했다. 연구진은 그 원인으로 소셜 미디어를 추측했다. 기술이 우리 문화 속에서 사람 간의 단절을 더욱 심화시키고 있기 때문이다. 당시 한 연구원은 이렇게 말했다. "온라인에서 '친구'를 쉽게 만들 수 있게 되면서, 다른 사람들에게 굳이 반응하고 싶지 않을 땐 아예 관심을 끄는 일이 더 쉬워졌을지도 모릅니다."

그러나 만약 정말 기술이 원인이라면, 그것을 바로잡는 게 과연 교육 제도의 책임일까? 매닝은 미국 학교의 자원 부족과 인력난 문제를 지적했다. 안 그래도 학생들의 학업 성취도를 끌어올리라는 압박 속에 놓인 교사들에게 돌봄에 관한 새로운 학습 계획을 숙지하고 가르치라고 요청하는 게 과연 얼마나 효과적일까? 그는 돌봄을 가르치는 것은 교육 제도가 책임질 일이라고 믿으며, 미국 교육의 핵심이 지성과 인성 모두라고 명확히 밝혔던 미국의 건국자들과 수많은 위대한 교육자들의 신념을 강조했다.

매닝은 우리가 친절과 돌봄을 올바르게 가르친다면, 미국에는 민주주의가 번영할 수 있을 거라고 말한다. "지성만을 중시하고 인성을 경시하는 것이 어떤 결과를 불러오는지 우리는 이미 목격하고 있습니다. 우리는 사회가 분열되고 균열이 생기는 모습을 직접 보고, 그것을 체감하고 있어요. 따라서 돌봄을 교육하는 일은 본래의 역사적 사명으로 돌아가는 길이기도 합니다."

그는 학교가 공유된 현실의 감각을 경험하고 배울 수 있는 몇 안 되는 장소 중 하나라고 덧붙였다. 특히 우리 사회가 개인화된 기술 문제에 직면한 지금은 더욱 그렇다. 미국에서 종교의 쇠퇴가 계속되며 교회에 다니는 사람들이 줄어드는 가운데, 학교는 여전히 문화적 규범을 배울 수 있는 마지막 남은 공간 중 하나다. 그렇기에 학교야말로 체계적 돌봄을 시작하기에 가장 적합한 공간이 될 수 있다.

매닝과 와이스버드와의 대화가 끝나고 나는 다시 포지스의 이론, 즉 우리의 신경계가 끊임없는 투쟁-도피 상태에서 벗어나지 못하는 것은 우리가 쉴 새 없이 평가받는 문화 속에서 살고 있기 때문이라는 그 이론을 떠올렸다.

그러한 문화가 우리를 어떻게 '적자생존' 사고방식에 가두는지도 생각했다. 또, 가족마다 자신들은 타인을 돌보는 가치를 개인적 성공보다 더 중시한다고 여기지만, 다른 가족들은 그러지 않을 거라고 믿는다는 매닝의 말도 생각한다. 체계적인 돌봄의 첫걸음은 경청과 공감 형성이라는 사실, 그리고 미국의 총기 문제가 학교를 안전한 공간으로 만들고자 하는 시도를 한층 더 복잡하게 만들고 있는 상황까지… 많은 생각이 들었다.

그렇다면 이제 하나의 사고 실험을 해 보자. 만약 우리가 경청을 배우며 더 많은 공감을 형성하고 그로 인해 문화 전체가 더 이타적으로 변할 수 있다면? 기회가 박탈되었거나 소외된 집단, 또는 위기에 빠진 집단을 기반으로 삼지 않고도 지속 가능한 제한적 연대를 경험할 수 있다면? 그렇다면 그러한 변화를 뒷받침하는 신경생물학적 원리는 무엇일까? 또한 안전함이라는 감각을 연구하는 과학 분야에서도 우리가 배울 수 있는 점이 있을까?

11

이타심은 경청과 공감으로부터 시작한다

구글 검색창에 옥시토신(oxytocin)을 검색하면 '사랑 호르몬'이라는 검색 결과가 먼저 나오지만, 사실 옥시토신은 그 이상의 역할을 한다. 옥시토신은 안전하다는 감정을 생성하는 생물학적 기전의 중심에 있는 신경펩타이드 분자다. 이 안전하다는 느낌은 포유류 어미와 새끼 사이의 유대에서 시작된다.

내 딸이 그랬듯, 아기 쥐 역시 어미의 관심을 끌기 위해 울음소리를 낸다. 여러 연구에 따르면, 어미 쥐는 새끼의 울음소리에 빠르게 반응하고 심지어 자기 새끼가 아닌 아기 쥐에게도 같은 반응을 보인다. 반면에, 새끼를 낳은 적

없는 암컷 쥐들에게서는 별다른 반응이 나타나지 않았다.

신경과학자 로버트 프롬케(Robert Froemke)는 그 이유를 더 자세히 밝혀내기 위해 연구를 시작했다. 이전 연구에서 옥시토신이 유대 형성의 핵심 요소라는 주장이 제시된 바 있었고, 이를 바탕으로 프롬케와 동료들은 암컷 쥐의 좌측 청각피질(auditory cortex)에 옥시토신을 주입했다. 이 부위는 인간의 뇌에서 사회적 신호 인식을 관장한다. 그 결과, 새끼를 낳은 적 없는 암컷 쥐들이 단순히 식염수만 주입한 쥐들보다 아기 쥐의 울음소리에 더 빠르게 반응했다.[1]

프롬케의 연구는 옥시토신이 돌봄을 하게 하는 호르몬이라는 사실을 보여 준다. 또한 옥시토신은 자율신경계를 조절하는 역할도 한다. 저명한 과학자이자 인디애나대학의 명예 교수인 수 카터(Sue Carter)는 옥시토신 작용 원리 연구의 선구자다. 그의 가장 획기적인 성과 중 하나는 동물학자 로웰 게츠(Lowell Getz)와의 공동 연구에서 이루어졌는데, 이 연구에서 초원들쥐의 사회적 일부일처(social monogamy)제를 뒷받침하는 생리학적 기반을 규명했다.

게츠는 수년간 초원들쥐가 일부일처로 짝을 이루어 살아간다고 확신했고, 카터는 초원들쥐들의 세계에 난소주기의 부재 등 일부일처 습성에 작용하는 다른 요인들도 존재한다는 사실에 주목했다. 이 관찰은 초원들쥐의 일부일처제 문화 형성에 영향을 미친 요인이 생식호르몬뿐만은 아님을 시사했다. 또한 카터는 초원들쥐가 특별한 짝을 만나면 옥시토신 수치가 상승한다는 사실을 밝혀냈고, 이를 통해 초원들쥐의 일부일처제가 단순히 생식의 필요성에만 기반해 형성된 것이 아님을 보여 주었다. 그보다는 '안전하다고 느끼는 감정'과 관련이 있었다.

카터는 인터뷰에서 옥시토신은 사회적 유대를 형성하는 호르몬답게 단독으로 작용하지 않는다고 강조했다. 옥시토신에는 짝이 필요한데, 그 짝의 이름은 바소프레신(vasopressin)이다. 두 호르몬은 함께 작용하며 인간의 신경계를 조절한다. 이 신경 체계는 고도로 진화했지만, 그 작동 원리는 아직 완전히 밝혀지지 않았다.

지금까지 알려진 것은 바소프레신이 두 호르몬 중 더 원시적인 형태이며, 공포와 불안의 신경생물학과 관련되어 있다는 사실이다. 바소프레신은 스트레스 호르몬으로, 염증을 촉진하는 역할을 한다. 반면에, 옥시토신은 그와 반대되는 효과를 가진다. 두 호르몬은 공통된 조상 펩타이드에서 유래해 진화했다. "우리가 산소에 의존해서 살아가는 존재라는 걸 기억해야 합니다." 카터가 말했다. "우리는 산화스트레스에 취약한 환경, 즉 '녹슬기' 쉬운 환경에 살고 있어요. 하지만 우리에게는 그에 맞설 수 있는 방어 체계가 있으며, 옥시토신은 자연이 마련해 준 천연 소화기라는 게 제 주장입니다."

옥시토신을 자연이 선물한 천연 소화기라고 표현한 카터의 말과 옥시토신이 바소프레신과 함께 작용하는 방식이 자꾸만 머릿속을 맴돌았다. 두 호르몬은 서로가 필요하고, 어떤 의미에서는 서로를 돌보아야 한다. 인간의 몸속, 분자 수준에서조차 공격성과 평온은 서로 끊임없이 밀고 당기는 섬세한 춤을 이어간다. 그러나 이 둘이 최적의 방식으로 함께 작용할 때, 둘 사이의 기본값은 평온함으로 맞춰진다. 그런 상태가 되면 인간은 놀라운 일을 해낼 수 있다. 서로에게서 안전함과 돌봄을 느낄 수 있기 때문이다.

"옥시토신은 우리의 사회적 연결을 돕기 위해 존재합니다. 사회적 연결은 모든 면에서 긍정적인 영향을 미치죠. 하지만 동시에 옥시토신은 우리가 바소프레신에 과잉 반응하지 않도록 막아 주려고 존재하기도 해요. 이는 제 개인적인 이론입니다." 카터가 말했다. "옥시토신은 과거에는 여성 호르몬으로 여겨졌지만, 사실 회복탄력성과 생존의 중심에 자리 잡은 호르몬입니다." 다시 말해, 여성적인 특성으로 여겨지는 돌봄과 보살핌이 실제로는 강인함의 생물학적 기반인 셈이다. 나는 돌봄을 우선하는 사고방식과 회복 중심 상태에 뿌리를 둔 작은 우주를 찾아 다시 사회적 처방 운동으로 돌아갔다.

◆◆◆

심리학자가 되기 위해 공부하던 시절, 엘리자베스 마클(Elizabeth Markle) 박사는 하버드 의과대학 산하 케임브리지 보건 연맹(Cambridge Health Alliance)에서 실습 과정을 여러 번 거쳤다. 응급실에서 근무하는 동안 마클은 환자들을 진료하는 한편, 전문의들과 신규 레지던트들에게 정신 건강 상담도 제공했다. 그러면서 병원의 치료사들이 환자의 정신 건강 증진을 위해 운동이나 균형 잡힌 영양 섭취, 상담과 같은 '행동 처방(behavioral prescriptions)'을 내리는 모습을 계속해서 보게 되었다. 하지만 이렇게 처방을 내리고 나면, 환자들이 실제로 그것을 이행하는지 확인할 방법이 없었다. 게다가 그런 종류의 처방을 실행에 옮길 수 있느냐 없느냐는 대개 환자가 가진 사회적 특권에 따라 좌우됐다. 마클에게는 이 모든 과정이 마치 한 편의 건강 관리 연극을 하고 있는 것 같이 느껴졌다.

"그걸 보니 처방전은 있는데 가져갈 약국은 없는 상황이라는 게 너무 명확하게 다가왔어요. 그렇지 않나요?" 그의 말을 빌리자면, 이 문제는 전달의 문제이자 형평성의 문제였다. 형평성 문제라는 것은 돈이 있어서 개인 건강 코치를 고용하거나, 필라테스 수업을 듣거나, 유기농 식품을 사 먹을 수 있는 환자들만 행동 처방을 이행하고 앞으로 나아갈 수 있었기 때문이다. 마클은 이렇게 덧붙였다. "돈이 없는 환자들은 그럴 수 없었죠. 그들에게는 앞으로 나아갈 방법이 없었어요."

그때부터 그는 형평성 있고 누구나 쉽게 이용할 수 있는, 이른바 '행동 약국'을 만든다면 어떤 모습이 될지 본격적으로 고민하기 시작했다. 사람들에게 행동 처방을 효과적으로 전달하는 방법은 무엇일까? 그렇게 8년이 지나고 나서야 캘리포니아 오클랜드에서 비영리 단체 '오픈 소스 웰니스(Open Source Wellness)'를 시범 운영할 수 있었다. 마클은 그 이후로 지금까지 다양한 형태의 변화를 거쳤지만, 오픈 소스 웰니스의 핵심은 네 가지 기둥이 받치고 있다고 말했다. 바로 '움직이기', '영양 섭취하기', '연결하기', '존재하기'다. 또한 오픈 소스 웰니스의 모임에서 가장 중요한 요소는 인간의 유대라고 강조했다.

현재 이 비영리 단체는 누구나 함께할 수 있는 주간 모임을 운영하고 있다. 회원권 비용은 한 달에 125달러(약 16만 3천 원—옮긴이)이지만, 저소득층을 위한 의료 센터를 이용하는 환자들은 주치의에게서 3~4개월간 참여할 수 있는 처방을 받아 프로그램에 무료로 합류하는 경우도 많다.

주목할 점은 모임의 범진단적(transdiagnostic) 성격이다. 이는 이 모임이 우울증, 당뇨, 고혈압을 앓는 환자들만을 위한 게 아니라는 걸 의미한다. 마클은 이렇게 말했다. "인간으로서 살아가며 삶의 건강과 행복을 유지할 힘이 있기도 하고, 그것을 지키는 데 어려움을 겪기도 하는 사람들을 위한 모임입니다. 어떤 사람은 약물 사용 문제가 가장 큰 어려움일 수 있고, 또 어떤 사람은 신체의 불편함이 주요 문제일 수 있어요. 정신 건강이나 행동 문제를 주된 과제로 안고 있는 사람도 많고, 대부분은 복합적인 만성 질환을 함께 가지고 있습니다."

마클은 고맙게도 나에게 온라인 모임이 열리는 모습을 실시간으로 참관할 수 있게 허락해 주었다. 어느 화요일 밤, 줌에 접속했더니 에너지 넘치는 오픈 소스 웰니스 코치가 나를 맞이했다. 배경 음악이 흐르는 가운데, 코치는 참가자 한 사람 한 사람의 이름을 부르며 환영 인사를 건넸다. 나는 이 모임에 처음, 그것도 기자로 참여했지만, 이름으로 불리며 환영받는 느낌이 참 좋았다. 지금까지 셀 수 없이 많은 온·오프라인 운동이나 웰니스 관련 수업을 경험해 봤지만, 이렇게 모든 사람의 이름을 부르며 반기는 모습은 좀처럼 보기 힘들다. 이 모임과 비슷한 온라인 환경에서 이렇게 따뜻한 챙김을 받은 경험도 거의 없었다.

참가자들은 인종, 나이, 성별이 다양했다. 총 20명 정도가 모였다. 모든 참가자가 접속을 마치자, 코치는 앞으로 1시간 40분가량 진행될 프로그램의 개요를 간단히 설명했다. 이어서 그는 이 모임이 단순히 이야기를 나누는 데 그치는 자리가 아니라 실제로 행동으로 옮기는 자리임을 강조했다. 먼저, 서로 어색함을 푸는 시간이 있었다. 코치는

"당신이 좋아하는 잼은 무엇인가요?"라는 질문을 던졌다. 웰니스의 개념이 주관적이듯, 답변도 가지각색이었다. 어떤 이들은 딸기잼, 라즈베리잼, 오렌지 마멀레이드를 말했고, 다른 사람들은 가장 좋아하는 노래를 꼽았다(잼이라는 단어는 과일잼을 뜻하기도 하고, 좋아하는 노래라는 의미의 속어로도 쓰인다—옮긴이). 나는 내가 사랑하는 밴드 플리트우드 맥의 곡이라면 뭐든 좋다고 대답했다.

다음은 프로그램의 '움직이기' 순서였다. 모든 참가자는 앉아서든 일어서서든 편한 자세로 참여해 달라고 안내받았다. 코치는 무엇보다도 우리가 편안하다고 느끼는 게 중요하다고 강조했다. 어쨌든 오픈 소스 웰니스의 황금률은 '자기 자신을 돌보라'라는 것이니까. 모든 사람의 카메라가 켜진 상태였지만, 누군가에게 잘 보이려 애써야 한다는 부담은 하나도 느껴지지 않았다.

음악이 시작되자 운동 강사가 에어로빅 동작을 안내했다. 사이드스텝, 프론트스텝, 몇 번의 그레이프바인스텝 동작이 이어진 후, 참가자들은 이름이 불릴 때마다 각자 자신만의 춤을 선보여야 했다. 솔직히 말해 나는 너무 긴장한 나머지 결국 손을 굴리는 웨이브 동작을 나만의 방식으로 어설프게 흉내 내고 말았다. 그런 내 모습이 좀 웃기긴 했지만, 전혀 부끄럽지는 않았다. 아마 이 공간이 본질적으로 안전하다고 느껴진 덕분에 몸속의 옥시토신이 바소프레신의 작용을 억제해 주고 있었는지도 모른다.

약 25분 동안 이어진 춤 시간이 끝나자 확실히 기분이 달라졌다는 걸 느낄 수 있었다. 처음 카메라를 켜고 낯선 사람들 앞에 앉았을 때보다 사람들의 시선이 훨씬 덜 신경 쓰였고, 몸에 기운도 넘쳤다. 이어진 순서는 새로운 코치가 이끄는 '존재하기' 시간이었다. 여기서는 코치의 안내를 따라 숨을 들이마시며 친절함을 받아들이고, 내쉬며 우리에게 도움이 되지 않는 감정들을 흘려보내는 연습을 했다.

그런 다음 코치가 "자기돌봄이란 무엇일까요?"라는 질문을 던지고, 참가자들과 의견을 나누는 시간을 가졌다. 사람들은 각자 저마다 생각하는 자기돌봄의 정의를 나누었는데, 대부분 아주 기본적인 방식으로 생활을 챙기는 것에 중점을 둔 내용이었다. 한 사람은 'ADL(activities of daily living, 일상생활 활동)'이라 불리는 위생 관리, 걷기, 식사 같은 활동을 매일 하는 게 자기돌봄이라고 말했다. 코치는 대화에 참여해 준 모두에게 격려를 건네며 자기돌봄은 어떤 방식으로든 해석될 수 있다고 덧붙였다.

"자기돌봄이란 자신의 웰빙을 유지하거나 개선하기 위해 실천하는 행동입니다." 코치는 이렇게 말하며, 자기돌봄은 스트레스 상황이 닥쳤을 때를 대비해 평소에도 꾸준히 연습해야 하는 것이라 강조했다. 그는 곧이어 일기 쓰기 활동으로 넘어가면서 방금 강조했던 내용을 실천으로 옮겼다. 우리는 각자의 '마음속 컵'을 채워 주는 것들이 무엇인지 적어보았다. 어떤 사람은 호흡 훈련 같은 영적 수련에 몰두하는 일이라고 답했고, 어떤 사람은 움직이거나 음악을 듣는 일이라고 했다.

코치는 다시 물었다. "그렇다면 당신의 컵을 비우는 건 무엇인가요?" 한 여성은 걱정이 생기거나 스트레스를 받을 때라고 대답했다. 코치는 자기돌봄의 목표가 '컵을 채우는 일'이라며, 그 이유는 아무리 컵이 비워지는 일이 생기더라도 완전히 바닥나지는 않도록 하기 위해서라고 했다. 그는 구슬이 담긴 컵을 들어 보여 주면서 이렇게 설명했다. "만약 이 컵이 가득 차 있다면, 구슬 하나를 꺼내도 여전히 가득 찬 상태일 거예요. 하지만 컵이 간신히 채워져 있을 때 구슬 하나를 꺼내면, 그땐 텅 빈 컵이 되겠죠." 나는 이곳에서 말하는 자기돌봄의 개념이 정말 마음에 들었다. 단지 기분을 좋게 만들거나 행복하거나 예뻐지기 위한 수단이 아닌, 회복탄력성을 기르고 지속하기 위한 방식이었기 때문이다.

프로그램의 세 번째 순서는 '연결하기' 시간이었다. 결국 오픈 소스 웰니스의 슬로건은 '공동체는 약이다' 아닌가. 이 시간에는 참가자들이 그동안 매주 만나 온 건강 코치와 함께 소집단으로 나뉘어 각자의 목표가 얼마큼 진척되었는지를 공유한다.

목표는 아주 간단할 수도 있다. 예컨대 당뇨를 앓고 있는 사람이 '일주일에 두어 번 산책하기'를 목표로 삼는 식이다. 이 시간은 조금 더 개인적인 이야기를 나누는 시간이라, 내가 소집단 활동에 초대되지 않은 것도 무리는 아니었다. 대신 나는 마클과 다시 연락해 방금 내가 경험한 일에 관해 이야기를 나눌 수 있었다.

이 프로그램 안에서 이타심과 친절이 무슨 역할을 하고 있는지 궁금해져 마클에게 물어보았다. 이타심과 친절이 수업에서 주요 요소로 명시되지는 않았지만, 그 존재감은 분명 느껴졌다. 그러나 이 두 가지가 정확히 어떻게 작용하고 있는지는 짚어 내기 어려웠다. 분명히 느껴지기는 하는데 대놓고 언급되지는 않았기 때문이다.

그러자 그는 반가운 표정으로 나에게 꼭 보여 주고 싶은 사진이 있다고 했다. 사진에는 '관대함', '풍요', '공헌'이라는 세 단어가 적혀 있었다. 그는 자신이 세운 가설을 설명했다. 건강 코치들이 자기 안의 활력과 취약한 부분을 솔직히 드러내며 참가자들에게 관대함을 보이면, 그 진심이 참가자들에게 풍요로움의 감각으로 전달된다는 이론이었다.

"저희 코치들은 사람들을 정말 사랑합니다. 사랑하고, 또 사랑하고, 더 깊이 사랑하죠. 그러면 참가자들은 그 사랑에서 풍요를 경험하게 돼요. 이곳엔 모두에게 다 돌아갈 만큼 사랑이 충분하다는 걸 알게 되고, 그래서 그 사랑을 두고 다른 이들과 서로 경쟁하지 않아도 된다는 사실도 깨닫게 됩니다." 마클은 이어서 설명했다. "그러고 나면 참가자들은 아주 자연스럽게 자신도 다른 사람에게 공헌하고 싶다는 마음을 품게 돼요." 이는 확실히 하버드에서 접했던 '경청하고, 공감을 형성하고, 이타적인 존재가 되는' 변화의 흐름과 같은 맥락이었다.

마클은 매 수업이 끝날 때가 되면 코치들이 '나눔과 요청' 시간을 연다고 덧붙였다. 누군가는 "우리 집 텃밭에서 애호박을 좀 땄어요. 필요하신 분 있나요?"라고 물을 수 있고, 또 다른 누군가는 "매일 아침 7시에 일어나서 산책을 해 보려고 하는데 함께할 파트너를 찾고 있어요."라고 요청할 수도 있다. "저희는 이곳에서 관대함과 풍요, 그리고 자신이 누군가에게 기여할 수 있다는 감각이 자연스럽게 싹트고 그 흐름이 계속 이어질 수 있도록 노력하고 있습니다." 마클은 이렇게 말하며, 이는 매우 강력한 힘이 될 수 있다고 강조했다.

실제로 마클은 내가 그 모임에서 느꼈던 분위기의 비결, 그러니까 '풍요'를 정확히 집어냈다. 겉보기에 마클의 커리큘럼은 샌프란시스코 베이 지역의 여유 있는 웰니스 소비층을 겨냥한 프로그램처럼 포장되어 판매될 수도 있다. 하지만 그 기반에 친절과 관대함이라는 핵심 요소가 없었다면, 내가 그날 저녁 경험한 특별한 감동은 없었을 것이다.

앞서 말했듯, 나는 처음부터 그 안에서 안전함을 느꼈다. 엄밀히 말하면 그 자리에 있던 참가자들은 애초에 돌봄이 필요해서 모인 사람들이었지만, 자신만이 아닌 서로를 진심으로 돌보고 아끼는 분위기가 눈에 보이지 않아도 분명히 느껴졌다. 아마도 모두가 서로의 이야기에 진심으로 귀 기울이는 공간이었기 때문일 것이다. 건강 코치들에게는 어떤 특정한 계획도, 숨은 의도도 없었다. 웰니스 상품을 팔려는 목적도 없었다. 그들은 그저 참가자들을 있는 그대로, 친절하게 마주하고 싶어 했다.

또한 마클은 이 같은 '풍요의 태도'야말로 프로그램을 졸업한 사람들이 동료 멘토로 자원해 새로운 참가자들을 돕고, 자신이 받았던 도움에 보답하고자 하는 마음을 품게 만드는 원동력이라고 말했다. 한 졸업생은 오픈 소스 웰니스에서의 경험을 "생명력에 시동을 걸어주는 엔진"을 만난 것 같았다고 표현했다. "저는 그 표현이 정말 좋았어요. 저희 코치들이 해줬으면 하는 역할 중 하나도 그런 '관대한 시동 엔진' 같은 존재가 되는 겁니다. 우리가 관대해질 수 있고, 풍요를 만들어 낼 수 있다면, 사람들은 서로에게 공헌하고 싶어질 겁니다. 저희가 믿고 기대하는 것도 바로 그 힘입니다."

그가 내게 들려준 또 다른 일화에서 한 참가자는 이 프로그램의 '가치'가 모든 상호작용과 교류 속에 스며들어 있었고, 그 안에서 그것을 자연스럽게 느낄 수 있었다고 말했다. 그러나 이 프로그램의 효과를 입증하는 증거가 이런 일화만 있는 것은 아니다. 마클은 실제로 우울·불안·사회적 고립감의 감소와 혈압 정상화 등 긍정적인 임상 결과를 보고했고, 신체 활동과 과일, 채소 섭취량의 유의미한 증가도 확인했다고 밝혔다. 그중 가장 주목할 만한 성과는 참가자들의 응급실 방문 및 갑작스러운 입원 횟수가 무려 77퍼센트나 줄었다는 사실이다. 이 모든 변화는 많은 참가자가 담당 의사로부터 '자신을 돌봐 주는 공동체'를 처방받은 결과였다.

오픈 소스 웰니스를 방문했던 기억은 이 책을 쓰는 내내 오래도록 내 마음에 남아 있었다. 의료 보험조차 인간의 권리로 보장되지 않는 현대 사회에서, 사람들이 진심으로 서로를 돌보는 환경 속에 누구나 접근할 수 있는 웰니스가 존재한다는 사실이 무척 신선하게 다가왔다. 위기 상황에서 늘 그래왔듯, 친절과 관대함을 실천하는 일은 건강과 사회의 회복탄력성을 높이는 강력한 촉매제임이 틀림없다. 하지만 그런 관대함이나 친절 행위가 환영받지도, 보답받지도 못한다면 그 힘은 제대로 발휘될 수 없다. 즉, 친절과 관대함이 오갈 수 있으려면 그 바탕에 풍요를 우선시하는 체계가 뒷받침되어야 한다.

12

베풀 수 없다면 목격하라

캘리포니아대학 버클리 하스 경영대학원의 교수인 앨런 로스(Alan Ross)는 코로나19 팬데믹 동안 버클리 힐즈를 산책하곤 했다. 그는 인터뷰에서 당시 일상이 전반적으로 침울하게 느껴졌다고 회상했다. 그러던 어느 날, 산책하던 길에 한 소녀가 쿠키 가판대를 세워 둔 모습을 보게 됐다.

처음엔 '귀엽네'라는 생각이 다였다. 어린 여자아이가 쿠키를 팔고 있구나 싶었다. 그렇게 그냥 지나쳐 평소와 다름없는 하루를 보낼 수도 있었지만, 다행히 가판대 옆 표지판이 눈에 띄었다. 쿠키는 판매용이 아니었다. 무료였다. 이 사실은 로스의 가슴을 울렸다. 그는 그때를 이렇게 떠올렸다. "그 어두운 시기에, 그 아이는 반짝이는 한 줄기 빛 같았어요." 로스가 친절이라는 개념에 낯선 사람이라 그 장면에 유독 크게 반응했던 건 아니다. 다만 그가 경영학 교수인 만큼, 남들보다 무료 나눔이 그에게 더 인상적으로 다가왔던 걸 수도 있다.

실제로 로스는 수년간 경영대학원에서 필수 과목인 기업 윤리를 가르쳐 왔다. 버클리에서 지내며 그는 기업 문화와 웰빙 개념 속에서 '감사함'의 중요성이 점점 더 부각되고 있다는 걸 체감했다. 하지만 로스는 "고마워하는 마음을 가졌어도 여전히 덜된 인간일 수 있다"라고 덧붙이며, 감사만으로는 충분하지 않다고 강조했다. 어쩌면 그래서 그는 수업 첫날, 학생들에게 "당신은 사회에 어떤 책임이 있습니까?"라는 질문으로 수업을 시작하는지도 모른다. 이 질문에 학생들은 대개 "투표하는 것"이라고만 답한다.

로스는 인터뷰에서 "대법원은 이제 기업도 사실상 '사람'이라는 판결을 내렸습니다"라고 설명하며, 그러므로 기업의 사회적 책임 역시 시민 개인의 사회적 책임과 다를 바 없다고 주장했다. 그는 이어 말했다. "그렇지만 놀랍게도 대부분의 학생이 사회에 무언가를 돌려줘야 한다는 의무감을 거의 느끼지 못합니다."

로스는 부모님이 돌아가신 후 약간의 유산을 물려받았다. 그는 자신이 수업에서 가르쳐 온 내용을 스스로 실천해 보기로 마음먹은 뒤, 이렇게 자문했다. '나는 사회에 어떤 빚을 지고 있는가?' 유산으로 받은 돈을 자신에게 쓰는 건 별로 내키지 않았고, 대신 지역 사회에 환원할 수 있는 프로젝트에 쓰고 싶다는 결심이 섰다. 하지만 그것이 구체적으로 어떤 형태로 이루어져야 할지는 좀처럼 떠오르지 않았다. 그러던 중 쿠키를 나누어 주던 작은 소녀를 보게 되었다. "이 아이에게 스포트라이트를 비춰야 한다고 생각했습니다." 로스는 말했다. "아이가 하고 있던 일은 정말 특별했고, 우리 공동체를 훨씬 더 좋은 곳으로 만드는 일이었으니까요."

비슷한 시기, 버클리 캠퍼스에는 고(故) 윌리엄 슬로트만(William Slottman) 명예 교수의 이름을 딴 슬로트만 홀(Slottman Hall)이라는 기숙사가 새로 지어졌다. 로스가 설명하기로는, 버클리에서 기숙사에 이름이 붙는 것은 학교에 금전적인 기부를 하지 않고도 받을 수 있는 유일한 영예라고 한다. 슬로트만을 기리는 이 공간은 로스에게 한 사람을 떠올리게 했다. 그 사람의 이름은 크리스 월튼으로, 친절의 힘을 믿었던 유치원 교사이자 로스의 아이들이 어렸을 때 그들을 가르쳤던 인물이다. 이 모든 경험이 모여 현재 로스가 운영하는 프로그램인 '크리스 친절상(Chris Kindness Awards)'으로 이어졌다.

크리스 친절상에서는 버클리 지역의 소규모 공동체가 매달 크고 작은 친절을 실천한 사람들을 후보로 추천한다. 단, 후보자는 버클리에서 거주하거나 일하거나 학교에 다니는 사람이어야 한다는 조건이 있다. 매달 말, 심사위원단이 최종 후보 3명을 선정하고, 공동체 구성원들이 이 중 한 명에게 투표한다. 최종 수상자에게는 상금 1천 달러(약 130만 원—옮긴이)가 주어지며, 이 상금은 본인이 갖거나, 나누거나, 자선단체에 기부할 수 있다.

크리스 친절상의 첫 번째 수상자는 미셸 윌리엄스라는 이름의 여성이었다. 그를 후보로 추천한 사람은 친구가 많지 않던 한 특수 장애 아동의 학부모였다. 아이에게 먼저 손을 내밀어 두 달에 한 번씩 만나자고 연락해 준 친구는 윌리엄스뿐이었다. 추천인은 이렇게 전했다. "본인의 자녀들도 있고 주중 내내 BUSD(Berkeley Unified School District, 버클리통합교육구)에서 다른 아이들을 가르치느라 바쁜 와중에도, 윌리엄스는 여전히 저희 아이에게 꾸준히 피츠(커피 전문점—옮긴이)에서 만나 근황을 주고받자고 연락해 줍니다."[1]

크리스 친절상의 또 다른 수상자는 카르멘 가르시아라는 여성으로, 버클리에 있는 모빌(미국의 석유 회사—옮긴이) 주유소에서 일하고 있었다. 가르시아를 추천한 사람은 버클리로 막 이사 와 고통스러운 상실의 시간을 지나 홀로 새로운 삶을 시작하려 애쓰고 있던 시기에 가르시아를 만났다고 회상했다. 그렇게 힘든 시간을 보내던 어느 날, 출근길에 음료를 사기 위해 들른 주유소에서 가르시아가 다가와 포옹을 건넸다.

추천인은 이렇게 말했다. "카르멘은 왠지 제 마음을 꿰뚫어 본 것 같았어요. 그가 보여 준 공감은 저를 따뜻하게 맞아 주었고, 안전하다고 느끼게 해 줬습니다.[2] 카르멘의 친절함은 계산대 앞 투명 칸막이를 뚫고도 전해져요. 모든 손님을 친구처럼 대해 주거든요."

추천인은 가르시아와 함께 휴일에 만나 식사를 한 적도 있고, 가르시아의 딸이 쓴 대학 입학 에세이를 봐준 적도 있었기에, 자신이 가르시아가 가장 아끼는 손님이라 생각했다. 하지만 곧 가르시아가 그렇게 친밀한 관계를 맺고 있는 손님이 자신뿐만이 아니었다는 사실을 알게 된다. 가르시아는 손님 한 사람 한 사람을 진심으로 알아 가고자 했고, 누군가가 힘든 하루를 보내고 있을 때면 계산대 밖으로 나와 조용히 포옹해 주곤 했다.

로스는 크리스 친절상의 수상자들과 후보자들을 각자 개인적으로 깊이 알아 갈 기회는 없었다고 털어놓았다. 하지만 그는 그들이 어떤 환경에서 자랐는지, 왜 개인의 이익만을 좇으라고 부추기는 세상 속에서 그렇게 남다른 친절을 실천할 동기를 갖게 되었는지가 궁금하다고 했다. 또한 수상자들은 사고방식 자체가 다르며, 그들이 베푸는 친절에는 겉치레나 억지스러움이 전혀 없다고도 강조했다.

경영학 교수인 로스는 몇몇 수상자들을 수업에 초청해 학생들과 직접 이야기를 나눌 수 있는 자리를 마련하기도 했다. 그는 학생들이 높은 초봉을 인생의 중요한 목표처럼 여기는 말을 자주 듣지만, 돈과 이익 너머에 있는 삶의 가치를 바라보도록 독려하고자 노력하고 있다고 말했다. "이 일에 더 깊이 관여할수록, 우리가 시간을 현명하게 쓰고 있다고 착각하며 우리 자신을 속이고 있다는 사실이 보입니다. 그래서 정말 마음이 아픕니다." 로스는 이렇게 말하며 덧붙였다. "우리는 현명하게 살고 있지 않아요. 개인으로서도, 사회 전체로서도요."

그는 늘 타인에게 베푸는 친절을 우선순위에 두고 살아가는 사람들과 함께 지내다 보니 자신에게도 개인적인 변화가 일어나고 있다는 걸 느꼈다고 했다. 로스는 이렇게 말했다. "그런 사람들과 함께 있으면 주변 사람들도 덩달아 행복해지고, 직접 친절을 실천하고 싶은 마음이 생기게 됩니다. 친절은 전염되는 것 같아요."

◆◆◆

1686년, 아이작 뉴턴은 저서 《자연철학의 수학적 원리(Philosophiae Naturalis Principia Mathematica)》에서 세 가지 운동 법칙(laws of motion)을 처음으로 제시했다.[3] 첫 번째 법칙은 정지해 있는 물체는 외부로부터 불균형한 힘이 가해지지 않는 한 계속 정지 상태를 유지한다는 것이다. 예를 들어, 강아지가 외부 자극이 있기 전까지 깨지 않고 계속 자는 것과 비슷하다. 두 번째 법칙은 물체의 작용하는 알짜

힘(net force)을 수학적으로 정량화한 공식으로, F=ma(힘=질량×가속도)로 표시한다. 세 번째 법칙은 모든 작용에는 크기가 같고 방향이 반대인 반작용이 따른다는 원리다. 뉴턴은 물리 세계를 설명하고자 했지만, 그의 이론은 오늘날 사람들이 '업(karma)'이라고 부르는 개념으로도 해석될 수 있다.

서구 문화는 업을 종종 '좋은' 또는 '나쁜' 운으로 이해한다. 누군가를 위해 좋은 일을 하면 자신에게도 좋은 일이 생길 거라는 식의 해석이다. 하지만 이러한 사고방식은 세상에 선함이 부족하다는 전제, 즉 결핍의 논리에 기반을 두고 있다. 본래 업은 산스크리트어로 '행위'를 뜻하는 단어다. 무엇보다, 선한 사람에게도 얼마든지 나쁜 일이 벌어진다는 건 우리가 모두 알고 있는 사실이다. 이것은 아무리 마법 같은 사고방식으로 이해해 보려 해도 도무지 설명되지 않는 현실이다. 시인 매기 스미스(Maggie Smith)는 이러한 삶의 진실을 널리 알려진 시 〈좋은 뼈대(Good Bones)〉에 담았다. 스미스는 이렇게 썼다.

"날아오르는 새마다,
누군가는 돌을 던진다."

이타주의라는 맥락에서 뉴턴의 세 번째 운동 법칙을 다시 살펴본다면, 관대함은 반드시 어떤 보답을 기대하지 않더라도 실천할 수 있다는 사실을 배울 수 있을 것이다.

마클의 비영리 단체에서 보았듯 풍요의 마음가짐으로 살아가거나, 하와이의 말라마처럼 돌봄과 책임을 아우르는 태도를 지닌다면 선행이 언젠가 어떤 방식으로든 결국 되돌아올 것이라는 믿음이 생겨날 수 있다. 다만 되돌아오는 방식이 전통적인 거래의 형태가 아닐 수도 있을 뿐이다.

우리는 또한, 친절이라는 행위가 그 순간으로만 끝나는 게 아니라는 사실도 진정으로 믿게 될 것이다. 서로가 서로에게 친절할 거라는 신뢰를 구축하고 그 신뢰에 기대어 서로 협력한다면, 살아가며 수많은 친절을 마주하게 되리라는 확신을 가질 수 있다. 그리고 바로 그 확신이 험한 날들을 견디는 회복탄력성과 힘이 되어 줄 것이다.

◈◈◈

〈이름 없는 영웅(Unsung Hero)〉이라는 영상에서 한 젊은 태국 남자의 하루는 머리 위로 쏟아지는 물줄기로 시작한다.[4] 그러나 남자는 화를 내는 대신 근처에 있던 화분을 들어 물이 떨어지는 곳 아래에 가져다 둔다. 다음 장면에서는 배고픈 떠돌이 개가 식당에서 점심을 먹고 있는 그에게 다가와 음식을 달라고 조른다. 그는 귀찮아하는 대신 기꺼이 자신의 몫을 내어 준다. 약 3분 동안, 시청자들은 이 남자가 계속해서 자신의 손해를 감수하면서도 친절을 베푸는 모습을 지켜본다. 화면 너머로 내레이터가 묻는다. '그는 매일 이런 일을 하는 대가로 대체 무엇을 얻을까?' 곧 대답이 이어진다. '아무것도.'

남자는 부자가 되지도, TV에 출연해 유명해지지도 않는다. 하지만 그가 얻는 것은 감정이다. 남자는 다른 사람들의 행복을 목격하고, 세상을 더 깊이 이해하게 된다. 돈으로는 살 수 없는 사랑과 여러 감정을 느끼게 된다. 놀랍게도 이 영상은 태국의 한 생명보험 광고다. 하지만 영상이 사람들에게 남긴 울림은 유튜브 댓글창만 봐도 알 수 있다. "천 번도 넘게 봤어요. 어렸을 때 이 영상을 보고 희망을 얻었고, 그 덕분에 정말 제 인생이 바뀌었습니다."

UCLA 베다리 친절 연구소(Bedari Kindness Institute)의 연구자들은 친절을 목격했을 때 생기는 파급 효과를 더 심도 있게 살펴보고자 했다.⁵ 한 실험에서, 연구진은 참여자들을 두 집단으로 나누어 한쪽에는 〈이름 없는 영웅〉 광고를, 다른 쪽에는 곡예 묘기 영상을 보여 주었다. 참여자들에게는 실험에 협조한 보상으로 1달러(약 1,300원―옮긴이)짜리 지폐 다섯 장이 지급되었고, UCLA 마텔 어린이병원에 기부할 수 있도록 기부금 봉투도 함께 주어졌다. 그 결과, 〈이름 없는 영웅〉 영상을 시청한 참여자들은 곡예 영상을 본 이들보다 25퍼센트 더 많은 금액을 기부했다. 연구진은 이를 '친사회적 행동 전염(prosocial contagion)'의 한 사례로 해석했다.

다시 말해, 친절을 목격하는 것만으로도 친절이 전염될 수 있다는 뜻이다. 당신은 어쩌면 '태국 생명보험 광고 하나로 이만큼의 통찰을 얻었다고?'라며 의아해할지도 모른다. 하지만 심리학자 대커 켈트너(Dacher Keltner)는 저서 《경외심》에서 경외심이라는 감정이 지닌 힘과 그 안에 숨겨진 새로운 과학을 설명했다. 그는 "경외심이란 세상에 대한 기존의 이해를 뛰어넘는 거대한 무언가와 마주할 때 느끼는 감정이다."라고 정의했다.⁶ 우리는 아이가 첫걸음마를 떼는 순간을 지켜볼 때, 장엄한 산맥을 바라볼 때, 심지어 비욘세(Beyoncé)의 콘서트를 볼 때도 경외심을 경험할 수 있다. 보통 우리는 경외라는 감정을 일생에 단 한 번 있을 법한 극적인 사건에서만 느끼는 감정이라고 생각하지만, 사실은 타인의 친절을 목격하는 순간에도 느낄 수 있다. 아마도 그것이 짧은 태국 광고가 그렇게 많은 사람들에게 그토록 강렬한 인상을 남길 수 있었던 이유일 것이다.

켈트너는 한 연구에서 동료들과 함께 20개의 언어권에서 경외심과 관련된 경험담 2,600여 개를 수집해 분석했다. 그중 95퍼센트 이상은 타인을 위해 행동에 나선 사람들을 목격한 이야기였다. 심폐소생술로 생명을 구하는 장면부터, 지나가던 행인이 범죄를 막는 장면까지 다양했다.

켈트너는 이렇게 썼다. "도덕성에 관한 연구에서는 오랫동안 우리가 도덕적 나침반(moral compass)을 추상적인 원칙의 가르침이나 위대한 경전 및 고전의 탐구, 또는 카리스마 있는 지도자와 훌륭한 현자의 리더십에서 찾는다고 믿어 왔다.[7] 하지만 실제로는 주변 사람들이 보여 주는 경이로운 행동에서 느끼는 경외심 속에서도 내면의 도덕 잣대를 발견할 수 있다."

《경외의 힘(The Power of Awe)》의 공동 저자이자 의사인 마이클 암스터(Michael Amster)는 인터뷰에서 경외심이란 "세상에 대한 우리의 인식을 광범위하게 초월하는" 감정이라고 설명했다. 그는 사람들이 경외심을 느낄 때 개인의 작은 자아(small self)를 넘어서는 더 큰 무언가와 연결된다고 말했다. "친절한 행동을 목격하는 건 경외심을 경험할 수 있는 놀라운 통로입니다. 타인의 친절을 보면 경외심이 일고, 우리가 스스로 친절을 실천할 때는 누군가와 연결되어 있다는 감각을 느낄 수 있죠."

암스터는 의사, 간호사들과 함께 일해 왔다. 그는 연구를 진행하며 경외심이라는 감정에 번아웃으로부터 사람을 보호해 주는 효과가 있다는 사실을 발견했다. 미국에서는 아이를 돌보는 부모, 고령의 부모를 돌보는 성인 자녀, 아픈 가족이나 친구를 돌보는 사람 등 많은 돌봄 제공자가 번아웃을 경험하고 있다.

미국전국간병연합(National Alliance for Caregiving, NAC)과 2020년 미국은퇴자협회(AARP)가 발표한 보고서 〈미국의 돌봄(Caregiving in the U.S.)〉에 따르면, 미국에서는 약 4,180만 명이 50세 이상 성인에게 무급 돌봄을 제공하고 있다.[8] 또한 블루크로스 블루쉴드(Blue Cross Blue Shield)가 발표한 돌봄의 영향에 관한 보고서를 보면, 이들 돌봄 제공자는 불안, 우울, 비만, 고혈압 같은 정신적·신체적 건강 문제를 겪을 위험이 더 크다.

만약 돌봄이 내가 여태껏 말한 것처럼 그토록 많은 건강상의 이점을 지니고 있다면, 왜 미국에서의 돌봄은 오히려 사람들의 건강을 위태롭게 만들고 있는 걸까? 그 이유는 콜이 나에게 말했듯이, 사회가 돌봄에 접근하는 방식에 있다. 미국의 돌봄은 고립되고, 과중하며, 흔히 금전적인 이익을 목적으로 이루어진다. 게다가 사회적·제도적 지원이 부족한 탓에, 돌봄 제공자들은 자신의 마음속 컵을 다시 채울 찰나의 여유조차 없이 돌봄을 이어가야 한다.

암스터는 번아웃이 '주고 또 주기만 할 때' 찾아온다고 말했다. 베풂이 단지 직업으로만 여겨지게 되었을 때, 경외심의 핵심 조건인 인간적 연결감을 상실했을 때, 돌봄이 과업 중심적으로만 수행될 때, 바로 그럴 때 돌봄은 번아웃으로 이어진다. 암스터는 이를 해결하는 답은 돌봄 속에서 다시 경외심을 발견하는 데 있다고 말한다. 그는 경외심이 주는 효과, 이를테면 번아웃을 완화하는 경외심의 완충 효과를 일상에서 체감할 수 있도록 돕는 3단계 접근법을 제시했다. 암스터는 'AWE(경외심)'라는 단어를 머릿글자로 풀이하는 방식을 소개했다.

첫 번째 글자인 'A'는 'attention(주의)'을 의미한다. 지금 이 순간, 또 이 순간에 함께하는 사람에게 온전히 주의를 기울이고 집중하는 것이다. "그 순간은 자신이 살아 있고, 인간으로 존재하며, '삶'을 경험하고 있다는 사실에 경외심을 느낄 수 있는 특별한 기회입니다." 다음 글자인 'W'는 'wait(멈춤)'이다. 잠시 멈춰 서서 그 순간의 경험을 음미하고 흡수하는 시간을 갖는 것을 뜻한다. 마지막으로 'E'는 'exhale and expand(숨 내쉬고 가슴 팽창하기)'를 말한다.

암스터는 숨을 깊게 들이쉬며 설명했다. "사람의 미주신경은 횡격막 맨 아래쪽에 연결되어 있습니다. 지금처럼 '아~' 하는 소리를 내면서 숨을 크게 들이마시고 길게 내쉬기만 해도, 저는 즉시 더 평온함을 느끼고 지금 이 자리에 존재한다는 감각을 얻을 수 있어요." 돌봄 제공자가 잠시 멈춰 그 순간을 되돌아보며 '와, 방금 그 환자와 정말 멋진 교감을 나눴어'라고 느낄 수 있다면, 그 경험은 사고방식의 전환을 불러오고 번아웃을 다스리는 데 도움이 된다.

대부분 사람은 인생을 자동 조종 상태로 살아간다. 자기가 무엇을 하고 있는지도 제대로 의식하지 못한 채 하루를 보내고, 머릿속에 수많은 생각이 쉴 새 없이 몰아친다. 그러다가 경외심을 느끼는 순간이 오면, 그 순간의 경험에 완전히 몰입해 마치 자신이 경험 그 자체가 된 듯한 감각을 느낀다. 이타적인 행동을 하거나, 친절을 베풀거나, 타인의 친절을 목격하는 일에는 사람들과의 공유된 경험에서 비롯된 유대감이 깃들어 있다. 이러한 연결감은 경외심을 자아내며, 그 자체로도 건강에 긍정적인 영향을 준다.

◆◆◆

학술지 《네이처 인간 행동(Nature Human Behavior)》에 발표된 한 논문에서, 연구자들은 온라인 뉴스 사이트 업워디(Upworthy)에 올라온 기사들의 데이터세트를 무작위로 분석했다. 분석 대상은 10만 5천 개의 기사 제목과 3억 7만 회에 달하는 노출 수였다.[9] 그 결과, 기사 제목에 부정적인 단어가 하나 쓰일 때마다 사용자 클릭률이 2퍼센트 이상 증가하는 것으로 나타났다. "반대로 기사 제목에 긍정적인 단어가 들어가면 해당 기사가 클릭 될 가능성이 현저히 낮아집니다."

 이처럼 부정적인 뉴스를 향한 선호는 갈수록 더 높아지고 있지만, 그렇다고 해서 그게 공중보건에 이롭다는 뜻은 아니다. 2020년, 미국심리학회(American Psychological Association)가 발표한 한 보고서의 설문조사에 따르면, 응답자의 절반 이상이 뉴스를 스트레스의 원인으로 꼽았다.[10] 또한 많은 사람이 뉴스로 인한 불안, 수면 부족, 피로감을 겪고 있다고 응답했다. 그런데도 미국 성인 10명 가운데 1명은 여전히 매시간 뉴스를 확인하는 것으로 나타났다.

 언론계에는 이런 말이 있다. '피가 흘러야 1면이 된다.' 비극을 중심으로 다뤄야 1면을 차지할 수 있다는 뜻이다. 하지만 기자 데릭 톰슨(Derek Thompson)이 시사잡지《애틀랜틱(The Atlantic)》에 실은 글에서 말했듯, 부정성(negativity)은 단지 언론만의 문제가 아니다. 그는 이렇게 썼다. "그것은 인간 전체의 문제다. 더 정확히 말하면, 이중 구조의 시장 안에서 생겨난 집단행동의 문제다."[11] 많은 이가 뉴스에 부정적인 이야기가 가득한 것은 인간이 본능적으로 부정 편향(negativity bias)을 지녔고, 그로 인해 악순환이 형성되었기 때문이라고 말한다. 사람들은 부정적인 뉴스에 더 쉽게 끌리고, 기자들은 그에 따라 그런 내용을 더 많이 쓰게 되는 구조다. 하지만 만약 우리가 이 악순환을 거꾸로 돌릴 수 있다면 어떨까? 물론 그렇다고 해서 이 세상의 어두운 진실들을 외면하거나 왜곡하자는 뜻은 아니다. 그보다는 세상의 좋은 면에도 조금 더 빛을 비추자는 제안이다.

과학 학술지 《플로스 원(PLOS One)》에 게재된 한 연구에서, 연구진은 무엇이 사람들을 나쁜 뉴스로부터 보호해 주는 완충 장치 역할을 할 수 있을지 알아내고자 했다.[12] 그들은 실험에 앞서 다음과 같은 가설을 세웠다. "끔찍한 사건은 실제로 벌어지고 보도되어야 할 필요가 있다는 점을 고려할 때, 우리는 타인의 부도덕성을 다룬 기사가 불러일으키는 혐오감을 타인의 친절을 다룬 뉴스로 상쇄할 수 있을지 조사했다."

실험은 두 단계로 나눠 진행했다. 첫 번째 단계에서는 테러 공격처럼 참혹한 사건을 보도하는 뉴스를 먼저 보여준 뒤 그 대응으로 제시된 친절 행위를 다룬 뉴스를 접했을 때 부정적인 영향이 약화되는지를 실험했다. 두 번째 단계에서는 친절한 행동, 자원봉사, 노숙인을 돌보는 이야기 등을 담은 뉴스를 먼저 보여 줬을 때, 부정적인 뉴스가 미치는 악영향이 줄어드는지를 더 광범위한 맥락에서 살펴보았다. 두 단계 모두 뉴스 소비자들은 좋은 소식과 나쁜 소식을 함께 접했을 때 기분이 개선되고, 타인의 선함에 대한 믿음을 유지할 가능성이 높았다. 연구자들은 "이 결과는 사람들의 정서적 안녕과 인류의 선함에 대한 믿음을 지켜 내려면 언론이 타인의 친절에 더 많은 빛을 비출 필요가 있다는 점을 시사한다."라고 결론지었다.

코로나19 팬데믹이 최고조에 달했을 당시, 션 데블린(Sean Devlin)은 매일 강박적으로 뉴스를 확인했다. 하루에도 몇 번씩 코로나 확진자 수를 들여다봤고, 어느새 세상을 온통 뒤덮은 부정적인 소식에 계속 이끌리듯 빠져들었다. 이는 정신 건강에 큰 타격을 주기 시작했다. 다행히 데블린은 한 발짝 물러서서 자신에게 벌어지는 일을 되돌아볼 수 있었고, 가족과 친구들과 이야기를 나누며 자신만 그런 게 아니라는 사실을 깨달았다. 그들 역시 뉴스에 넘쳐나는 부정적인 소식에 압도당한 기분을 느끼고 있었다.

"저는 조금 더 건강한 대안이 있지는 않을지 고민했어요." 그가 말했다. 하지만 마음 한편에서는 의문이 들기도 했다. 세상에 과연 보도할 만한 '좋은 뉴스'가 충분히 있기는 할까? 이메일 마케팅 분야에서의 경력과 '좋은 뉴스라는 게 정말 존재하기는 하는가?'라는 호기심 덕분에, 그는 훗날 《나이스 뉴스(Nice News)》라 불리는 온라인 뉴스 플랫폼을 만들게 되었다. 나이스 뉴스는 이메일 구독 기반의 뉴스 플랫폼으로, 사람들의 메일 수신함에 좋은 뉴스를 전달한다. 슬로건은 '좋은 뉴스도 뉴스다'이다.

"사람들은 잘 모르고, 사실 저희도 처음 시작할 땐 몰랐어요. 매일 발행할 수 있을 만큼 좋은 뉴스가 이렇게나 많다는 사실을요." 데블린이 고백했다. 현재 그는 세 명으로 구성된 소규모 팀과 함께 직접 취재한 기사와 선별한 기사를 섞어 싣고 있다. 그는 "세상에 이렇게 긍정적인 내용을 중심으로 한 이야기가 많다는 게 놀라울 정도예요."라고 말하며, 자신들이 기존 언론사들의 자리를 대신하려는 게 아니라고 강조했다. 그보다는 인터넷 공간에서 독자들에게 긍정적인 대안을 제공하고, 하나의 완충 장치 역할을 하기를 바란다.

이런 이유로 나이스 뉴스는 모든 주요 뉴스를 일일이 다루지 않는다. 포용적이고 희망을 주는 이야기, 독자들에게 고양된 사고방식을 선사할 수 있는 기사만을 선정해 올린다. 데블린은 이렇게 덧붙였다. "비극적인 사건이라 해도 그 안에는 사람들이 서로 돕기 위해 하나로 뭉치는 이야기가 있어요. 고무적이기도 하죠. 비극 속에도 사람들을 한데 모으는 기회가 있다는 걸 보여 주니까요."

독자들의 반응은 예상대로 긍정적이었다. 현재 나이스 뉴스의 구독자는 45만 명을 넘어섰다. 데블린은 지난 1년 반 동안 꽤 빠르게 성장한 편이라고 말했다. 그 이유 가운데 하나는 그들이 공유하는 기사 대부분이 사람들의 마음을 울리는 내용이라는 데 있다. 독자들은 깊이 감동하고, 친구나 가족들과 그 이야기를 함께 나누고 싶어 한다. 데블린은 긍정적인 뉴스를 전해줘서 고맙다는 이메일을 매일 받는다고 했다. 그는 그중 일부 구독자들의 후기를 선뜻 공유해 주었다.

한 독자는 이메일에 이렇게 썼다. "지난주에 일일 뉴스 이메일을 신청했는데, 벌써 삶의 질이 올라간 기분이에요." 또 다른 독자는 "6년 전, 라스베이거스에 사는 한 아버지가 자녀 넷을 다리 위에서 던졌다는 뉴스를 보고 그때부터 뉴스를 완전히 끊었습니다. 나이스 뉴스는 제가 6년 만에 처음으로 세상에서 무슨 일이 일어나고 있는지 알고 싶다는 생각이 들게 한 계기였습니다"라고 전했다. "저는 평생 뉴스를 피해 왔어요. 올해로 66살인데, 지금까지 뉴스는 그냥 저한테 안 맞는다고 생각했었죠." 또 다른 사람은 이렇게 말했다. "하지만 나이스 뉴스 덕분에 지구의 경이로움을 받아들이는 연습을 할 수 있고, 뉴스를 피하는 대신 정보를 얻거나 최신 소식을 접할 수 있게 되었습니다."

데블린은 나이스 뉴스의 궁극적인 사명이 모든 사람 안에 있는 긍정 편향(positivity bias)의 스위치를 켜고 사람들에게 희망과 가능성의 감각을 심어 주는 데 있다고 말했다. 그런 사고방식이 자리 잡으면 자연스럽게 긍정적인 행동이 뒤따른다. 그의 최종적인 목표는 나이스 뉴스가 사람들의 삶에 실질적이고 긍정적인 영향을 미치는 존재가 되는 것이다. "낙천적인 사고방식을 가지고 있으면 스스로 해결책을 떠올리게 됩니다." 데블린은 이렇게 주장했다. "일상에서 다른 사람들과 더 연결되고, 세상에는 정말 선한 일이 많다는 사실을 깨닫게 되죠."

데블린의 주장은 '친절은 전염된다'라는 개념과도 맞닿아 있다. 체계적 돌봄과 돌봄의 문화를 어떻게 구축할 수 있을지 고민하다 보면, 결국 핵심은 친절을 목격하는 경험이라는 사실이 명확해진다. 우리에게는 사람들이 경외심을 통해 삶을 긍정적으로 바라보고, 그로 인해 심리적 안전감을 느껴 타인에게 더 친절하고 관대해질 수 있는 문화가 필요하다.

◇◇◇

앨런 로스를 인터뷰한 뒤, 나는 특별한 초대를 받았다. 로스가 주최하는 최초의 '크리스 친절상' 기념 파티가 곧 열릴 예정이었다. 그는 이전 수상자들도 참석해 자신의 이야기를 들려줄 거라고 했다. 나는 현실에서 친절이 얼마나 전염될 수 있는지 체감해 보고 싶었다. 내가 직접 이타적인 행동을 실천하지 않고도, 그런 이타심의 공간에 있으면 즉각적으로 어떤 영향을 받게 될까?

햇살이 따사로운 10월의 어느 일요일 오후, 버클리에 있는 라이브 오크 공원에 도착했다. 개울 위를 가로지르는 작은 나무다리를 건너고 미국삼나무가 빼곡한 작은 숲 사이를 지나 안쪽으로 들어갔다. 그곳에서 흰색 접이식 탁자 뒤에 서 있는 로스를 발견했다. 경영학 교수가 '친절은 이

득으로 돌아온다'라고 적힌 셔츠를 입고 있는 모습이 어딘가 재미있게 느껴졌다. 무엇보다 지역 사회 속 친절을 주제로 한 행사에 이렇게 많은 사람들이 모였다는 사실도 놀라웠다. 아마 그날 공원에서 열린 모임 중 가장 큰 규모였을 것이다. 참석자들이 음식을 먹고 음악을 즐긴 뒤—현장에는 라이브 음악도 있었다. 행사 취지에 어울리게도, 연주자들은 버클리 학생 자원봉사자들이었다—, 로스는 사람들 앞에 서서 크리스 친절상이 시작된 계기를 들려주며 행사의 문을 열었다.

첫 번째 수상자인 미셸 윌리엄스가 나왔다. 그는 이 상을 받기 한 달 전에 아버지를 여의었다고 말하며, 받은 상금은 아버지를 기리는 의미로 다른 이들에게 기부했다고 밝혔다. 또 다른 수상자인 에그버트 비예가스는 고속도로에서 전복된 차량을 보고 차를 세운 뒤, 운전석에 갇혀 있던 사람을 구조한 공로로 후보에 올랐다. 소감을 들려 달라는 요청에 그는 사실 뭐라고 말해야 할지 잘 모르겠다고 말하며 입을 열었다. "오늘 우리는 주변에 있는 친절을 기념하기 위해 이 자리에 모였습니다. 친절을 실천하고 있는 여러분, 여러분의 친절은 반드시 누군가에게 닿는다는 걸 기억해 주세요." 그는 이 말을 행동으로 보여 준 사람이었다.

또 다른 수상자인 크리스 리틀은 그의 친절한 삶의 방식을 눈여겨 본 교회 친구의 추천을 받았다. 사람들 앞에 선 리틀은 자신이 후보로 지명됐다는 말을 들었을 때 깜짝 놀랐다고 고백했다. 자신이 대단한 일을 했다고는 생각하지 않았기 때문이다. 그는 진심 가득한 목소리로 말했다. "솔직히 말씀드리면, 친절하게 행동하는 게 쉬운 일만은 아닙니다." 그는 그럼에도 전하고 싶은 몇 가지 생각이 있다며 말을 이었다. 리틀은 친절이 가정에서부터 시작한다고 믿는다고 했다. "누군가의 하루를 밝혀주는 데는 거의 노력이 필요하지 않아요. 사실 매일 쉽게 할 수 있는 일이죠. 저는 돈도 없고 부유한 사람도 아니지만, 제가 할 수 있는 한 친절을 베풀고 도움이 되고자 노력합니다."

이달의 최종 후보였던 또 다른 남성 앤서니 역시 자신의 이야기를 들려줬다. 그는 자신이 누군가를 도울 수 있었던 건 이전에 다른 사람에게서 받은 친절 덕분이었다며, 그 경험이 없었다면 자신도 친절을 베풀 수 없었을 거라고 말했다. 앤서니는 한때 가족과 함께 노숙 생활을 했었지만, 돌아가신 할머니가 남긴 작은 유산으로 어머니가 집을 구할 수 있었다. 그 일을 계기로 가족의 삶이 완전히 달라졌다.

다음으로 무대에 오른 사람은 이달의 수상자이자 비영리 재단 '미라클 메시지'의 창립자인 케빈 아들러였다. 그는 이런 말을 했다. "전 세계 모든 공원에서 크리스 친절상이 열리는 모습을 상상해 보세요. 그렇게 된다면 세상은 훨씬 더 좋은 곳이 될 겁니다." 아들러는 30년 동안 길거리 생활을 했던 삼촌을 보고 노숙인 문제에 관심을 가지게 되었다고 말했다. 그는 삼촌을 단 한 번도 '노숙인'으로 본 적이 없었다. 가족이었기 때문이다. 그러나 삼촌이 세상을 떠난 후에야 아들러는 자신이 삼촌뿐만 아니라 다른 노숙인들을 바라보는 시각도 달라졌다는 사실을 깨달았다. 노숙인은 해결해야 할 문제가 아니라, 사랑받아야 할 사람들이었다. 다시 말해, 그들은 인간으로서 존중받고 이해받아야 할 존재였다.

이후 아들러는 1년간 이웃 지역의 노숙인들과 시간을 보내며 그들을 알아가기 시작했다. 몇몇에게는 고프로 카메라를 건네며 노숙인으로서의 하루를 직접 기록해 달라고 부탁했다. 그들이 찍은 영상들은 가슴 아픈 현실을 담고 있었고, 그중 한 장면은 아들러의 삶을 완전히 바꿔 놓았다. 영상 속 한 노숙인은 이렇게 말했다. "나는 집을 잃었을 때가 아니라 가족과 친구들을 잃고 나서야 비로소 내가 노숙인이 되었다는 사실을 실감했어요."

이 깨달음은 그가 가족 재결합 프로그램과 '전화 친구' 프로그램을 시작하게 된 출발점이 되었다. 이 프로그램에서는 노숙인 350명이 자원봉사자와 매주 통화하고 문자 메시지를 주고받으며 소통한다. 현재 아들러는 기본소득 기반 주택단지 프로젝트에도 노력을 기울이고 있다. 아직 초기 단계이긴 하지만, 6개월간 매달 500달러(약 65만 원—옮긴이)씩 지원을 받은 사람 가운데 3분의 2가 안정적인 주거지를 확보한 것으로 나타났다. 이 프로그램은 이제 확대 운영되고 있다.

그날 하루 동안 그렇게 많은 이타심을 목격한 사람들이 이후 얼마나 더 친절해졌는지를 측정할 방법은 없다. 하지만 분명한 건, 그 자리에서는 몇 가지 뚜렷한 분위기가 느껴졌다는 것이다. 그날 행사에 모인 사람들은 사회적으로 유난히 열린 태도를 보였다. 이전에 참석했던, 친절과 무관한 행사에서 만난 사람들보다 더 그런 듯했다. 처음 보는 두 사람이 다가와 나에게 이 행사와 어떤 인연이 있는지 묻기도 했고, 내 책과 관련된 정보나 자료를 아낌없이 공유해 주려는 사람들도 많았다. 수상자들의 이야기까지 듣고 난 뒤, 크리스 친절상 행사는 내게 그날 하루는 물론 그 주 내내 깊은 영감을 남긴 경험으로 남았다. 그 덕분에 나 역시 무언가 친절한 행동을 하고 싶어졌고, 적어도 조금은 더 너그러운 마음가짐으로 하루를 보내고 싶다는 생각이 들었다.

그날 집에 돌아왔더니 남편이 몇 시간은 족히 걸릴 저녁 요리 여정을 막 떠나려던 참이었다. 그 따뜻한 마음에 찬물을 끼얹고 싶지 않았다. 뭔가 멋진 걸 해 보려는 좋은 의도라는 걸 알고 있었기 때문이다. 하지만 보통 이런 상황, 그러니까 일요일 저녁 6시에 그렇게 손이 많이 가는 요리를 시작한다는 건 곧 늦은 설거지와 늦은 취침 시간을 의미했고, 아직도 새벽마다 잠에서 깨는 아기가 있는 나로서는 감당하기 어려운 일이었다.

하지만 불평부터 하기보다는 의식적으로 친절하게 행동해 보기로 했다. 어느 크리스 친절상 수상자가 말했듯 친절은 가정에서부터 시작되니까 말이다. 오히려 그 상황에서 웃을 거리를 찾기로 선택했다. 그렇게 생긴 따뜻한 마음은 다음 날까지 이어졌다. 이후 그 일요일을 돌아보며, 크리스 친절상 행사가 내게 또 다른 감정을 불러일으켰다는 걸 깨달았다. 바로 경외심이었다. 몇 주가 지나도록 그날의 기억이 유독 선명하게 남아 있었던 이유는 아마 그래서일 것이다.

버클리에서의 행사가 끝나고 두 달쯤 지났을 때, '그레이터 굿 사이언스 센터'의 과학 책임자 에밀리아나 사이먼-토마스(Emiliana Simon-Thomas) 박사를 인터뷰했다. 나는 개인적인 호기심을 담아 물었다. 친절한 행동을 직접 주고받지 않고, 그 행위에서 한 발 떨어진 제삼자로서 단지 지켜보기만 해도 긍정적인 효과를 얻을 수 있다는 주장에 과학적 근거가 있는지. 그러자 사이먼-토마스는 나에게 조셉 챈슬러(Joseph Chancellor)와 류보머스키가 학술지 《감정(Emotion)》에 발표한 공동 연구를 소개해 주었다.[13]

이 연구에서 연구진은 실험 참여자들을 세 집단으로 나눴다. 한 집단은 무작위 친절 행위를 실천하게 했고, 다른 집단은 친절을 받게 했으며, 세 번째 집단은 단순히 친절을 목격하도록 했다. 세 집단 모두에서 긍정적인 효과가 나타났다. 단순히 친절을 목격한 사람들 역시 외로움과 우울감이 줄어들었고, 긍정적인 감정을 더 많이 경험했다. 알고 보니 이처럼 타인의 친절과 돌봄을 목격할 때 느끼는 감정에는 이름이 있었다. 그 이름은 '도덕적 고양감(moral elevation)'이며, 타인의 선하고 도덕적인 행동을 목격할 때 나타나는 정서적 반응을 뜻한다.

우리가 본래 타인을 돌보도록 설계된 것처럼, 우리는 타인이 실천하는 돌봄을 목격하며 영감을 받도록 설계되어 있다. 사이먼-토마스는 이렇게 말했다. "도덕적 아름다움을 마주하는 경험은 본질적으로 보람 있는 일입니다. 우리 신경계는 그것을 쾌감으로 인식하고, 다시 다가가고 싶거나, 계속 이어가고 싶거나, 직접 해 보고 싶은 경험이라는 신호를 보냅니다."

곳곳마다 고통이 도사리는 세상에서 모든 사람이 늘 친절하고, 베풀고, 나누고, 돌보는 여유를 지닐 수는 없다. 결국 우리는 인간일 뿐이다. 성경에 나오는 성인도, 천사도 아니다. 언제나 자연스럽게 친절을 향해 손을 뻗고, 그 마음을 넉넉히 품을 수는 없는 법이다. 때로는 마음속 컵이 텅 비어, 다른 사람을 생각할 겨를조차 없을 때도 있다. 나는 우리가 겨울을 나듯, 삶을 살아가며 베풂을 실천하는 계절, 받는 계절, 목격하는 계절을 지나게 된다고 믿는다.

이 세 계절은 종종 겹쳐 흐른다. 때때로 받기만 할 수밖에 없는 처지일 때조차 우리는 누군가에게 우리를 도울 기회를 선물하는 셈이다. 반대로 누군가를 도울 수 있을 때는 스스로에게 베푸는 기쁨을 선물로 건네는 것이기도 하다. 심지어 아무것도 하지 못하고 그저 목격하기만 해도 더 큰 영감을 받고, 마음이 편안해지며, 사회 안에서 안전감을 더욱 깊이 느낄 수 있다.

이것이 바로 우리가 협력하는 방법이다. 신뢰를 쌓고, 회복탄력성을 기르는 방법이다. 외로움이라는 현대 위기에서 빠져나오는 방법이다. 결국 이것이야말로 우리 모두를 위한, 더 나은 미래를 만들어 가는 길이다. 사이먼-토마스는 이렇게 말했다. "우리는 초사회적 종입니다. 우리가 지닌 도덕적 소질, 곧 공정함과 형평성, 정의에 대한 올바른 기준은 우리 신경계 깊숙이 각인되어 있어요."

우리 모두의
행복을 부르는
선한 행동의 힘

출산하고 넉 달이 지났을 때 이 책의 계약서에 도장을 찍었다. 다시 말해, 나는 아주 작은 한 인간에게 내 모든 마음과 영혼을 온전히 바치는 극단적인 베풂의 계절을 살고 있었다. 사실 그 누구에게도 딸에게 쏟아부은 것만큼 나 자신을 그렇게 내어 준 적은 한 번도 없었다. 주변 사람들에게 줄 수 있는 건 거의 없었다. 그들에게는 도리어 내가 받는 계절에 있는 것처럼 보였을 테다. 받을 수 있는 도움과 지원, 간신히 낼 수 있는 얼마 안 되는 혼자만의 시간이라면 전부 받아들이고 있었으니까.

새로 나가게 된 엄마들 모임에서 누군가 이런 말을 했

다. "아기를 낳는 건 마치 인생에 폭탄이 터지는 것 같아요." 물론 모두가 그런 건 아니다. 하지만 많은 이에게 출산은 위기까지는 아닐지라도 분명 위기 상황과 다를 바 없다. 삶에서 진짜 중요한 것이 무엇인지 단번에 깨닫게 하고, 눈앞에 닥친 현실을 일깨워 주기 때문이다. 우선순위를 다시 세우게 되고, 사소한 고민은 옆으로 밀어 두게 된다. 이런 상황에서 생존 모드에 빠지기는 쉽다. 특히 전통적으로 돌봄의 책임을 짊어지는 여성이라면 더욱 그렇다.

나는 운 좋게도 많은 지원을 받을 수 있었지만, 이처럼 취약해지는 시기에 모든 사람이 나 같은 경험을 할 수 있는 건 아니다. 그럼에도 수많은 불안과 외로움, 때로는 절망까지 겪었다. 만약 그때 누군가가 나에게 밖으로 나가 자원봉사를 하라고 말했다면 아마 제정신이냐고 되물었을 것이다. 실제로도 도움이 됐을 리 없었다. 바로 이 모순이, 내가 책의 주제를 처음 다루기 시작한 날부터 끊임없이 고민해 온 과제였다.

미국에는 5천3백만 명에 달하는 돌봄 제공자가 있다. 이들 대부분은 여성이고, 사회 체계에 분노하고 있으며, 엄마의 역할을 넘어 모든 형태의 돌봄 제공을 도맡고 있는 사람들이다. 그런데 그런 이들에게 이 상황을 해결할 해답이 애초에 그들을 소진시키고 있는 바로 그 행위라고 어떻게 말할 수 있을까?

이 책에서 얻을 수 있는 중요한 교훈이 하나 있다면, 이타심의 효과는 용량-반응 곡선(dose-response curve)을 따라 작용하며 우리가 지나고 있는 인생의 계절, 예컨대 베푸는 계절인지, 받는 계절인지, 목격하는 계절인지에 따라 발맞춰 나타난다는 사실이다. 이타심의 긍정적인 영향을 경험하는 데 있어 모두에게 통하는 만능 해법은 없다. 그래서일까? 이타심을 건강 개입 수단으로 삼아 그 효과를 실험한 모든 연구가 반드시 긍정적인 결과를 내는 것은 아니다.

어떤 연구에서는 친절 행위가 친절을 실천한 사람의 웰빙에 아무런 영향을 주지 않았다는 결과가 있었다—다만 외로움 감소와는 연관이 있었다—[1]. 나는 이러한 결과들이 우리가 인생의 어느 시기에 있는지에 따라 달라진다고 생각한다. 그래서 자기친절(self-kindness)이 필요하다. 무엇보다도 먼저 자기 자신에게 친절해야 하며, 우리가 가진 베푸는 힘을 존중해야 한다. 타인을 돌보는 일이 자기돌봄의 한 형태가 될 수 있다고 해도, 만약 스스로 줄 수 있는 게 충분하지 않다고 느끼거나 혹은 애초에 베풂의 계절을 살고 있는 게 아니라면, 그 방식은 효과가 없을 것이다.

이러한 사실을 염두에 둔다면, 나는 우리 사회에서 번아웃을 일으키는 건 돌봄 그 자체가 아니라는 점을 반드시 짚고 넘어가야 한다고 믿는다. 진짜 문제는 돌봄을 고립된 상태에서 행하도록 강요하는 문화다. 바로 이 문화에서 번아웃 현상이 생겨난다. 앞서 말했듯, 다른 사람을 돌보고 베풂을 실천하는 일은 무수한 면에서 신체적·정신적·정서적 건강에 유익하다. 우리에게 활력을 불어넣고, 수명을 연장해 주며, 질병이 악화하는 것을 막는다. 흡연만큼이나 건강에 해로운 외로움에서 벗어나는 길이 되기도 한다.

그럼에도 간혹 돌봄이 불가능한 일인 것처럼 느껴질 때가 있다. 그런 상황이 올 땐, 기억하자. 다른 누군가가 타인을 돌보는 일을 우선순위에 두고 있다면 당신은 그 모습을 지켜보는 것만으로도 그 이로움을 누릴 수 있다는 사실을 말이다. 그리고 언젠가 당신에게 베푸는 계절이 다시 찾아온다면, 그때는 목격의 계절을 살고 있는 사람에게 도움을 건네고 영감을 전할 기회를 얻게 될 것이다. 또한 당신이 베풀 게 아무것도 없다고 생각하더라도, 그것은 사실이 아니라고 믿는다. 아무리 어두운 시기라도, 아무리 작아 보여도, 누군가에게 베푸는 친절 하나는 당신이 겪는 고통을 잠시나마 덜어줄 수 있다.

하지만 당신이 지금 외롭고 동시에 베푸는 계절을 살고 있다면, 이 책이 그 외로움에서 빠져나가기 위해 무엇을 해야 하는지 다시 생각해 보는 계기가 되길 바란다. 어쩌면 해답은 여태껏 강조해 온 역설, 즉 자기돌봄은 곧 타인을 돌보는 일이라는 사고방식으로 전환하는 데 있을지도 모른다. 당신이 지금 받는 계절에 있다면, 취약한 모습을 드러내고 도움을 청하는 것 또한 하나의 베풂이라는 사실을 기억하자. 그것은 누군가에게 도움을 줄 기회를 선물하는 일이기도 하다. 도움을 요청해도 누군가의 짐이 되는 건 아니다. 그것은 오히려 태초부터 인류의 생존을 가능하게 해 온 인간적 교류에 참여할 기회를 주는 행위다.

가령 당신이 은퇴한 사람이라면, 테니스 레슨을 수강하는 대신 매주 참여할 수 있는 자원봉사 활동을 찾아보는 건 어떨까. 신체 활동이 될 뿐 아니라 자신의 존재를 넘어선 더 큰 목적과 연결되고, 안전하다고 느낄 수 있는 사람들과 함께 사회적 유대와 공동체 의식을 구축하게 해 줄 것이다.

서두에서 말했듯, 우리가 위기에서 몇 번이고 반복해서 확인하게 되는 것이 있다. 바로 위기는 그 규모가 어떻든 간에 사람들을 하나로 모으는 힘을 가졌다는 사실이다. 이러한 현상에는 사회학적 이유와 생물학적 이유가 모두 작용한다. 인간은 무리 지어 진화해 왔으며, 생존에 있어서 숫자는 진정으로 강력한 힘을 지닌다. 위기 상황 속 이루어지는 친절 행위는 베푸는 사람과 받는 사람 양쪽 모두의 과도하게 활성화된 신경계를 진정시킬 수 있다.

1971년, 생물학자 로버트 트리버스(Robert Trivers)는 '호혜성 이타주의(reciprocal altruism)'라는 개념을 제시했다. 이는 서로 이타적인 행위를 주고받으며 '쌍방에 순이익을 가져다주는' 교환을 말한다.[2] 또한 이 책의 마지막에서 살펴본 바와 같이, 이타적 행위를 주고받는 관계에는 목격자라는 세 번째 요소가 더해진다.

내가 짚고 넘어가고 싶었던 또 다른 주제는 '의도의 중요성'이다. 이타주의에 관해 거의 10년에 걸쳐 취재한 내용을 바탕으로 이 책을 집필하는 동안, 자원봉사나 이타적 행위를 행위자 본인의 이익을 위해 권장하는 접근 방식에 대해 우려를 표한 사람들도 적지 않았다. 선을 행하는 이유가 자신의 이득을 위해서라면, 과연 그 효과는 여전히 유효할까? 에밀리아나 사이먼-토마스에게 물었더니 전혀 문제 될 게 없다고 답했다. 선행을 하는 의도에 타인을 도우려는 마음이 함께 있다면, 나 자신에게 이로운 일이라는 걸 아는 게 뭐가 문제인가? 우리는 왜 선을 실천하면서 그렇게까지 겸손해야 한다고 생각하는 걸까?

책을 쓰면서 조언이 될 만한 몇 가지 항목을 적어보았다. 당신이 어느 계절을 지나고 있든, 언젠가 도움이 되기를 바란다.

- 당신의 에너지를 아낌없이 나눠라. 있는 모습 그대로 존재하는 것은 그 자체만으로도 관대함의 한 형태가 될 수 있다.
- 자기돌봄을 실천할 때는 목적의식도 함께 품어야 한다. 자기돌봄은 단순히 기분을 좋아지게 하는 행위가 아닌 회복탄력성을 키우는 방법임을 기억하자.
- 작은 친절도 큰 친절 못지않게 의미 있는 일이다.
- 친절 개입에 관한 한, 매일 한 가지 친절을 실천하는

것보다 일주일에 이틀씩 세 가지를 실천하는 편이 더 효과적이다.
- 말라마 마인드셋을 본받아, 자신을 이 세상의 관리인이라 생각하고 돌봄의 정신을 마음에 품어라.
- 자원봉사는, 특히 노년기에는, 어떤 형태로든 하는 게 안 하는 것보다 낫다. 매주 자원봉사를 실천한다면 더 건강하고 오래 살 수 있는 기반을 마련하는 셈이다. 다른 자원봉사자들과 꾸준히 교류할 수 있다면 금상첨화다.
- 친구와 만나 하이킹을 갈 예정이라면 함께할 수 있는 자원봉사 활동을 찾아보는 것도 좋다. 건강을 위해 가장 이상적인 선택이 될 것이다.
- 타인을 돌보는 일에서 경이로움을 느끼고 싶다면 AWE를 실천해 보자. 주의를 집중하고, 잠시 멈춰서고, 천천히 숨을 내쉬는 연습은 시간의 흐름을 느리게 만들어 준다.

마지막으로, 이 책이 세상을 더 깊이 돌보는 실천으로 이어지기를 바란다. 돌봄과 친절의 정신으로 살아가는 삶,

서로 돌보는 마음을 약함이 아닌 강함으로 여기는 삶을 살기를 바란다.

이를 실천할 수 몇 가지 제안은 다음과 같다. 당신이 회사의 관리자라면 유급병가나 육아휴직 제도를 점검하고, 회사가 직원과 타인을 진정으로 돌보는 방법이 무엇일지 다시 고민해 보는 일일 수 있다. 교사라면 학생들과 앞에서 말했던 관계 매핑을 시도해 보는 것도 하나의 방법이다. 학교 운영진이라면 교사들이 미래 세대에게 서로를 돌보는 법을 잘 가르칠 수 있도록 더 나은 급여와 충분한 지원, 교육 자원을 제공할 방안을 모색하는 것이 우선이다.

부모라면 스트레스를 유발하는 상황에서 친절의 힘을 빌리고, 아이와 함께 그런 순간들을 어떻게 이겨 낼 수 있을지 이야기해 보며 스트레스 완화 방법을 찾아볼 수 있다. 의사라면 환자에게 자원봉사를 처방하는 것일 수 있다. 언론인이라면 좋지 않은 뉴스들 사이에서 균형을 맞추기 위해 세상에 존재하는 좋은 뉴스를 전하는 일이 될 수 있다. 정치인이라면 주거 안정 정책이나 보편적 기본소득 제도를 도입하는 것이 실천의 출발점이 될 수 있다.

당신이 누구든, 무엇을 하든, 당신이 맡은 역할은 크다.

누군가를 위한 작은 돌봄의 실천이 수많은 삶을 바꿀 수 있다. 사람들에게 인류는 아직 선함을 간직하고 있다는 한 줄기 희미한 희망을 전할 수 있으며, 아주 잠깐이라도 어둠을 몰아내는 빛이 되기도 한다. 어느 요가 강사가 내게 했던 말을 전한다.

"선한 일을 하세요. 선한 사람이 되세요."

참고문헌

프롤로그

1. Rebecca Solnit, A Paradise Built in Hell: The Extraordinary Communities That Arise in Disaster (New York: Penguin, 2010), 7.
2. Troy Griggs, K. K. Rebecca Lai, Haeyoun Park, Jugal K. Patel, and Jeremy White, "Minutes to Escape: How One California Wildfire Damaged So Much So Quickly," New York Times, October 12, 2017, https://www.nytimes.com/interactive/2017/10/12/us/california-wildfire-conditions-speed.html.
3. Eric Holthaus, "The Firestorm Ravaging Northern California Cities, Explained," Mother Jones, October 10, 2017, https://www.motherjones.com/environment/2017/10/the-firestorm-ravaging-northern-california-cities-explained/.
4. Jill Tucker, "Santa Rosa Schools Reopen after Fires, Ready to Help Students with Stress," San Francisco Chronicle, October 27, 2017, https://www.sfchronicle.com/education/article/Wildfire-danger-is-past-but-stress-canlinger-12312685.php.
5. Most destructive at the time; more destructive fires would follow years later.

1. 친절하면 손해 본다는 착각

1. California Department of Fish and Wildlife, "Science: Wildfire Impacts," accessed October 18, 2023, https://wildlife.ca.gov/Science-Institute/Wildfire–Impacts.
2. U.S. Forest Service, "First Returners," accessed October 18, 2023, https://www.fs.usda.gov/Internet/FSE_DOCUMENTS/fseprd575963.pdf.
3. Clarke A. Knight, Lysanna Anderson, M. Jane Bunting, et al., "Land Management Explains Major Trends in Forest Structure and Composition over the Last Millennium in California's Klamath Mountains," Proceedings of the National Academy of Sciences 119, no. 12 (March 14, 2022): e2116264119, https://doi.org/10.1073/pnas.2116264119.
4. Katherine May, Wintering: The Power of Rest and Retreat in Difficult Times (Waterville, ME: Thorndike Press, 2021).
5. In this book, I frequently use the words altruism, kindness, caring, and generosity interchangeably. It's a stylistic choice to use different words to describe actions or behavior that benefit someone else's well-being. When necessary, I specifically define each word.
6. Rebecca Solnit, A Paradise Built in Hell: The Extraordinary Communities That Arise in Disaster (New York: Penguin, 2010).

2. 생쥐가 사자를 살린 이유

1. Nicole Karlis, "Before the Pandemic, They Were Introverts. Now They Aspire to Live More Extroverted Lives," Salon.com, June 6, 2021, https://www.salon.com/2021/06/06/introverts-post-pandemic/.
2. National Institute on Alcohol Abuse and Alcoholism (NIAAA), "Alcohol-Related Deaths, which Increased during the First Year of the COVID-19 Pandemic, Continued to Rise in 2021," April 12, 2023, https://www.niaaa.nih.gov/news-events/research-update/alcohol-related-deaths-which-increasedduring-first-year-covid-19-pandemic-continued-rise-2021.
3. Nicole Karlis, "Why 'Social Distancing,' if Done Wrong, Can Make You More Vulnerable," Salon.com, March 15, 2020, https://www.salon.com/2020/03/15/why-social-distancing-if-done-wrong-can-make-you-more-vulnerable/.
4. Vladimir G. Simkhovitch, "Mutual Aid a Factor of Evolution, by P. Kropotkin," Political Science Quarterly 18, no. 4 (December 1903): 702–5, https://doi.org/10.2307/2140787.
5. Jim Angel, "The 1995 Heat Wave in Chicago, Illinois," State Climatologist Office for Illinois, accessed October 18, 2023, https://www.isws.illinois.edu/statecli/general/1995chicago.htm.
6. Qijun Han and Daniel R. Curtis, "Social Responses to Epidemics Depicted by Cinema," Emerging Infectious Diseases 26, no. 2 (2020): 389–94, http://doi.org/10.3201/eid2602.181022.
7. Alan Taylor, "Photos: The Volunteers," The Atlantic, April 2, 2020, https://www.theatlantic.com/photo/2020/04/photos-the-volunteers/609149/.
8. E. L. Quarantelli, "Disaster Studies: An Analysis of the Social Historical Factors Affecting the Development of Research in the Area," International Journal of Mass Emergencies and Disasters 5 (1987): 285–310, http://udspace.udel.edu/handle/19716/1335.
9. Matěj Bělín, Tomáš Jelínek, and Štěpán Jurajda, "Preexisting Social Ties among Auschwitz Prisoners Support Holocaust Survival," Proceedings of the National Academy of Sciences 120, no. 29 (2023): e2221654120, https://doi.org/10.1073/pnas.
10. Maritime Museum of the Atlantic, "Halifax Explosion," accessed October 18, 2023, https://maritimemuseum.novascotia.ca/what-see-do/halifax-explosion.
11. Samuel Henry Prince, "Catastrophe and Social Change: Based upon a Sociological Study of the Halifax Disaster" (PhD diss., Columbia University, New York, 1920), https://www.gutenberg.org/files/37580/37580-h/37580-h.htm.
12. Alejandro Portes, "Social Capital: Its Origins and Applications in Modern Sociology," Annual Review of Sociology 24 (1998): 1–24.
13. National Weather Service, "Hurricane Andrew: 30 Years Later," accessed October 18, 2023, https://www.weather.gov/lmk/HurricaneAndrew30Years; National Park Service, "Hurricane Andrew," accessed October 18, 2023, https://www.nps.gov/articles/hurricane-

andrew-1992.htm.
14. Florida Climate Center, "Sea Level Rise," accessed October 18, 2023, https://climatecenter.fsu.edu/topics/sea-level-rise.
15. Adam M. Straub, Benjamin J. Gray, Liesel Ashley Ritchie, and Duane A. Gill, "Cultivating Disaster Resilience in Rural Oklahoma: Community Disenfranchisement and Relational Aspects of Social Capital," Journal of Rural Studies 73 (January 2020): 105–13.
16. Celina Ortiz and Jason Swinderman, "Eusocial and Colony Behavior in Ants," Reed College, Biology 342, Fall 2012, https://www.reed.edu/biology/courses/BIO342/2012_syllabus/2012_WEBSITES/COJS_animalBehavior/index2.html.
17. Jason Bittel, "Exploding Ant Rips Itself Apart to Protect Its Own," National Geographic, April 19, 2018, https://www.nationalgeographic.com/animals/article/animals-ants-borneo-exploding-defense.
18. Charles Darwin, The Descent of Man and Selection in Relation to Sex (New York: D. Appleton, 1871).
19. Encyclopaedia Britannica, s.v. "kin selection," accessed November 11, 2023, https://www.britannica.com/topic/kin-selection.
20. Encyclopaedia Britannica, s.v. "inclusive fitness," accessed November 11, 2023, https://www.britannica.com/science/inclusive-fitness.
21. George Williams, Adaptation and Natural Selection (Princeton, NJ: Princeton University Press, 1966).
22. Felix Warneken and Michael Tomasello, "Altruistic Helping in Human Infants and Young Chimpanzees," Science 311 (2006): 1301, https://doi.org/10.1126/science.1121448.
23. Oak Ridge Associated Universities, "Psychosocial Reactions: Phases of Disaster," accessed March 5, 2024, https://www.orau.gov/rsb/pfaird/03-psychosocial-reactions-01-phases-of-disaster.html.
24. U.S. Census Bureau, "New Data Reveal Most Populous Cities Experienced Some of the Largest Decreases," May 26, 2022, https://www.census.gov/library/stories/2022/05/population-shifts-in-cities-and-towns-one-yearinto-pandemic.html.

3. 스마트폰이 불러온 '외로움 팬데믹'의 시대
1. Robert D. Putnam, "Bowling Alone: America's Declining Social Capital," Journal of Democracy 6, no. 1 (January 1995): 65–78, https://www.journalofdemocracy.org/articles/bowling-alone-americas-declining-socialcapital/.
2. Philip M. Alberti, Carla S. Alvarado, and Heather H. Pierce, "Civic Engagement: A Vital Sign of Health and Democracy," AAMC Center for Health Justice, September 26, 2022, https://www.aamchealthjustice.org/news/polling/civic-engagement.

3. How to PTA in Challenging Times: Texas PTA Rally Day 2021, National PTA, 2021, https://www.pta.org/docs/default-source/files/runyourpta/2021/how-we-pta/case-study---texas-pta-rally-day.pdf.
4. Editorial Board, "The Worst Voter Turnout in 72 Years," New York Times, November 11, 2014, https://www.nytimes.com/2014/11/12/opinion/the-worst-voter-turnout-in-72-years.html.
5. E. J. Dionne, Norman J. Ornstein, and Thomas E. Mann, One Nation after Trump (New York: St. Martin's Press, 2017).
6. U.S. Surgeon General, Our Epidemic of Loneliness and Isolation: The U.S. Surgeon General's Advisory on the Healing Effects of Social Connection and Community, 2023, https://www.hhs.gov/sites/default/files/surgeon-general-socialconnection-advisory.pdf.
7. Steve Jobs, "Steve Jobs Introducing the iPhone at MacWorld 2007," YouTube, January 9, 2007, video, 14:00, https://www.youtube.com/watch?v=x7qPAY9JqE4.
8. Andrew Perrin and Sara Atske, "About Three-in-Ten U.S. Adults Say They Are 'Almost Constantly' Online," Pew Research Center, March 26, 2021, https://www.pewresearch.org.
9. Nick Statt, "The Creators of the iPhone Are Worried We're Too Addicted to Technology," The Verge, June 29, 2017, https://www.theverge.com/2017/6/29/15893960/apple-iphone-creators-smartphone-addiction-ideo-interview.
10. Josh Howarth, "Alarming Average Screen Time Statistics (2023)," Exploding Topics (blog), January 13, 2023, https://explodingtopics.com/blog/screen-time-stats.
11. R. Sturm and D. A. Cohen, "Free Time and Physical Activity among Americans 15 Years or Older: Cross-Sectional Analysis of the American Time Use Survey," Preventing Chronic Disease 16 (September 26, 2019), http://dx.doi.org/10.5888/pcd16.190017.
12. Screen Time Action Network, Letter to Jessica Henderson Daniel, PhD, ABPP, President, American Psychological Association, August 8, 2018, https://screentimenetwork.org/apa?eType=EmailBlastContent&eeId=5026ccf8-74e2-4f10-bc0e-d83dc030c894.
13. Haley Sweetland Edwards, "You're Addicted to Your Smartphone. This Company Thinks It Can Change That," Time, April 12, 2018, https://time.com/5237434/youre-addicted-to-your-smartphone-this-company-thinks-itcan-change-that/.
14. Melinda Wenner Moyer, "Kids as Young as 8 Are Using Social Media More than Ever, Study Finds," New York Times, March 24, 2022, https://www.nytimes.com/2022/03/24/well/family/child-social-media-use.html.
15. John T. Cacioppo and William Patrick, Loneliness: Human Nature and the Need for Social Connection (New York: W. W. Norton, 2008).
16. Fay Bound Alberti, A Biography of Loneliness: The History of an Emotion (Oxford: Oxford University Press, 2019).
17. Henry David Thoreau, The Journal of Henry David Thoreau, 1837–1861, ed. Damion

Searls (New York: New York Review Books Classics, 2009).
18. Dan Russell, Letitia Anne Peplau, and Mary Lund Ferguson, "Developing a Measure of Loneliness," Journal of Personality Assessment 42, no. 3 (July 1978): 290–94, http://dx.doi.org/10.1207/s15327752jpa4203_11.
19. "New Cigna Study Reveals Loneliness at Epidemic Levels in America: Research Puts Spotlight on the Impact of Loneliness in the U.S. and Potential Root Causes," Cigna, May 1, 2018, https://www.multivu.com/players/English/8294451-cigna-us-loneliness-survey/.
20. Harvard Graduate School of Education and Making Caring Common Project, "Loneliness in America: How the Pandemic Has Deepened an Epidemic of Loneliness and What We Can Do about It," February 2021, https://mcc.gse.harvard.edu/reports/loneliness-in-america.
21. Nana Baah, "Young People Are Lonelier than Ever," Vice, April 22, 2022, https://www.vice.com/en/article/z3n5aj/loneliness-epidemic-young-people.
22. Centers for Disease Control and Prevention, "Loneliness and Social Isolation Linked to Serious Health Conditions," last reviewed April 29, 2021, https://www.cdc.gov/aging/publications/features/lonely-older-adults.html.
23. American Heart Association News, "Social Isolation, Loneliness Can Damage Heart and Brain Health, Report Says," August 4, 2022, https://www.heart.org/en/news/2022/08/04/social-isolation-loneliness-can-damage-heart-and-brain-health-report-says.

4. 엄마는 왜 아기의 울음소리에 민감할까

1. Cleveland Clinic, "Cranial Nerves," last reviewed October 27, 2021, https://my.clevelandclinic.org/health/body/21998-cranial-nerves.
2. While I refer to the vagus nerve in the singular, it's technically a pair of nerves. Physiopedia, s.v. "vagus nerve," https://www.physio-pedia.com/Vagus_Nerve.
3. Alok Jha, "Why Crying Babies Are So Hard to Ignore," The Guardian, October 17, 2012, https://www.theguardian.com/science/2012/oct/17/crying-babies-hard-ignore.
4. Jason G. Goldman, "Ed Tronick and the 'Still Face Experiment,'" Scientific American, October 18, 2010, https://blogs.scientificamerican.com/thoughtful-animal/ed-tronick-and-the-8220-still-face-experiment-8221/.
5. Polyvagal Institute, "What Is the Polyvagal Theory?," https://www.polyvagalinstitute.org/whatispolyvagaltheory.
6. Refinery29, "I Live in Los Angeles, Make $75,000 a Year, and Spent $2,003 on My Wellness Routine This Week," Feel Good Diaries, June 17, 2019, https://www.refinery29.com/en-us/2019/06/235357/wellness-routine-barrys-bootcamp-smoothies.
7. Field Agent, "Millennials, Boomers, and 2015 Resolutions: 5 Key Generational

Differences," January 13, 2015, https://blog.fieldagent.net/millennials-boomers-new-years-resolutions-5-key-generational-differences.

8. Nicole Karlis, "How the 2010s Became the Decade of Self-Care," Salon.com, December 21, 2019, https://www.salon.com/2019/12/21/how-the-2010s-became-the-decade-of-self-care/.
9. Philip Brickman and Donald T. Campbell, "Hedonic Relativism and Planning the Good Society," in Adaptation-Level Theory, ed. M. H. Appley (New York: Academic Press, 1971), 287–305.
10. Philip Brickman, Dan Coates, and Ronnie Janoff-Bulman, "Lottery Winners and Accident Victims: Is Happiness Relative?," Journal of Personality and Social Psychology 36, no. 8 (1978): 917–27, https://gwern.net/doc/psychology/1978-brickman.pdf.
11. McKinsey & Company, "Feeling Good: The Future of the $1.5 Trillion Wellness Market," April 8, 2021, https://www.mckinsey.com/industries /consumer-packaged-goods/our-insights/feeling-good-the-future-of-the-1-5-trillion-wellness-market.
12. S. Alexander Haslam, Charlotte McMahon, Tegan Cruwys, Catherine Haslam, Jolanda Jetten, and Niklas K. Steffens, "Social Cure, What Social Cure? The Propensity to Underestimate the Importance of Social Factors for Health," Social Science and Medicine 198 (2018): 14–21, https://doi.org/10.1016/j.socscimed.2017.12.020.
13. S. W. Porges and S. A. Furman, "The Early Development of the Autonomic Nervous System Provides a Neural Platform for Social Behavior: A Polyvagal Perspective," Infant and Child Development 20, no. 1 (January/February 2011): 106–18, https://doi.org/10.1002/icd.688.
14. Galway Kinnell, "Saint Francis and the Sow," in Mortal Acts, Mortal Words (Boston: Houghton Mifflin, 1980), available at https://www.encyclopedia.com/arts/educational-magazines/saint-francis-and-sow.

5. 이타심을 '처방'하면 무엇이 달라지는가

1. Lisa Luckett, "Love vs Fear. Can We See 9/11 in a New Light?," TEDxNewBedford, December 7, 2016, https://www.youtube.com/watch?v=LOnMZXbII7M.
2. Nicole Karlis, "Lisa Luckett, 9/11 Widow, Explains How Tragedy Helps Us Grow," Salon.com, September 11, 2018, https://www.salon.com/2018/09/11/lisa-luckett-911-widow-explains-how-tragedy-helps-us-grow/.
3. Barbara L. Fredrickson, "What Good Are Positive Emotions?," Review of General Psychology 2, no. 3 (1998): 300–319, https://doi.org/10.1037/1089-2680.2.3.300.
4. Sonja Lyubomirsky, "On Studying Positive Emotions," Prevention and Treatment 3, no. 1, (March 7, 2000), https://psycnet.apa.org/doi/10.1037/1522-3736.3.1.35c.

5. Zak Stambor, "A Key to Happiness," Monitor on Psychology 37, no. 9 (October 2006), https://www.apa.org/monitor/oct06/key.
6. L. E. Alden and J. L. Trew, "If It Makes You Happy: Engaging in Kind Acts Increases Positive Affect in Socially Anxious Individuals," Emotion 13, no. 1 (2013): 64–75, https://doi.org/10.1037/a0027761.
7. David R. Cregg and Jennifer S. Cheavens, "Healing through Helping: An Experimental Investigation of Kindness, Social Activities, and Reappraisal as Well-Being Interventions," Journal of Positive Psychology 18, no. 6 (2023): 924–41, https://doi.org/10.1080/17439760.2022.2154695.
8. R. M. Ryan and E. L. Deci, "Self-Determination Theory and the Facilitation of Intrinsic Motivation, Social Development, and Well-Being," American Psychologist 55 (2000): 68–78.
9. J. Walker, A. Kumar, and T. Gilovich, "Cultivating Gratitude and Giving through Experiential Consumption," Emotion 16, no. 8 (2016): 1126–36, https://doi.org/10.1037/emo0000242.
10. Adam Phillips and Barbara Taylor, On Kindness (New York: Picador, Macmillan, 2020).
11. WKYC Channel 3, "Boys Do Read: 8-Year-Old Boy Starts Reading Movement in Cleveland," November 23, 2018, https://www.youtube.com/watch?v=aJbTRY2xwfY.
12. Color a Smile, "Thank You's," https://colorasmile.org/thank_you/.
13. NHS England, "Social Prescribing: What Is Social Prescribing?," accessed August 21, 2024, https://www.england.nhs.uk/personalisedcare/social-prescribing/.
14. NHS England, "Social Prescribing—The Power of Time and Connections," https://www.england.nhs.uk/personalisedcare/comprehensive-model/case-studies/social-prescribing-the-power-of-time-and-connections/.
15. 9/11 Day, "Jay Winuk," https://911day.org/leaders/jay-winuk.

6. 기부하면 분비되는 중독 호르몬

1. University of Pennsylvania, "How Do Natural Disasters Shape the Behavior and Social Networks of Rhesus Macaques?," press release, April 8, 2021, https://penntoday.upenn.edu/news/Penn-neuroscience-natural-disasters-behavior-social-networks-rhesus-macaques.
2. National Weather Service, "Major Hurricane Maria," September 20, 2017, https://www.weather.gov/sju/maria2017.
3. Camille Testard, Sam M. Larson, Marina M. Watowich, Noah Snyder-Mackler, Michael L. Platt, and Lauren J. N. Brent, "Rhesus Macaques Build New Social Connections after a Natural Disaster," Current Biology 31, no. 11 (2021): 2299–2309. https://doi.org/10.1016/j.cub.2021.03.029.
4. R. Jones, "It's Good to Give," Nature Reviews Neuroscience 7 (2006): 907, https://doi.

org/10.1038/nrn2047.
5. Nicole Karlis, "Why Doing Good Is Good for the Do-Gooder," New York Times, October 26, 2017, https://www.nytimes.com/2017/10/26/well/mind/why-doing-good-is-good-for-the-do-gooder.html.
6. University of Wisconsin–Madison, "Brain Can Be Trained in Compassion, Study Shows," press release, May 22, 2013, https://news.wisc.edu/brain-can-be-trained-in-compassion-study-shows/.
7. University of Wisconsin–Madison, "Brain Can Be Trained in Compassion."
8. M. T. Johnson, J. M. Fratantoni, K. Tate, and A. S. Moran, "Parenting with a Kind Mind: Exploring Kindness as a Potentiator for Enhanced Brain Health," Frontiers in Psychology 13 (2022): 805748, https://doi.org/10.3389/fpsyg.2022.805748.
9. Center for BrainHealth, "The Power of Kindness in Improving Brain Health," press release, NeuroscienceNews.com, April 11, 2022, https://neurosciencenews.com/kindness-brain-health-20360/.
10. Hawaii News Now Staff, "Hawaii Saw More than 10M Visitors Last Year, but Not Everyone Is Celebrating," January 30, 2020, https://www.hawaiinewsnow.com/2020/01/31/hawaii-saw-more-than-m-visitors-lastyear-not-everyone-is-celebrating/.
11. Data USA, "Hawaii: About," accessed September 1, 2023, https://datausa.io/profile/geo/hawaii.
12. Audrey McAvoy, "Agency to Hawaii Residents: Don't Hate on Tourists," Associated Press, April 24, 2016, https://www.seattletimes.com/nation-world/agency-to-hawaii-residents-dont-hate-on-tourists/.
13. Bishop Museum, "Hidden in Plain Sight: The History of the Healer Stones of Kapaemahu in a Changing Waikīkī," YouTube, streamed live July 8, 2022, presentation, 1:41:00, https://www.youtube.com/watch?v=BK-eNa4kyNg.
14. U.S. Census Bureau, Remembering Pearl Harbor: A Pearl Harbor Fact Sheet, https://www.census.gov/history/pdf/pearl-harbor-fact-sheet-1.pdf.
15. Battleship Missouri Memorial, "About Us," accessed September 1, 2023, https://ussmissouri.org/about-us.

7. 자원봉사를 하면 건강해진다는 증거

1. Hiʻipaka LLC, "History of Waimea Valley," https://www.waimeavalley.net/about-waimea.
2. Maui Nui Botanical Gardens, "Koa (Acacia koa)," accessed August 19, 2023, https://mnbg.org/hawaiian-native-plant-collection/koa-acacia-koa.
3. Lorraine Boissoneault, "When Invasive Species Become Local Cuisine," The Atlantic, May 19, 2016, https://www.theatlantic.com/science/archive/2016/05/hawaii-invasive-

species/483509/.
4. Hawai'i Department of Land and Natural Resources, "Rare Plants," https://dlnr.hawaii.gov/ecosystems/rare-plants/.
5. Allan Luks, "Helper's High: The Healing Power of Helping Others," https://allanluks.com/helpers_high.
6. Allan Luks, "Doing Good: Helper's High," Psychology Today 22, no. 10 (1988), photocopy of article available at https://ellisarchive.org/sites/default/files/2019-10/Document_20191001_0008.pdf.
7. Lisa Howard, "Volunteering in Late Life May Protect the Brain against Cognitive Decline and Dementia," UC Davis Health News, July 20, 2023, https://health.ucdavis.edu/news/headlines/volunteering-in-late-life-may-protect-the-brain-against-cognitive-decline-and-dementia/2023/07.
8. Eric S. Kim and Sara H. Konrath, "Volunteering Is Prospectively Associated with Health Care Use among Older Adults," Social Science and Medicine (January 2016): 122–29, https://doi.org/10.1016/j.socscimed.2015.11.043.

8. 우리는 서로 협력하도록 진화했다

1. Amy Yotopoulos, "Three Reasons Why People Don't Volunteer, and What Can Be Done about It," Stanford Center on Longevity, https://longevity.stanford.edu/three-reasons-why-people-dont-volunteer-and-what-can-bedone-about-it/.
2. Online Etymology Dictionary, s.v. "volunteer," https://www.etymonline.com/word/volunteer.
3. City of Novato, "City Partners with Dominican University to Develop Reimagining Citizenship Program," January 10, 2018, https://www.novato.org/Home/Components/News/News/5610/637.
4. History.com, "Civilian Conservation Corps," updated March 31, 2021, https://www.history.com/topics/great-depression/civilian-conservationcorps#section_6.
5. California Volunteers, "Statewide Pledge Ceremony," YouTube, October 17, 2023, video, 2:19, https://www.youtube.com/watch?v=hop2IsYrMdE.

9. 혼자인 사람의 유전자는 무엇이 다른가

1. Viktor E. Frankl, Man's Search for Meaning (Boston: Beacon Press, 2006).
2. Michele Dillon, In the Course of a Lifetime (Berkeley: University of California Press, 2007).
3. Centers for Disease Control and Prevention, "Pneumocystis Pneumonia—Los Angeles,"

MMWR: Morbidity and Mortality Weekly Report 30, no. 21 (June 5, 1981): 1–3, https://www.cdc.gov/mmwr/preview/mmwrhtml/june_5.htm.
4. Steve W. Cole, Louise C. Hawkley, Jesusa M. Arevalo, Caroline Y. Sung, Robert M. Rose, and John T. Cacioppo, "Social Regulation of Gene Expression in Human Leukocytes," Genome Biology 8, no. 9 (2007): R189, https://doi.org/10.1186/gb-2007-8-9-r189.
5. Steven W. Cole, John T. Cacioppo, Stephanie Cacioppo, et al., "The Type I Interferon Antiviral Gene Program Is Impaired by Lockdown and Preserved by Caregiving," Proceedings of the National Academy of Sciences 118, no. 29 (July 16, 2021): e2105803118, https://doi.org/10.1073/pnas.2105803118.

10. 우리가 잊었던 다정함의 힘

1. Attendance Works, "Rising Tide of Chronic Absence Challenges Schools," October 12, 2023, https://www.attendanceworks.org/rising-tide-ofchronic-absence-challenges-schools/?preview=true.
2. Making Caring Common, "Relationship Mapping Strategy," Harvard University Graduate School of Education, accessed November 11, 2023, https://mcc.gse.harvard.edu/resources-for-educators/relationship-mappingstrategy.
3. Making Caring Common, "Virtual Listening Deeply: Strategy and Lesson Plans," Harvard University Graduate School of Education, accessed November 11, 2023. https://static1.squarespace.com/static/5b7c56e255b02c683659fe43/t/5f2afe834450e97f1c74fcb2/1596653206496/Virtual+Listening+Deeply.pdf.
4. Chris Murphy, "Congressional Remarks from Senator Chris Murphy(D-CT)," YouTube, June 14, 2023, speech, 12:47, https://www.youtube.com/watch?v=SAPFkQfjNgI.
5. Levi Boxell, Matthew Gentzkow, and Jesse M. Shapiro, "Cross-Country Trends in Affective Polarization," National Bureau of Economic Research, Working Paper Series no. 26669 (January 2020), https://doi.org/10.3386/w26669.
6. Sara H. Konrath, Edward H. O'Brien, and Courtney Hsing, "Changes in Dispositional Empathy in American College Students Over Time: A Meta-Analysis," Personality and Social Psychology Review 15, no. 2 (May 2011): 180–98, https://doi.org/10.1177/1088868310377395.

11. 이타심은 경청과 공감으로부터 시작한다

1. B. Marlin, M. Mitre, J. D'amour, et al., "Oxytocin Enables Maternal Behaviour by Balancing Cortical Inhibition," Nature 520 (2015): 499–504, https://doi.org/10.1038/nature14402.

12. 베풀 수 없다면 목격하라

1. Annie Hahn, "Michele Williams, Nov. Winner," Chris Kindness Award, November 30, 2022, https://chriskindnessaward.org/michele-williams-nov–winner/.
2. "Carmen Garcia—Feb. Winner," Chris Kindness Award, March 26, 2023, https://chriskindnessaward.org/carmen-garcia-our-march-winner/.
3. NASA Glenn Research Center, "Newton's Laws of Motion," accessed November 11, 2023, https://www1.grc.nasa.gov/beginners-guide-to-aeronautics/newtons-laws-of-motion.
4. Thai Life Channel, "Unsung Hero," YouTube, April 3, 2014, commercial, 3:05, https://www.youtube.com/watch?v=uaWA2GbcnJU.
5. Jessica Wolf, "Is Kindness Contagious?," UCLA Magazine, January 5, 2023, https://newsroom.ucla.edu/magazine/bedari-kindness-institutecontagious.
6. Hope Reese, "How a Bit of Awe Can Improve Your Health," New York Times, January 3, 2023, https://www.nytimes.com/2023/01/03/well/live/awe-wonder-dacher-keltner.html.
7. Dacher Keltner, "What's the Most Common Source of Awe?," Greater Good Magazine, January 24, 2023, https://greatergood.berkeley.edu/article/item/whats_the_most_common_source_of_awe.
8. Rebecca Schier-Akamelu, "2023 Caregiver Burnout and Stress Statistics," A Place for Mom, last updated June 13, 2023, https://www.aplaceformom.com/senior-living-data/articles/caregiver-burnout-statistics.
9. C. E. Robertson, N. Pröllochs, K. Schwarzenegger, et al. "Negativity Drives Online News Consumption," Nature Human Behaviour 7 (2023): 812–22, https://doi.org/10.1038/s41562-023-01538-4.
10. American Psychological Association (APA), "Stress in America™ 2020: A National Mental Health Crisis," October 2020, https://www.apa.org/news/press/releases/stress/2020/report-october.
11. Derek Thompson, "Click Here if You Want to Be Sad," The Atlantic, March 24, 2023, https://www.theatlantic.com/newsletters/archive/2023/03/negativity-bias-online-news-consumption/673499/.
12. Kathryn Buchanan and Gillian M. Sandstrom, "Buffering the Effects of Bad News: Exposure to Others' Kindness Alleviates the Aversive Effects of Viewing Others' Acts of Immorality," PLOS One (May 17, 2023), https://doi.org/10.1371/journal.pone.0284438.
13. J. Chancellor, S. Margolis, K. Jacobs Bao, and S. Lyubomirsky, "Everyday Prosociality in the Workplace: The Reinforcing Benefits of Giving, Getting, and Glimpsing," Emotion 18, no. 4 (2018): 507–17, https://doi.org/10.1037/emo0000321.

에필로그

1. Megan M. Fritz, Lisa C. Walsh, Steven W. Cole, Elissa Epel, and Sonja Lyubomirsky, "Kindness and Cellular Aging: A Pre-registered Experiment Testing the Effects of Prosocial Behavior on Telomere Length and Well-Being," Brain, Behavior, and Immunity: Health 11 (February 2021): 100187, https://doi.org/10.1016/j.bbih.2020.100187.
2. Robert L. Trivers, "The Evolution of Reciprocal Altruism," Quarterly Review of Biology 46, no. 1 (March 1971): 35–57, http://www.jstor.org/stable/2822435?origin=JSTOR-pdf.

기타

- Alberti, Fay Bound. A Biography of Loneliness: The History of an Emotion. Oxford: Oxford University Press, 2019.
- Alberti, Philip M., Carla S. Alvarado, and Heather H. Pierce. "Civic Engagement: A Vital Sign of Health and Democracy." AAMC Center for Health Justice, September 26, 2022. https://www.aamchealthjustice.org/news/polling/civic-engagement.
- Alden, L. E., and J. L. Trew. "If It Makes You Happy: Engaging in Kind Acts Increases Positive Affect in Socially Anxious Individuals." Emotion 13, no. 1 (2013): 64–75. https://doi.org/10.1037/a0027761.
- American Heart Association News. "Social Isolation, Loneliness Can Damage Heart and Brain Health, Report Says." August 4, 2022. https://www.heart.org/en/news/2022/08/04/social-isolation-loneliness-candamage-heart-and-brain-health-report-says.
- American Psychological Association (APA). "Stress in AmericaTM 2020: A National Mental Health Crisis." October 2020. https://www.apa.org/news/press/releases/stress/2020/report-october.
- Angel, Jim. "The 1995 Heat Wave in Chicago, Illinois." State Climatologist Office for Illinois. Accessed October 18, 2023. https://www.isws.illinois.edu/statecli/general/1995chicago.htm.
- Attendance Works. "Rising Tide of Chronic Absence Challenges Schools." October 12, 2023. https://www.attendanceworks.org/rising-tide-ofchronic-absence-challenges-schools/?preview=true.
- Baah, Nana. "Young People Are Lonelier than Ever." Vice, April 22, 2022. https://www.vice.com/en/article/z3n5aj/loneliness-epidemic-young-people.
- Battleship Missouri Memorial. "About Us." Accessed September 1, 2023. https://ussmissouri.org/about-us.
- Bělín, Matěj, Tomáš Jelínek, and Štěpán Jurajda. "Preexisting Social Ties among Auschwitz Prisoners Support Holocaust Survival." Proceedings of the National Academy of Sciences 120, no. 29 (2023): e2221654120. https://doi.org/10.1073/pnas.

- Bishop Museum. "Hidden in Plain Sight: The History of the Healer Stones of Kapaemahu in a Changing Waikīkī." YouTube, streamed live July 8, 2022, presentation, 1:41:00. https://www.youtube.com/watch?v=BKeNa4kyNg.
- Bittel, Jason. "Exploding Ant Rips Itself Apart to Protect Its Own." National Geographic, April 19, 2018. https://www.nationalgeographic.com/animals/article/animals-ants-borneo-exploding-defense.
- Boissoneault, Lorraine. "When Invasive Species Become Local Cuisine." The Atlantic, May 19, 2016. https://www.theatlantic.com/science/archive/2016/05/hawaii-invasive-species/483509/.
- Boxell, Levi, Matthew Gentzkow, and Jesse M. Shapiro. "Cross-Country Trends in Affective Polarization." National Bureau of Economic Research, Working Paper Series no. 26669, January 2020. https://doi.org//10.3386/w26669.
- Brickman, Philip, and Donald T. Campbell. "Hedonic Relativism and Planning the Good Society." In Adaptation-Level Theory, edited by M. H. Appley, 287–305. New York: Academic Press, 1971.
- Brickman, Philip, Dan Coates, and Ronnie Janoff-Bulman. "Lottery Winners and Accident Victims: Is Happiness Relative?" Journal of Personality and Social Psychology 36, no. 8 (1978): 917–27. https://gwern.net/doc/psychology/1978-brickman.pdf.
- Buchanan, Kathryn, and Gillian M. Sandstrom. "Buffering the Effects of Bad News: Exposure to Others' Kindness Alleviates the Aversive Effects of Viewing Others' Acts of Immorality." PLOS One (May 17, 2023). https://doi.org/10.1371/journal.pone.0284438.
- Cacioppo, John T., and William Patrick. Loneliness: Human Nature and the Need for Social Connection. New York: W. W. Norton, 2008.
- California Department of Fish and Wildlife. "Science: Wildfire Impacts." Accessed October 18, 2023. https://wildlife.ca.gov/Science-Institute/Wildfire-Impacts.
- California Volunteers. "Statewide Pledge Ceremony." YouTube, October 17, 2023, video, 2:19. https://www.youtube.com/watch?v=hop2IsYrMdE.
- "Carmen Garcia—Feb. Winner." Chris Kindness Award, March 26, 2023. https://chriskindnessaward.org/carmen-garcia-our-march-winner/.
- Center for BrainHealth. "The Power of Kindness in Improving Brain Health." Press release, NeuroscienceNews.com, April 11, 2022. https://neurosciencenews.com/kindness-brain-health-20360/.
- Centers for Disease Control and Prevention. "Loneliness and Social Isolation Linked to Serious Health Conditions." Last reviewed April 29, 2021. https://www.cdc.gov/aging/publications/features/lonely-older-adults.html.
- ———. "Pneumocystis Pneumonia—Los Angeles." MMWR: Morbidity and Mortality Weekly Report 30, no. 21 (June 5, 1981): 1–3. https://www.cdc.gov/mmwr/preview/

mmwrhtml/june_5.htm.
- Chancellor, J., S. Margolis, K. Jacobs Bao, and S. Lyubomirsky. "Everyday Prosociality in the Workplace: The Reinforcing Benefits of Giving, Getting, and Glimpsing." Emotion 18, no. 4 (2018): 507–17. https://doi.org/10.1037/emo0000321.
- City of Novato. "City Partners with Dominican University to Develop Reimagining Citizenship Program." January 10, 2018. https://www.novato.org/Home/Components/News/News/5610/637.
- Cleveland Clinic. "Cranial Nerves." Last reviewed October 27, 2021. https://my.clevelandclinic.org/health/body/21998-cranial-nerves.
- Cole, Steven W., John T. Cacioppo, Stephanie Cacioppo, et al. "The Type I Interferon Antiviral Gene Program Is Impaired by Lockdown and Preserved by Caregiving." Proceedings of the National Academy of Sciences 118, no. 29 (July 16, 2021): e2105803118. https://doi.org/10.1073/pnas.2105803118.
- Cole, Steve W., Louise C. Hawkley, Jesusa M. Arevalo, Caroline Y. Sung, Robert M. Rose, and John T. Cacioppo. "Social Regulation of Gene Expression in Human Leukocytes." Genome Biology 8, no. 9 (2007): R189. https://doi.org/10.1186/gb-2007-8-9-r189.
- Color a Smile. "Thank You's." https://colorasmile.org/thank_you/.
- Cregg, David R., and Jennifer S. Cheavens. "Healing through Helping: An Experimental Investigation of Kindness, Social Activities, and Reappraisal as Well-Being Interventions." Journal of Positive Psychology 18, no. 6 (2023): 924–41. https://doi.org/10.1080/17439760.2022.2154695.
- Darwin, Charles. The Descent of Man and Selection in Relation to Sex. New York: D. Appleton, 1871.
- Data USA. "Hawaii: About." Accessed September 1, 2023. https://datausa.io/profile/geo/hawaii.
- Dillon, Michele. In the Course of a Lifetime. Berkeley: University of California Press, 2007.
- Dionne, E. J., Norman J. Ornstein, and Thomas E. Mann. One Nation after Trump. New York: St. Martin's Press, 2017.
- Editorial Board. "The Worst Voter Turnout in 72 Years." New York Times, November 11, 2014. https://www.nytimes.com/2014/11/12/opinion/theworst-voter-turnout-in-72-years.html.
- Encyclopaedia Britannica. s.v. "inclusive fitness." Accessed November 11, 2023. https://www.britannica.com/science/inclusive-fitness.
- ———. s.v. "kin selection." Accessed November 11, 2023. https://www.britannica.com/topic/kin-selection.
- Field Agent. "Millennials, Boomers, and 2015 Resolutions: 5 Key Generational

Differences." January 13, 2015. https://blog.fieldagent.net/millennialsboomers-new-years-resolutions-5-key-generational-differences.
- Florida Climate Center. "Sea Level Rise." Accessed October 18, 2023. https://climatecenter.fsu.edu/topics/sea-level-rise.
- Frankl, Viktor E. Man's Search for Meaning. Boston: Beacon Press, 2006. Fredrickson, Barbara L. "What Good Are Positive Emotions?" Review of General Psychology 2, no. 3 (1998): 300–319. https://doi.org/10.1037/1089-2680.2.3.300.
- Fritz, Megan M., Lisa C. Walsh, Steven W. Cole, Elissa Epel, and Sonja Lyubomirsky. "Kindness and Cellular Aging: A Pre-registered Experiment Testing the Effects of Prosocial Behavior on Telomere Length and Well-Being." Brain, Behavior, and Immunity: Health 11 (February 2021): 100187. https://doi.org/10.1016/j.bbih.2020.100187.
- Goldman, Jason G. "Ed Tronick and the 'Still Face Experiment.'" Scientific American, October 18, 2010. https://blogs.scientificamerican.com/thoughtful-animal/ed-tronick-and-the-8220-still-face-experiment-8221/.
- Griggs, Troy, K. K. Rebecca Lai, Haeyoun Park, Jugal K. Patel, and Jeremy White. "Minutes to Escape: How One California Wildfire Damaged So Much So Quickly." New York Times, October 12, 2017. https://www.nytimes.com/interactive/2017/10/12/us/california-wildfire-conditionsspeed.html.
- Hahn, Annie. "Michele Williams, Nov. Winner." Chris Kindness Award, November 30, 2022. https://chriskindnessaward.org/michele-williamsnov-winner/.
- Han, Qijun, and Daniel R. Curtis. "Social Responses to Epidemics Depicted by Cinema." Emerging Infectious Diseases 26, no. 2 (2020): 389–94. http://doi.org/10.3201/eid2602.181022.
- Harvard Graduate School of Education and Making Caring Common Project. "Loneliness in America: How the Pandemic Has Deepened an Epidemic of Loneliness and What We Can Do about It." February 2021. https://mcc.gse.harvard.edu/reports/loneliness-in-america.
- Haslam, S. Alexander, Charlotte McMahon, Tegan Cruwys, Catherine Haslam, Jolanda Jetten, and Niklas K. Steffens. "Social Cure, What Social Cure? The Propensity to Underestimate the Importance of Social Factors for Health." Social Science and Medicine 198 (2018): 14–21. https://doi.org/10.1016/j.socscimed.2017.12.020.
- Hawai'i Department of Land and Natural Resources. "Rare Plants." https://dlnr.hawaii.gov/ecosystems/rare-plants/.
- Hawaii News Now Staff. "Hawaii Saw More than 10M Visitors Last Year, but Not Everyone Is Celebrating." January 30, 2020. https://www.hawaiinewsnow.com/2020/01/31/hawaii-saw-more-than-m-visitors-last-year-not-everyone-is-celebrating/.
- Hi'ipaka LLC. "History of Waimea Valley." https://www.waimeavalley.net/about-waimea.

- History.com. "Civilian Conservation Corps." Updated March 31, 2021. https://www.history.com/topics/great-depression/civilian-conservation-corps#section_6.
- Holthaus, Eric. "The Firestorm Ravaging Northern California Cities, Explained." Mother Jones, October 10, 2017. https://www.motherjones.com/environment/2017/10/the-firestorm-ravaging-northern-california-cities-explained/.
- Howard, Lisa. "Volunteering in Late Life May Protect the Brain against Cognitive Decline and Dementia." UC Davis Health News, July 20, 2023. https://health.ucdavis.edu/news/headlines/volunteering-in-late-life-may-protect-the-brain-against-cognitive-decline-and-dementia/2023/07.
- Howarth, Josh. "Alarming Average Screen Time Statistics (2023)." Exploding Topics (blog), January 13, 2023. https://explodingtopics.com/blog/screentime-stats.
- How to PTA in Challenging Times: Texas PTA Rally Day 2021. National PTA, 2021. https://www.pta.org/docs/default-source/files/runyourpta/2021/how-we-pta/case-study---texas-pta-rally-day.pdf.
- Jha, Alok. "Why Crying Babies Are So Hard to Ignore." The Guardian, October 17, 2012. https://www.theguardian.com/science/2012/oct/17 /crying-babies-hard-ignore.
- Jobs, Steve. "Steve Jobs Introducing the iPhone at MacWorld 2007." YouTube, January 9, 2007, video, 14:00. https://www.youtube.com/watch?v=x7qPAY9JqE4.
- Johnson, M. T., J. M. Fratantoni, K. Tate, and A. S. Moran. "Parenting with a Kind Mind: Exploring Kindness as a Potentiator for Enhanced Brain Health." Frontiers in Psychology 13 (2022): 805748. https://doi.org/10.3389/fpsyg.2022.805748.
- Jones, R. "It's Good to Give." Nature Reviews Neuroscience 7 (2006): 907. https://doi.org/10.1038/nrn2047.
- Karlis, Nicole. "Before the Pandemic, They Were Introverts. Now They Aspire to Live More Extroverted Lives." Salon.com, June 6, 2021. https://www.salon.com/2021/06/06/introverts-post-pandemic/.
- ———. "How the 2010s Became the Decade of Self-Care." Salon.com, December 21, 2019. https://www.salon.com/2019/12/21/how-the-2010sbecame-the-decade-of-self-care/.
- ———. "Lisa Luckett, 9/11 Widow, Explains How Tragedy Helps Us Grow." Salon.com, September 11, 2018. https://www.salon.com/2018/09/11/lisa-luckett-911-widow-explains-how-tragedy-helps-us-grow/.
- ———. "Why Doing Good Is Good for the Do-Gooder." New York Times, October 26, 2017. https://www.nytimes.com/2017/10/26/well/mind/why-doing-good-is-good-for-the-do-gooder.html.
- ———. "Why 'Social Distancing,' if Done Wrong, Can Make You More Vulnerable." Salon.com, March 15, 2020. https://www.salon.com/2020/03/15/why-social-distancing-if-done-wrong-can-make-you-morevulnerable/.

- Keltner, Dacher. "What's the Most Common Source of Awe?" Greater Good Magazine, January 24, 2023. https://greatergood.berkeley.edu/article/item/whats_the_most_common_source_of_awe.
- Kim, Eric S., and Sara H. Konrath. "Volunteering Is Prospectively Associated with Health Care Use among Older Adults." Social Science and Medicine (January 2016): 122–29. https://doi.org/10.1016/j.socscimed.2015.11.043.
- Kinnell, Galway. "Saint Francis and the Sow." In Mortal Acts, Mortal Words. Boston: Houghton Mifflin, 1980. Available at https://www.encyclopedia.com/arts/educational-magazines/saint-francis-and-sow.
- Knight, Clarke A., Lysanna Anderson, M. Jane Bunting, et al. "Land Management Explains Major Trends in Forest Structure and Composition over the Last Millennium in California's Klamath Mountains." Proceedings of the National Academy of Sciences 119, no. 12 (March 14, 2022): e2116264119. https://doi.org/10.1073/pnas.2116264119.
- Konrath, Sara H., Edward H. O'Brien, and Courtney Hsing. "Changes in Dispositional Empathy in American College Students Over Time: A Meta-Analysis." Personality and Social Psychology Review 15, no. 2 (May 2011): 180–98. https://doi.org/10.1177/1088868310377395.
- Luckett, Lisa. "Love vs Fear. Can We See 9/11 in a New Light?" TEDxNew Bedford, December 7, 2016. https://www.youtube.com/watch?v=LOnMZXbII7M.
- Luks, Allan. "Doing Good: Helper's High." Psychology Today 22, no. 10 (1988). Photocopy of article available at https://ellisarchive.org/sites/default/files/2019-10/Document_20191001_0008.pdf.
- ———. "Helper's High: The Healing Power of Helping Others." https://allanluks.com/helpers_high.
- Lyubomirsky, Sonja. "On Studying Positive Emotions." Prevention and Treatment 3, no. 1 (March 7, 2000). https://psycnet.apa.org/doi/10.1037/1522-3736.3.1.35c.
- Making Caring Common. "Relationship Mapping Strategy." Harvard University Graduate School of Education. Accessed November 11, 2023. https://mcc.gse.harvard.edu/resources-for-educators/relationship-mapping-strategy.
- ———. "Virtual Listening Deeply: Strategy and Lesson Plans." Harvard University Graduate School of Education. Accessed November 11, 2023. https://static1.squarespace.com/static/5b7c56e255b02c683659fe43/t/5f2afe834450e97f1c74fcb2/1596653206496/Virtual+Listening+Deeply.pdf.
- Maritime Museum of the Atlantic. "Halifax Explosion." Accessed October 18, 2023. https://maritimemuseum.novascotia.ca/what-see-do/halifaxexplosion.
- Marlin, B., M. Mitre, J. D'amour, et al. "Oxytocin Enables Maternal Behaviour by Balancing Cortical Inhibition." Nature 520 (2015): 499–504. https://doi.org/10.1038/

nature14402.
- Maui Nui Botanical Gardens. "Koa (Acacia koa)." Accessed August 19, 2023. https://mnbg.org/hawaiian-native-plant-collection/koa-acacia-koa.
- May, Katherine. Wintering: The Power of Rest and Retreat in Difficult Times. Waterville, ME: Thorndike Press, 2021.
- McAvoy, Audrey. "Agency to Hawaii Residents: Don't Hate on Tourists." Associated Press, April 24, 2016. https://www.seattletimes.com/nationworld/agency-to-hawaii-residents-dont-hate-on-tourists/.
- McKinsey & Company. "Feeling Good: The Future of the $1.5 Trillion Wellness Market." April 8, 2021. https://www.mckinsey.com/industries/consumer-packaged-goods/our-insights/feeling-good-the-future-of-the-1-5-trillion-wellness-market.
- Murphy, Chris. "Congressional Remarks from Senator Chris Murphy (D-CT)." YouTube, June 14, 2023, speech, 12:47. https://www.youtube.com/watch?v=SAPFkQfjNgI.
- NASA Glenn Research Center. "Newton's Laws of Motion." Accessed November 11, 2023. https://www1.grc.nasa.gov/beginners-guide-to-aeronautics/newtons-laws-of-motion.
- National Institute on Alcohol Abuse and Alcoholism (NIAAA). "Alcohol-Related Deaths, which Increased during the First Year of the COVID-19 Pandemic, Continued to Rise in 2021." April 12, 2023. https://www.niaaa.nih.gov/news-events/research-update/alcohol-related-deaths-whichincreased-during-first-year-covid-19-pandemic-continued-rise-2021.
- National Park Service. "Hurricane Andrew." Accessed October 18, 2023. https://www.nps.gov/articles/hurricane-andrew-1992.htm.
- National Weather Service. "Hurricane Andrew: 30 Years Later." Accessed October 18, 2023. https://www.weather.gov/lmk/HurricaneAndrew30Years.
- ———. "Major Hurricane Maria." September 20, 2017. https://www.weather.gov/sju/maria2017.
- "New Cigna Study Reveals Loneliness at Epidemic Levels in America: Research Puts Spotlight on the Impact of Loneliness in the U.S. and Potential Root Causes." Cigna, May 1, 2018. https://www.multivu.com/players/English/8294451-cigna-us-loneliness-survey/.
- NHS England. "Social Prescribing: What Is Social Prescribing?" Accessed August 21, 2024. https://www.england.nhs.uk/personalisedcare/socialprescribing/.
- NHS England. "Social Prescribing—The Power of Time and Connections." https://www.england.nhs.uk/personalisedcare/comprehensive-model/case-studies/social-prescribing-the-power-of-time-and-connections/.
- 9/11 Day. "Jay Winuk." https://911day.org/leaders/jay-winuk.
- Oak Ridge Associated Universities. "Psychosocial Reactions: Phases of Disaster." Accessed March 5, 2024. https://www.orau.gov/rsb/pfaird/03-psychosocial-reactions-01-phases-of-disaster.html.

- Online Etymology Dictionary. s.v. "volunteer." https://www.etymonline.com/word/volunteer.
- Ortiz, Celina, and Jason Swinderman. "Eusocial and Colony Behavior in Ants." Reed College, Biology 342, Fall 2012. https://www.reed.edu/biology/courses/BIO342/2012_syllabus/2012_WEBSITES/COJS_animal-Behavior/index2.html.
- Perrin, Andrew, and Sara Atske. "About Three-in-Ten U.S. Adults Say They Are 'Almost Constantly' Online." Pew Research Center, March 26, 2021. https://www.pewresearch.org.
- Phillips, Adam, and Barbara Taylor. On Kindness. New York: Picador, Macmillan, 2020.
- Physiopedia. s.v. "vagus nerve." https://www.physio-pedia.com/Vagus_Nerve.
- Polyvagal Institute. "What Is the Polyvagal Theory?" https://www.polyvagalinstitute.org/whatispolyvagaltheory.
- Porges, S. W., and S. A. Furman. "The Early Development of the Autonomic Nervous System Provides a Neural Platform for Social Behavior: A Polyvagal Perspective." Infant and Child Development 20, no. 1 (January/February 2011): 106–18. https://doi.org/10.1002/icd.688.
- Portes, Alejandro. "Social Capital: Its Origins and Applications in Modern Sociology." Annual Review of Sociology 24 (1998): 1–24.
- Prince, Samuel Henry. "Catastrophe and Social Change: Based upon a Sociological Study of the Halifax Disaster." PhD diss., Columbia University, New York, 1920. https://www.gutenberg.org/files/37580/37580-h/37580-h.htm.
- Putnam, Robert D. "Bowling Alone: America's Declining Social Capital." Journal of Democracy 6, no. 1 (January 1995): 65–78. https://www.journalofdemocracy.org/articles/bowling-alone-americas-declining-social-capital/.
- Quarantelli, E. L. "Disaster Studies: An Analysis of the Social Historical Factors Affecting the Development of Research in the Area." International Journal of Mass Emergencies and Disasters 5 (1987): 285–310. http://udspace.udel.edu/handle/19716/1335.
- Reese, Hope. "How a Bit of Awe Can Improve Your Health." New York Times, January 3, 2023. https://www.nytimes.com/2023/01/03/well/live/awewonder-dacher-keltner.html.
- Refinery29. "I Live in Los Angeles, Make $75,000 a Year, and Spent $2,003 on My Wellness Routine This Week." Feel Good Diaries, June 17, 2019. https://www.refinery29.com/en-us/2019/06/235357/wellness-routine-barrys-bootcamp-smoothies.
- Robertson, C. E., N. Pröllochs, K. Schwarzenegger, et al. "Negativity Drives Online News Consumption." Nature Human Behaviour 7 (2023): 812–22. https://doi.org/10.1038/s41562-023-01538-4.
- Russell, Dan, Letitia Anne Peplau, and Mary Lund Ferguson. "Developing a Measure of Loneliness." Journal of Personality Assessment 42, no. 3 (July 1978): 290–94. http://dx.doi.org/10.1207/s15327752jpa4203_11.

- Ryan, R. M., and E. L. Deci. "Self-Determination Theory and the Facilitation of Intrinsic Motivation, Social Development, and Well-Being." American Psychologist 55 (2000): 68–78.
- Schier-Akamelu, Rebecca. "2023 Caregiver Burnout and Stress Statistics." A Place for Mom, last updated June 13, 2023. https://www.aplaceformom.com/senior-living-data/articles/caregiver-burnout-statistics.
- Screen Time Action Network. Letter to Jessica Henderson Daniel, PhD, ABPP, President, American Psychological Association. August 8, 2018. https://screentimenetwork.org/apa?eType=EmailBlastContent&eId=5026ccf8-74e2-4f10-bc0e-d83dc030c894.
- Simkhovitch, Vladimir G. "Mutual Aid a Factor of Evolution, by P. Kropotkin." Political Science Quarterly 18, no. 4 (December 1903): 702–5. https://doi.org/10.2307/2140787.
- Solnit, Rebecca. A Paradise Built in Hell: The Extraordinary Communities That Arise in Disaster. New York: Penguin, 2010.
- Stambor, Zak. "A Key to Happiness." Monitor on Psychology 37, no. 9 (October 2006). https://www.apa.org/monitor/oct06/key.
- Statt, Nick. "The Creators of the iPhone Are Worried We're Too Addicted to Technology." The Verge, June 29, 2017. https://www.theverge.com/2017/6/29/15893960/apple-iphone-creators-smartphone-addiction-ideo-interview.
- Straub, Adam M., Benjamin J. Gray, Liesel Ashley Ritchie, and Duane A. Gill. "Cultivating Disaster Resilience in Rural Oklahoma: Community Disenfranchisement and Relational Aspects of Social Capital." Journal of Rural Studies 73 (January 2020): 105–13.
- Sturm, R., and D. A. Cohen. "Free Time and Physical Activity among Americans 15 Years or Older: Cross-Sectional Analysis of the American Time Use Survey." Preventing Chronic Disease 16 (September 26, 2019). http://dx.doi.org/10.5888/pcd16.190017.
- Sweetland Edwards, Haley. "You're Addicted to Your Smartphone. This Company Thinks It Can Change That." Time, April 12, 2018. https://time.com/5237434/youre-addicted-to-your-smartphone-this-companythinks-
- it-can-change-that/.
- Taylor, Alan. "Photos: The Volunteers." The Atlantic, April 2, 2020. https://www.theatlantic.com/photo/2020/04/photos-the-volunteers/609149/.
- Testard, Camille, Sam M. Larson, Marina M. Watowich, Noah Snyder-Mackler, Michael L. Platt, and Lauren J. N. Brent. "Rhesus Macaques Build New Social Connections after a Natural Disaster." Current Biology 31, no. 11 (2021): 2299–2309. https://doi.org/10.1016/j.cub.2021.03.029.
- Thai Life Channel. "Unsung Hero." YouTube, April 3, 2014, commercial, 3:05. https://www.youtube.com/watch?v=uaWA2GbcnJU.
- Thompson, Derek. "Click Here if You Want to Be Sad." The Atlantic, March 24, 2023.

https://www.theatlantic.com/newsletters/archive/2023/03/negativity-bias-online-news-consumption/673499/.
- Thoreau, Henry David. The Journal of Henry David Thoreau, 1837–1861. Edited by Damion Searls. New York: New York Review Books Classics, 2009.
- Trivers, Robert L. "The Evolution of Reciprocal Altruism." Quarterly Review of Biology 46, no. 1 (March 1971): 35–57. http://www.jstor.org/stable/2822435?origin=JSTOR-pdf.
- Tucker, Jill. "Santa Rosa Schools Reopen after Fires, Ready to Help Students with Stress." San Francisco Chronicle, October 27, 2017. https://www.sfchronicle.com/education/article/Wildfire-danger-is-past-but-stress-can-linger-12312685.php.
- University of Pennsylvania. "How Do Natural Disasters Shape the Behavior and Social Networks of Rhesus Macaques?" Press release, April 8, 2021. https://penntoday.upenn.edu/news/Penn-neuroscience-naturaldisasters-behavior-social-networks-rhesus-macaques.
- University of Wisconsin–Madison. "Brain Can Be Trained in Compassion, Study Shows." Press release, May 22, 2013. https://news.wisc.edu/braincan-be-trained-in-compassion-study-shows/.
- U.S. Census Bureau. "New Data Reveal Most Populous Cities Experienced Some of the Largest Decreases." May 26, 2022. https://www.census.gov/library/stories/2022/05/population-shifts-in-cities-and-towns-one-year-into-pandemic.html.
- ———. Remembering Pearl Harbor: A Pearl Harbor Fact Sheet. https://www.census.gov/history/pdf/pearl-harbor-fact-sheet-1.pdf.
- U.S. Forest Service. "First Returners." Accessed October 18, 2023. https://www.fs.usda.gov/Internet/FSE_DOCUMENTS/fseprd575963.pdf.
- U.S. Surgeon General. Our Epidemic of Loneliness and Isolation: The U.S. Surgeon General's Advisory on the Healing Effects of Social Connection and Community. 2023. https://www.hhs.gov/sites/default/files/surgeongeneral-social-connection-advisory.pdf.
- Walker, J., A. Kumar, and T. Gilovich. "Cultivating Gratitude and Giving through Experiential Consumption." Emotion 16, no. 8 (2016): 1126–36. https://doi.org/10.1037/emo0000242.
- Warneken, Felix, and Michael Tomasello. "Altruistic Helping in Human Infants and Young Chimpanzees." Science 311 (2006): 1301. https://doi.org/10.1126/science.1121448.
- Wenner Moyer, Melinda. "Kids as Young as 8 Are Using Social Media More than Ever, Study Finds." New York Times, March 24, 2022. https://www.nytimes.com/2022/03/24/well/family/child-social-media-use.html.
- Williams, George. Adaptation and Natural Selection. Princeton, NJ: Princeton University Press, 1966.
- WKYC Channel 3. "Boys Do Read: 8-Year-Old Boy Starts Reading Movement in Cleveland." November 23, 2018. https://www.youtube.com/watch?v=aJbTRY2xwfY.

- Wolf, Jessica. "Is Kindness Contagious?" UCLA Magazine, January 5, 2023. https://newsroom.ucla.edu/magazine/bedari-kindness-institutecontagious.
- Yotopoulos, Amy. "Three Reasons Why People Don't Volunteer, and What Can Be Done about It." Stanford Center on Longevity. https://longevity.stanford.edu/three-reasons-why-people-dont-volunteer-and-whatcan-be-done-about-it/.

이기적인 세상에서 행복한 이타주의자로 사는 법
다정한 세계를 위한 공부

인쇄일 2025년 6월 24일
발행일 2025년 6월 30일

지은이 니콜 칼리스
옮긴이 유라영
펴낸이 유경민 노종한
책임편집 김세민
기획편집 유노책주 김세민 **유노북스** 이현정 조혜진 권혜지 정현석 **유노라이프** 구혜진
기획마케팅 1팀 우현권 이상운 **2팀** 이선영 최예은 전예원 김민선
디자인 남다희 홍진기 허정수
기획관리 차은영
펴낸곳 유노콘텐츠그룹 주식회사
법인등록번호 110111-8138128
주소 서울시 마포구 월드컵로20길 5, 4층
전화 02-323-7763 **팩스** 02-323-7764 **이메일** info@uknowbooks.com

ISBN 979-11-7183-119-7 (03190)

- — 책값은 책 뒤표지에 있습니다.
- — 잘못된 책은 구입한 곳에서 환불 또는 교환하실 수 있습니다.
- — 유노북스, 유노라이프, 유노책주는 유노콘텐츠그룹의 출판 브랜드입니다.